fausto carotenuto

IL MISTERO DELLA SITUAZIONE INTERNAZIONALE

Che sta succedendo?
Va proprio così male come sembra?
Cosa e chi c'è dietro? Cosa possiamo fare?
Le nostre potenti "armi bianche".
Una prospettiva spirituale.

NUOVA EDIZIONE
AMPLIATA E AGGIORNATA

IL TERNARIO

ISBN 978-88-86860-57-4

Edizione Settembre 2024,
ampliata rispetto alle edizioni 2005 e 2013

Copertina: Giorgio Carotenuto
www.coscienzeinrete.net

ai cari e generosi compagni di strada
Mino, Claudio, Giovanni, "Pepe",
Angelo, Anna, Raffaele;
a "Lui", a "Lei",
a Michele, a Giovanni e ai loro collaboratori,
che hanno aperto la strada e tenuto a bada i briganti;
ai briganti, che tanto mi hanno insegnato,
e naturalmente a Lucia,
per la pazienza, la spinta, lo scudo e i mattoni:
frutto dell'Amore.

Questo libro è il risultato di riflessioni su particolari esperienze dirette dei vari scenari nazionali e internazionali. Il mio ringraziamento va a quegli "amici" che, collaborando al piano della mia vita, hanno fatto in modo che l'incontro con le forze e gli uomini che sono dietro i misteri della situazione internazionale non fosse teorico, ma reale, diretto, drammatico e ripetuto con singolare evidenza in vari scenari. E che la forza di queste esperienze fosse rivelatrice di tante realtà di solito accuratamente nascoste.
Da portare alla luce…
L'intento del libro non è quello di dire io come stanno le cose, ma di suggerire un modo diverso di osservare la situazione internazionale. Che ognuno possa, se vuole, utilizzare per suo conto. Un modo comprensivo e più cosciente di considerare gli eventi, che tenda a collegare quanti più elementi possibile, e soprattutto, finalmente, quelli che hanno a che fare con l'unica vicenda umana che conti: quella della crescita dell'Anima e dello Spirito.

INDICE

INTRODUZIONE

c'è un senso in quello che avviene nella situazione internazionale?

Certo, a guardarsi intorno, a leggere i giornali, a sentire la radio e la televisione la situazione internazionale appare veramente terribile e oscura.
Il mondo è costellato di crisi, di guerre e di zone di tensione, in tutti i continenti. Regimi corrotti governano la maggior parte dei Paesi. Dove c'è democrazia gli spazi di libertà si stanno evidentemente riducendo.
L'economia, la finanza ed i mass media sono nelle mani di pochi gruppi che stanno predando i popoli e cercando di uniformare il mondo su poche linee guida, su poche idee preconfezionate e su pochi prodotti. Predisposti per alimentare e soddisfare le pulsioni più superficiali e per narcotizzare masse sempre più vaste.
Le grandi religioni organizzate sembrano incapaci di fornire risposte adeguate, ed appaiono fin troppo coinvolte in oscuri giochi di potere. La ricerca scientifica e l'industria sono lanciate in una corsa dissennata ad alterare e modificare in peggio l'equilibrio della Terra, degli esseri viventi e della salute umana. Elettromagnetizzazione del mondo, avvelenamento del suolo, dell'acqua, dell'aria e dei corpi umani. Impoverimento delle risorse naturali. Una medicina spesso antiumana. Una cultura materialista sempre più priva di spiritualità e ideali veri.

E ora tutta l'attenzione internazionale è concentrata sul nuovo vortice: il grande scontro di civiltà, che ci sta coinvolgendo in una diversa forma di conflitto mondiale e generalizzato: un misto di terrorismo, guerre convenzionali, guerriglie, guerre civili, guerre religiose, guerre ideologiche, guerre psicologiche, guerre elettroniche, guerre all'intelligenza, alle idee, ai sentimenti e alle libertà individuali...

E nel frattempo la fame, la violenza e le malattie avanzano nel mondo povero, mentre in quello cosiddetto "sviluppato" ciò che dilaga rapidamente è l'infelicità, la depressione, gli attacchi di panico, le nuove malattie del sistema immunitario. "Epidemie" di malattie psicologiche, di patologie dell'anima. E lo spettro terrorizzante, sempre presente, di improvvise, devastanti crisi economiche.

Ma che senso ha tutto ciò? Perché dobbiamo vivere in questa vera e propria galleria degli orrori? Cosa ci siamo venuti a fare? Perché tanti bambini innocenti continuano a nascere in questa specie di enorme campo minato?

Certo... cascano le braccia: è proprio deprimente: una situazione oscura senza apparenti vie di uscita.

Ma è proprio così?

E se questa realtà così brutta non fosse "tutta" la realtà?

E se ci fosse una faccia positiva della medaglia - più difficile da vedere - e che magari può finalmente dare un senso a quello che non comprendiamo?

Proviamo a immaginare che tutta questa serie di eventi drammatici non sia altro che uno spettacolo virtuale montato nel mondo e nelle nostre vite per un qualche motivo. Una qualche misteriosa rappresentazione, nella quale noi siamo entrati nascendo proprio in questa epoca così strana e terribile. Ma che per altri versi è bella, eccitante e stimolante.

Un grande e complesso spettacolo nel quale è difficilissimo distinguere il vero dal falso, quello che conta da quello che è solo una cortina fumogena, quello che è da ciò che appare.

Forse la situazione internazionale, per come ci viene mostrata, non è altro che questo: un gioco di specchi.

Certo, bisogna ammettere che quello che ci viene incontro non sembra avere nulla della rappresentazione: appare piuttosto come un insieme di crude realtà spesso dominate dall'odio, dalla paura, dalla violenza, dal prevalere del più forte e del più furbo.

E queste situazioni sono piene di dolore. E il dolore non è una finzione, non è una illusione: il dolore si sente nel cuore, nella mente, nella carne, fin dentro le ossa. Lo si legge sui volti dei familiari, degli amici, degli estranei, nelle foto dei giornali, nelle immagini dei media.
Ma forse, chi lo sa... questa non è una galleria degli orrori e basta. Forse questa è una rappresentazione "molto realistica", messa su per noi, per coinvolgerci profondamente per un qualche motivo. E gli orrori non sono solamente come appaiono: un male insensato e feroce. Ma magari hanno una motivazione, una finalità che potrebbe essere anche positiva; magari sono lì per darci una mano, invece che per annientarci; magari potrebbero essere lo stimolo giusto per svegliarci, una buona volta!

Sarebbe bello sapere come stanno veramente le cose, e arrivare magari a scoprire che la realtà non solo non è così orribile come appare. Ma che, una volta che l'abbiamo compresa, ci fornisce anche gli strumenti per modificare positivamente quello che ci circonda. Per intervenire fattivamente e utilmente nella sceneggiatura, nella regia e nell'azione scenica.

qualcuno ci tiene schiavi nascondendoci come essere liberi?

La nostra cultura dominante non ci spiega nulla di un possibile senso di tutta questa situazione, e quindi non ci fornisce alcuno strumento vero per intervenire positivamente. Secondo il modo di pensare largamente più diffuso, tutto quello che avviene non segue una logica, ma è solo la somma di eventi fortuiti, di azioni scoordinate di uomini differenti, o delle forze della natura. E il risultato di questa continua "lotteria" è del tutto imprevedibile.

Noi non sappiamo in effetti per quale motivo stiamo qui sulla Terra, in questa vita, perché siamo nati in questa particolare famiglia, in questa città, in questa nazione, in questo continente. Perché siamo belli o brutti, sani o malati, alti o bassi, ricchi o poveri, bianchi o neri. Perché abbiamo un certo carattere o certe doti o certi difetti.

Non sappiamo perché siamo capitati al centro di una zona di guerra, o su un aereo che sta per esplodere, o affamati in un campo profughi, o ammalati in un lebbrosario africano. O piuttosto perché invece ci ritroviamo grassi e viziosi in un casinò di Las Vegas, o allampanati e snob a prendere il tè al Ritz di Londra.

E non sappiamo nemmeno perché siamo nati Rotschild, o figli di Pablo Escobar, o di Bin Laden, o nipoti del Papa, o semplicemente nelle vesti di Gennaro Esposito, disoccupato napoletano cronico.

Queste cose nessuno ce le spiega. Anzi, ci dicono che sono inspiegabili.

E allora il modo di pensare più comune è questo:

> "Aggrappati a quello che hai, poco o tanto, e poi cerca di prendere il più possibile di quello che ti capita intorno; costruisci in fretta e difendi strenuamente la tua isola privata fatta del maggiore benessere materiale possibile per te e per i tuoi cari. E spera che oggi o domani non ti cada una tegola sulla testa! Come un rovescio di fortuna, un cancro, o una morte prematura".

Da questo modo di pensare collettivo viene fuori un attivismo competitivo, isterico e senza senso, che ci attanaglia e ci stressa, e che ci induce a correre, correre, correre… E, quando sentiamo di non farcela più, l'ansia, gli attacchi di panico e la depressione sono pronti ad invadere gli spazi vuoti della nostra anima.

Ma che razza di vita è questa?

Se solo ci fermassimo ogni tanto a pensare… ma sul serio.

Sembriamo sempre di più quelle bestie in gabbia che dopo un po' cominciano ad andare su e giù velocemente, nervosamente e senza sosta nei pochi metri quadrati scarsi che hanno a disposizione. Perché lo fanno? Forse perché così mostrano il loro profondo disagio… Perché in realtà "un animale è felice quando è libero"…

Mmmmmm...

Ma vuoi vedere che anche noi esseri umani se non siamo felici è perché non siamo liberi?
E allora che cosa è che ci tiene schiavi?

Certo, se pensiamo che quello che ci capita veramente non ha un senso, finiamo per essere schiavi del destino cieco, del posto che ci è capitato in partenza e di quello che la fatalità ci porterà incontro del tutto casualmente.

Siamo gli schiavi... di una vita priva di significato.

Se invece tutto quello che ci capita avesse un senso che noi fossimo in grado di afferrare, magari potremmo anche capire meglio l'ambiente nel quale siamo sbarcati nascendo: cosa significa, cosa possiamo aspettarci, che senso hanno le nostre azioni. E potremmo imparare un po' alla volta a muoverci in modo appropriato e a fare cose che magari migliorano la situazione.
Così saremmo finalmente *liberi*, liberi di impostare e modificare la nostra vita, e di *dare un senso* alle nostre azioni, ai nostri sentimenti, ai nostri pensieri.

Vuoi vedere che la differenza tra essere schiavi ed essere liberi è tutta nel modo di intendere la vita? E che proprio da questo dipende se siamo dentro o fuori dalla gabbia?
Se fosse così, perché non ce lo dicono chiaramente?
Qualcuno ha interesse a non dircelo?

Può darsi...

ci servono urgentemente degli occhiali nuovi

Forse quello che manca alla nostra cultura per vedere come stanno le cose sono gli occhiali giusti.
Quelli che abbiamo ora sul naso, e che vedono tutto ciò che avviene come casuale ed insensato, sono fortemente difettosi: ci danno una visione orribile e piatta del mondo, che può solo spingerci al galoppo verso direzioni fasulle, verso muri contro i quali

sbattere dolorosamente le corna. O darci ansia e panico, o depressione.
A noi servono delle lenti speciali, delle lenti particolari, più sofisticate, capaci di *vedere il senso vero e profondo delle cose,* degli avvenimenti, della vita delle persone, dei piaceri e dei dolori…

Esistono queste lenti?
E se esistono, funzionano?

Penso proprio di sì, e in questo libro tenteremo di usarle per guardare alla situazione internazionale, per indagare sul suo misterioso funzionamento, e per cercare di interpretare una serie di tendenze e di crisi in pieno sviluppo. Per vedere quali sono le forze in gioco, se ci sono dei burattinai e chi sono i burattini. Per capire noi che ruolo abbiamo, anche quando ci sembra di non fare nulla.
E poi, siccome nella vita qualsiasi percorso ha senso solamente se ha un riscontro pratico positivo, cercheremo di capire se questa nuova visione può aiutare ognuno di noi a "fare" cose che possano migliorare la propria situazione privata e perfino quella internazionale.

Per cambiare la nostra vita ed il mondo occorre molto probabilmente *un nuovo modo di vedere la realtà.* E' ormai evidente che quello che stiamo adoperando ora non ci porta da nessuna parte: ci fa brancolare nel buio. E ci sono forze che approfittano tutti i giorni di questa nostra cecità. Sia nel nostro intimo che nel mondo.

Ma cosa manca al nostro modo attuale di considerare la realtà che ci circonda?
La *profondità*, la capacità di intendere gli avvenimenti, gli esseri umani e la natura come realtà molto più ricche di quello che normalmente pensiamo. Come realtà dotate di molte dimensioni, alcune immediatamente apparenti e altre meno. Come elementi di un unico quadro sensato, invece che come particelle staccate di un caos privo di intelligenza, di finalità e di motivazioni.

E' come se noi normalmente guardassimo solamente alla superficie piatta di tutto quello che ci circonda, senza renderci conto delle molte dimensioni e connessioni che sono dietro l'apparenza delle cose, degli esseri, degli avvenimenti, delle persone.

La nostra visione è limitata brutalmente dal materialismo. Dal fatto di considerare tutto come solamente appartenente alla dimensione materiale, quella percepibile dai sensi.
Secondo questa visione "è vero solamente quello che vedo, sento, tocco, annuso, assaggio. Il resto non mi interessa. Non ne so nulla, e molto probabilmente non c'è."
E allora non mi chiedo perché esisto io, perché esistono le cose e gli esseri intorno a me, per fare che cosa. Sono come la pallina di un flipper, sballottata di qua e di là, verso premi o verso punizioni senza un perché, in una partita priva perfino di un giocatore che prema i pulsanti.

Eppure, anche se ragioniamo così, tutto il male e il marcio che vediamo in giro non ci vanno bene. Noi vorremmo che le cose andassero per il verso giusto, che tutto fosse bello e buono, almeno per noi e per i nostri cari. Abbiamo una spinta dentro di noi verso quello che è bene, verso quello che è bello e giusto. Abbiao degli impulsi, degli ideali, dei sentimenti, dei pensieri che si rivolgono, sia pure confusamente, alla ricerca di un mondo migliore. E quello cercano di ottenere per tutta la vita…

Perché? Perché abbiamo queste spinte dentro di noi?
Chi ce le ha messe, e per quale motivo?

In effetti i sentimenti, gli ideali, gli impulsi positivi, l'amore che proviamo e che ci piace ricevere non sono cose che hanno a che fare con i nostri sensi: non si toccano con le mani, non si vedono, non odorano, non si mangiano, non le sentiamo con le orecchie… Eppure esistono!

Le sentiamo "dentro".
Dove?

In una qualche realtà interiore della quale il modo di vedere materialista non tiene alcun conto. Eppure, a ben guardare, tutto nel mondo si muove sulla base di queste spinte interiori alla ricerca di una vita migliore.

Non sarà che per capire la realtà bisogna prima di tutto cercare di afferrare cosa ci passa dentro e perché? Invece di concentrarci sulla superficie materiale delle cose e di noi stessi?

Non sarà che, *anche per capire la situazione internazionale*, bisogna partire da quello che passa nella interiorità degli esseri umani, invece di ostinarsi a prendere come metro esclusivo i fattori economici, politici, o militari ?

Seguendo questa traccia potremmo anche scoprire che le parti in gioco sulla scena internazionale non sono tanto e solo quelle apparenti - gruppi politici, economici, finanziari, militari - ma soprattutto forze che hanno a che fare con quello che conta di più per ognuno di noi: *l'interiorità.*
Forze, energie, esseri il cui vero terreno di confronto non sono le borse, le banche, le industrie, i palazzi governativi, i campi petroliferi o i campi di battaglia... Ma è la psiche, l'anima degli individui e quella dell'umanità nel suo insieme.

Proprio per questo, prima di passare a esplorare la situazione internazionale, cercheremo di descrivere brevemente i fattori che hanno a che fare con la vita interiore degli uomini. Le origini, gli impulsi, gli strumenti, le finalità di ciò che passa nella nostra anima e nelle anime degli altri esseri umani nella vita privata e sulla scena internazionale.

Parlare dell'argomento di questo libro non è per niente facile.
La descrizione della situazione internazionale è di per sé l'analisi di un quadro che si presenta fosco, che suscita timori ed ansie, odio, pensieri e sentimenti negativi. E questo non avviene casualmente.

In questo libro cercheremo allora di evidenziare un dato di fatto molto importante ed in genere passato sotto silenzio: quello che sta avvenendo nella nostra epoca è invece soprattutto

UNA ACCELERAZIONE FORTEMENTE POSITIVA

di grande importanza per l'umanità.
Le forze luminose che operano nell'interiorità umana sono all'offensiva. Mentre le forze negative sono in situazione di emergenza.

no, non sono matto

No, non sono uscito fuori di senno per dire una cosa del genere. Il fatto è che questa realtà enormemente positiva ci viene accuratamente nascosta con un fragoroso, accecante, spettacolo virtuale organizzato per noi proprio da quelle forze che stanno perdendo terreno. E, come se non bastasse, agli spettatori ignari vengono anche serviti con abbondanza allucinogeni e narcotici di tutti i tipi.

Cercheremo di raccontare la sceneggiatura di questa grande manipolazione, di rivelarne gli attori, consci ed inconsci, gli obiettivi, i mezzi, i trucchi, le trappole, le strategie. Ma soprattutto di evidenziare quello che di fortemente positivo sta succedendo ovunque nell'umanità. E di descrivere le potenti e segrete "armi bianche" che abbiamo a disposizione. Armi che non servono per "combattere" le forze negative, ma per fare qualcosa di molto meglio:

cominciare a trasformare coscientemente
il negativo in positivo, le azioni del Male
in preziose opportunità di Bene.

Certo, non è possibile conoscere e descrivere tutte le situazioni complesse e variegate di cui è fatta la situazione internazionale. E nemmeno è necessario. Ma proveremo quanto meno a tracciare un quadro di riferimento, con alcuni esempi significativi, che possa essere utile per decifrare il senso dei drammatici eventi della nostra epoca.

E per riflettere sulla cosa più importante:

su quello che siamo venuti a fare qui,
esattamente nel posto dove ognuno di noi è ora,
proprio in questi anni terribili e meravigliosi.

E per cominciare a farlo, una buona volta!

1

IL GRANDE PIANO

Alla ricerca del senso della realtà.
Facciamo un viaggio cosmico dietro le apparenze.
La Rete d'Amore.
Come funziona la rete umana.
Evoluzione, evoluzione, evoluzione…
Forze oscure contro l'idea di Evoluzione.

alla ricerca del senso della realtà

Se quello che succede ha un senso, ci sono due modi di ricercarlo:

1. andando ad analizzare le singole cose, i singoli fatti con grande minuzia, come fa la scienza moderna;
2. oppure rivolgersi alla ricerca di un quadro generale, di un "sistema" che abbracci tutto e fornisca un quadro di riferimento valido per comprendere la complessa realtà che ci circonda. Come facevano i grandi filosofi, o le grandi personalità spirituali.

Questo secondo tipo di ricerca non viene più seguito dalla nostra cultura, che nel suo materialismo ritiene che non ci sia nessun "sistema" da ricercare, ma solo le cose che vediamo, che percepiamo con in sensi fisici. E che, "per capire la realtà", queste vadano analizzate, sminuzzandole sempre di più, fino a che non rimane quasi niente, o addirittura niente...
Niente?

E' proprio qui infatti, quando la ricerca dei fisici arriva agli ultimi gradini delle dimensioni più piccole, delle particelle "base" con le quali è fatta la materia, che questa improvvisamente sparisce: non si trova più. E' energia...? E cos'è l'energia? Perché la materia sembra entrare ed uscire da una dimensione non visibile?
Una volta esaurite le possibilità tecniche del microscopio, o di enormi e costosissimi macchinari sepolti nelle viscere della Terra, cosa rimane?
Del senso, del significato, delle finalità vere di tutta questa storia della realtà materiale e della vita, nessuno studio scientifico ci capisce niente.

Il fatto è che la direzione della ricerca è parziale, perché la nostra realtà non è solo materiale. E per come siamo fatti noi e come è fatto il cosmo, la materia da sola non fornisce sufficienti spiegazioni nemmeno su sé stessa. Perché anche la materia proviene da un'altra dimensione, una dimensione non materiale che ne giustifica, ne determina e ne spiega l'esistenza.

Se invece partiamo dall'idea che la materia non è altro che la manifestazione visibile di una realtà molto più complessa e profonda, forse riusciremo a capire che la risposta al mistero delle particelle che escono fuori dal nulla è proprio all'interno di quel "nulla" apparente, nel quale le nostre macchine fatte di materia non possono entrare. Perché fa parte di un'altra dimensione, da ricercare in un altro modo.

Eppure, anche se nessuno sembra curarsene, noi lo strumento per entrare in questa dimensione, quella da dove viene la materia, quella da dove vengono tutte le cose, ce l'abbiamo. Ma ovviamente non ci possiamo aspettare che sia uno strumento materiale, come i sensi. Deve essere un qualcosa che dalla dimensione materiale sia capace di portarci, come un ascensore, verso le dimensioni superiori, e poi di tornare giù, per consentirci di riportare nella vita quotidiana i risultati dell'ascesa.
Non bisogna andare lontano, e non bisogna pagare nessun biglietto, perché si tratta semplicemente di una delle facoltà principali dell'interiorità umana: è il nostro PENSIERO che, quando è SPINTO DAL CUORE e dall'Amore, è capace di volare alto nella sua vera dimensione, quella spirituale. E lì si collega con le realtà spirituali che sono all'origine di tutta la realtà, compreso il mondo materiale. Quelle realtà e quegli esseri dai quali viene progettato, creato e guidato il mondo delle cose e delle situazioni che ci troviamo intorno.
Solo così poi si riesce a capire quello che succede, e quello che è il campo della nostra vita e delle nostre azioni.

Allora probabilmente, senza perdere l'esperienza parziale, ma preziosa, della Scienza, occorre ritrovare il modo di osservare la realtà che avevano grandi filosofi come Platone o Aristotele, o grandi personalità religiose, come gli antichi "rishi" indiani, come Zaratustra, come Buddha, come Gesù e tanti altri.
Slanciarsi finalmente col cuore e con la mente nell'infinitamente grande, nelle correnti cosmiche, in una realtà non fatta solo e

casualmente di piccoli dettagli, di fatti e di esseri separati gli uni da-gli altri, di molecole e di atomi montati a caso. Ma di grandissime idee divine, di grandi e meravigliosi progetti.
Affondare il proprio pensiero libero nella fiducia che UN PIANO POSITIVO C'È, e che in quello siamo immersi. Questa fiducia è l'apertura necessaria del CUORE a ricercare e a trovare questo piano. E poi a portarlo nella nostra vita di tutti i giorni, per viverlo consapevolmente e utilmente.
Se la nostra cultura non si deciderà a integrare spiritualmente il proprio modo scientifico, analitico di fare ricerca, rimarrà bloccata con in mano solo dei pezzettini di materia senza senso, sul baratro di enormi vuoti sconosciuti.
Vuoti esteriori che esprimono e rafforzano pericolosi vuoti dell'anima.

Anche la stessa analisi della situazione internazionale, vista solamente in dettaglio scenario per scenario - con il bisturi e con il microscopio - non produce risposte significative. Ma solo risposte apparenti, in genere sbagliate. E in quanto tali facilmente manipolabili.
Lo dico per averlo sperimentato lavorandoci per tanti anni: l'attuale metodo scientifico e materialista di analisi della situazione internazionale è un totale fallimento. Da solo non serve a niente: porta a visioni falsate della realtà. Talvolta a vere e proprie tragedie. Perché di queste visioni parziali qualcuno "che sa come stanno le cose" costantemente approfitta.

Ma allora proviamo ad aggiungere gli strumenti di analisi che mancano, quelli spirituali, e facciamo un viaggio nella direzione opposta, nell'infinitamente grande, ai confini del conoscibile e dell'immaginabile. Per cercare di dare un quadro di fondo a quello che succede nella nostra anima e nel mondo.
Dopo tenteremo di verificare se funziona. Ma questo poi, al di là del presente libro, ognuno lo potrà fare solamente per conto suo, osservando la sua interiorità e i fatti della sua vita.

facciamo un viaggio cosmico dietro le apparenze

Da dove partiamo? Per fare un viaggio cosmico e spirituale serve una navicella spirituale. Ma quella ce l'abbiamo perché è il nostro *pensiero*, che può andare ovunque. Poi serve un propellente sufficientemente potente, capace di farci bucare la pesante barriera "magnetica" delle apparenze materiali. Il nostro pensiero intellettuale infatti non basta, perché in genere non fa altro che battere e riflettersi contro l'immagine apparente, superficiale, delle cose. E poi si ostina ad arrovellarsi solo utilizzando queste immagini parziali.

Ma noi abbiamo a disposizione anche un ottimo carburante, decisivo ed efficace, purché ci decidiamo a metterne abbastanza nei serbatoi della nostra astronave: è l'AMORE, la spinta del nostro cuore. L'impulso forte e profondo a conoscere ed a migliorare. Perché la nostra non è una ricerca intellettuale, accademica, ma vogliamo *con tutto il cuore* trovare delle risposte che ci consentano di rendere quello che ci circonda più bello, più buono, più giusto.

Poi abbiamo bisogno di un po' di dati sulla rotta da seguire e di una serie di informazioni per interpretare quello che vedremo. Le guide migliori che ho trovato per viaggiare oltre le apparenze sono ormai a disposizione di tutti: si tratta delle idee e delle informazioni trasmesse dalle grandi tradizioni spirituali dell'umanità. Mettendole insieme, facendo riferimento a quella bellissima sintesi dinamica che sono le conoscenze ed i metodi riportati da Rudolf Steiner[1], ad altri apporti di illuminati di tutti i tempi, e

---

[1] Rudolf Steiner, grande veggente e scienziato dello spirito, vissuto tra la seconda metà dell'Ottocento e i primi decenni del ventesimo secolo. E' il fondatore dell'Antroposofia, e con la sua attività, le sue conferenze e i suoi libri ha dato impulso a numerose, importanti esperienze nel campo della filosofia, della pedagogia, dell'agricoltura,

aggiornando il tutto sulla base delle nostre esperienze… siamo pronti. Pronti per un breve viaggio nell'infinitamente grande.

Accendiamo i motori, lanciamo l'astronave del pensiero e, se il carburante del cuore sarà sufficiente, riusciremo a passare oltre il velo delle apparenze. Oltre la dimensione dei sensi fisici.

la Rete d'Amore

Ed eccoci dall'altra parte.

Dove siamo ora? Non siamo in uno spazio vuoto e freddo, anzi il contrario: siamo in un ambiente strano, eppure familiare, inatteso e contemporaneamente bellissimo: una enorme e complessa rete pulsante, viva, fatta di un numero impressionante di esseri e di canali luminosi che li congiungono. Zone luminosissime, e zone oscure… Un diffuso pulsare di vita e di forme multicolori, punteggiate qua e là di vortici, grandi e piccoli, di aree grigie di contrazione della rete, e di fulgide luci raggianti…

Che cosa è? Che significa questa scena? Perché ci emoziona? Sentiamo che ci evoca tantissime cose…

Perché normalmente, con i sensi, non vediamo questa rete nella quale comunque siamo immersi?

Secondo le migliori tradizioni spirituali un essere dotato di incredibile potenza creativa ha nel remoto passato deciso di diventare universo, di trasformarsi in miriadi di altri esseri che un giorno diventassero come lui: dei grandi e bravi creatori. Nel farlo ha staccato parti di sé, generando un numero incredibile di gocce di coscienza divina, capaci in potenza di svilupparsi all'infinito.

E' stato un grande impulso di Amore purissimo:

> prendere parti di sé e renderle disponibili per creare esseri diversi da sé. Un gioioso sacrificio

---

dell'architettura, dell'arte, della medicina, della spiritualità. Impulsi ancora in gran parte da sviluppare e rendere praticamente utili per la società umana.

cosmico fatto per Amore: donare parti di sé per creare un nuovo Bene, come sempre avviene nell'Amore vero.

Questo enorme impulso, dotato della direzionalità, della volontà e della luminosa saggezza dell'intenzione divina, è esploso nel vuoto del non essere. In questo Big Bang d'Amore la dimensione divina, spirituale, ha cominciato a trasformarsi in altre dimensioni, più pesanti, fino a quella della materia, fatte di miriadi di esseri in crescita. Queste dimensioni sono diventate l'ambiente di crescita delle goccioline di coscienza. L'ambiente nel quale fare tantissimi diversi percorsi di esperienza e di sviluppo in *un lungo cammino evolutivo "da creature a creatori"*.

La saggezza infinita del Creatore si è mossa per Amore e usando in tutta questa creazione la forza, la vitalità dell'Amore. Ne è venuta fuori una specie di enorme cascata di vita, che si articola in infiniti rivoli e connessioni, che scorre prendendo la forma di una enorme rete in espansione fatta di esseri in crescita. In comunicazione tra di loro e con tutto il resto della rete. Anche quando ancora non se ne rendono conto.

In questa rete scorre l'Amore che è la vera forza originaria ed evolutiva di tutto il sistema. E' il liquido vivente, l'"*acqua viva*" che circola nella rete e porta vita, luce e calore ovunque, in una continua crescita ed espansione.

Quindi *questa è la Rete che troviamo al di là delle apparenze*: le luci ed i colori che scorrono nei canali tra i vari esseri sono le forze luminose, sagge e creative dell'Amore divino che sono all'opera nella crescita delle coscienze. Le zone oscure, i vortici, le aree grigie sono quei settori nei quali l'Amore circola meno, nei quali i canali sono quasi o del tutto chiusi, e l'*acqua viva* momentaneamente non scorre e ristagna.

Se guardiamo meglio, ci renderemo conto che la Rete è in effetti una rete con miliardi di connessioni, e con tante differenti dimensioni, su tanti piani diversi. A seconda dei livelli di coscienza degli esseri che sono coinvolti. Ma tutti questi piani sono comun-

que collegati in una enorme rete di reti che occupa tutto l'infinito universo. E la materia del cosmo, e anche la materia dei singoli esseri della Terra, è solo la manifestazione più superficiale di tutta una serie di dimensioni spirituali.
Solo nella dimensione puramente materiale tutto appare staccato, e la Rete non è visibile.

Quindi *il Piano Divino della nostra evoluzione, del quale la Rete è il campo di azione, non si vede con i sensi fisici*. Che anzi ci danno l'illusione, ci danno la falsa informazione che non esista. Così non vediamo il piano in azione, non vediamo le energie luminose o oscure, non ci rendiamo conto immediatamente degli effetti dei nostri egoismi.

Non vediamo che tutti gli esseri del cosmo
sono connessi tra di loro.
E che quello che ognuno fa influenza gli altri.

Cosa si vede in particolare nella nostra area della rete, quella che riguarda l'umanità sulla Terra?
Si vedono diversi miliardi di esseri, tutti connessi gli uni agli altri da canali, e collegati a tutto il resto del cosmo. Dall'universo partono impulsi positivi d'Amore, raggi luminosi e colorati verso la rete umana, che in talune aree si spargono nella rete passando attraverso i pensieri, i sentimenti e le azioni degli uomini. Oppure si vede che, nell'interiorità dei singoli esseri umani, invece di uscire ad arricchire gli altri esseri della Rete, il flusso talvolta si riduce, si blocca all'interno, e i canali intorno perdono vita e luminosità: si spengono. Gli stessi esseri sono più luminosi quanto più si fanno canali attivi di Amore. O meno luminosi, fino ad essere oscuri, se da loro non esce qualcosa che abbia a che fare con il senso del flusso universale.

L'insieme di canali bloccati o spenti crea aree grigie nella Rete: aree di malattia del sistema. In queste aree si vedono formarsi inquietanti ombre oscure, che si attaccano a parti della struttura per devitalizzarle, per trarre forza dalle correnti negative, per bloccare il processo di espansione e di crescita delle coscienze.

Allora gli esseri umani a contatto con le aree grigie, generate dal loro non amore, dal loro egoismo, hanno una scelta precisa:

- lasciare che queste si impossessino completamente di loro lasciandoli al freddo ed al buio delle zone spente,
- oppure raddoppiare i propri sforzi per farsi portatori di Luce e di Amore nella rete immediatamente intorno a loro.

Sono gli esseri umani che hanno bloccato il flusso nei loro cuori, con tutte le conseguenze negative interiori e collettive, e proprio a loro tocca generare quello che serve per riportare luce dentro di sé e tutto intorno.
In genere il blocco avviene perché non ci si accorge di essere così egoisti da non ridistribuire il flusso d'Amore che circola nella Rete. Questo errore avviene *per incoscienza.*
Invece, per decidere di uscire dal buio interiore e ricominciare a distribuire Amore nella Rete, bisogna metterci *una decisione cosciente*: bisogna capire dove e come si è sbagliato nel deviare l'Amore solo per sé, nel trattenerlo dentro facendolo avvelenare, come l'acqua stagnante. E poi AGIRE per compensare, per non ripetere l'errore compiuto e per diventare più forti, capaci e consapevoli nel creare il Bene con la forza dell'Amore.

Gli esseri umani crescono *come livello di coscienza* - nella loro *componente spirituale immortale* - proprio e solamente a forza di prendere decisioni *coscienti* di riparare agli errori compiuti, mettendo *coscientemente* Amore intelligente nei pensieri, nei sentimenti e nelle azioni che spargono nella Rete intorno a loro.
Ma del resto è naturale che sia così: siccome il Creatore vuole che diventiamo un po' alla volta creatori come lui, ci ha messo in un sistema di crescita nel quale liberamente e in modo incosciente sbagliamo a usare l'Amore, per imparare poi a manovrarlo attraverso l'esperienza. Per diventare esseri che agiscono per Amore,

e che con la potenza dell'Amore imparano a creare realtà nuove e buone, come ha fatto il nostro Padre Creatore fin dall'inizio.

come funziona la Rete Umana

Adesso che abbiamo seguito, anche se molto brevemente, il metodo di ricerca "cosmico", usiamo un po' quello analitico scientifico, e scendiamo verso i dettagli della rete umana. Anzi, entriamo nell'interiorità di ognuno di noi.
All'interno di questa rete noi siamo un po' come gli snodi di una specie di sistema idraulico. L'Amore divino arriva fino a noi, e scorre dentro di noi e fuori di noi attraverso le nostre connessioni con tutto il cosmo, con gli altri uomini e con i tanti esseri che sono più avanti o più indietro di noi nella scala evolutiva.

Noi siamo stati fatti in modo da avere dentro un impulso negativo, una presenza inconscia e forte, che potremmo definire "predatoria". Diciamo che abbiamo un impulso positivo e pieno d'Amore verso ciò che è Bene, ma questo impulso viene deviato dal nostro lato oscuro verso il bene esclusivamente nostro, miope e privato. Che non è il nostro vero Bene, né quello della Rete, ma al massimo è il bene superficiale, ingannevole, nostro e dei nostri familiari o amici.
L'Amore, nello scorrere dentro di noi, e da noi in fuori - arricchito delle nostre particolarità personali e positive - se è libero di fluire genera uno scambio tra i vari esseri della Rete che è di grande arricchimento reciproco. Invece se il nostro lato oscuro ha successo nell'indurci a trattenere per noi il flusso, si crea una contrazione nei vari canali, che determina un forte rallentamento della crescita.

Un buco nero si allarga dentro di noi, in quanto la nostra parte luminosa, priva di linfa vitale, perde forza, mentre quella oscura ne acquista, alimentandosi dell'egoismo.

Questo avviene nell'interiorità di ognuno di noi.
Il risultato nella rete è che intere aree luminose perdono forze e qualità, in favore delle parti, delle dimensioni oscure, che si nutrono della somma degli egoismi. Fino a diventare dei veri e propri esseri, delle "egregore" negative, inconsciamente richiamate e alimentate proprio da noi.

I canali della Rete sono quindi idealmente le vie di scambio di enormi potenziali di creatività vitale tra gli esseri umani.

Uno scambio dal quale tutti possono trarre grandi benefici. Oppure queste vie possono essere interrotte, messe a rischio, sabotate dai briganti, dai pirati attratti dalle nostre contrazioni individuali. E allora intere aree della rete, intere zone, interi mari, interiori ed esteriori, diventano infestati di presenze pericolose, diventano difficili da frequentare senza essere assaliti e derubati.

Ritornando al sistema idraulico, se abbiamo contratto il flusso nei nostri personali canali di uscita dell'Amore, in questo modo li facciamo deteriorare, arrugginire, ostruire di scorie negative. I canali sono quelli che ci collegano a tutte le persone intorno a noi, sul lavoro come in famiglia, nella nostra associazione, o in mezzo a persone apparentemente estranee. Ci collegano anche a quelle persone che non sono più fisicamente presenti, e a tutti gli altri esseri della Terra e del cosmo. Questi canali sono le vie privilegiate della nostra *crescita potenziale reciproca.*
Quando i canali sono ostruiti non solo non diamo, ma nemmeno siamo più in grado di ricevere Amore e forze positive. Neanche l'Amore Divino riesce più a entrare in noi, perché siamo diventati una specie di recipiente pieno fino all'orlo di amore trasformato in egoismo, che occupa tutto il nostro spazio interiore.

Maggiore è lo spazio per l'egoismo,
minore lo spazio per ricevere Amore e Luce da fuori.
Dal Cielo e dagli altri...

Come si fa a riparare la Rete, a riportare vita e luce nella nostra interiorità e intorno a noi, a riprendere a dare e ricevere dal Cielo e dagli altri esseri?
La risposta non è complicata: per mancanza di Amore si sono ostruiti i canali e si è avvelenata l'anima, e allora con l'uso dell'Amore si riaprono i canali, si riporta la situazione alla condizione ottimale di buon funzionamento della rete.

Quello che è difficile, che è la nostra sfida personale e quotidiana, è trovare i modi per sbloccarsi e per imparare ad amare in modo utile e costruttivo nelle varie situazioni della vita.
Ma questo, proprio questo, bisogna decidersi a *FARE* sempre di più. Per il Bene degli altri e per noi stessi.

evoluzione, evoluzione, evoluzione...

Quando incominciamo ad immettere nei canali che ci circondano pensieri, sentimenti ed azioni pieni di Amore disinteressato, diventiamo fonti di luce, vita e creatività intorno a noi. Le scorie negative si sciolgono, e si creano le giuste condizioni e lo spazio perché l'Amore degli altri e quello divino ritornino a fluire abbondantemente dentro di noi. Dandoci gioia e forze di crescita.
Quanto più, ogni volta che si ostruiscono i canali, ci industriamo e ci sforziamo per rendercene conto e per immettere coscientemente Amore, tanto più diventiamo

ESSERI FATTI DI AMORE COSCIENTE.

Sì, questa è una importantissima realtà spirituale:

NOI DIVENTIAMO QUELLO CHE FACCIAMO
CON LE NOSTRE ESPERIENZE.

Non si scappa:

LE NOSTRE ESPERIENZE
SI TRASFORMANO IN FACOLTÀ DEL NOSTRO ESSERE.

Se studiamo molto e bene il pianoforte *diventiamo* dei bravi pianisti. Se rapiniamo con cura delle banche, *diventiamo* dei bravi rapinatori. Se esercitiamo l'egoismo, dentro di noi ed intorno a noi, *diventiamo* dei bravi esecutori delle strategie di esseri oscuri. Dei bravi distruttori di reti d'amore. Se invece impariamo a praticare pensieri, sentimenti e azioni colmi d'amore, *diventiamo* pilastri per l'arricchimento della Grande Rete d'Amore, riparatori di reti danneggiate, generatori di nuove aree luminose.

Questa realtà è alla base della nostra *evoluzione*: facendo tutta una gamma di esperienze positive e creative, *diventiamo* esseri sempre più positivi e creativi.
Più usiamo l'Amore in tutte le possibili variazioni e dimensioni, correggendo i nostri errori inconsci, più diventiamo ESSERI DELL'AMORE.
Diventiamo come una delle grandi qualità della divinità. Quella che consente di creare il Bene. Quella che l'evangelista Giovanni chiama Logos...

Diventiamo finalmente, anche consapevolmente,
Figli di Dio in crescita, sul suo stesso cammino.

forze oscure contro l'idea di evoluzione

Questa idea delle *esperienze che diventano facoltà* viene molto combattuta dalle forze oscure che si aggirano sulla Terra. Perché? Perché è il meccanismo di base del Piano Divino per il bene dell'umanità. E' quel meccanismo attraverso il quale ogni essere umano, basandosi sulle sue forze e sulle sue esperienze, è in grado di crescere, di diventare una coscienza amante sempre più saggia, più forte, più vasta, più creativa e più libera. E' il funzionamento della nostra evoluzione, che passa nella Rete attraverso una lunga serie di vite, nelle quali le esperienze si accumulano trasformandosi nelle capacità crescenti di ognuno di noi.

Quando si vede un individuo, una organizzazione, un gruppo di persone, o una religione organizzata che lottano contro l'idea di evoluzione umana, e cercano di eliminarla dalla nostra cultura, o dal nostro rapporto con il divino, vuol dire che c'è proprio qualcosa che non va.
Negare l'evoluzione, la possibile evoluzione quotidiana, volercela impedire perfino come idea, *è una delle attività più oscure in corso nella nostra epoca.* Chi dice che l'evoluzione non esiste ci vuole condannare a essere schiavi di una vita senza senso, o di un inquietante Dio privo di Amore. Che non si mischia con noi, che dice di averci fatto "a sua immagine e somiglianza", ma che in effetti non ci vuole. Un Dio interpretato come autorità distante, che trasmette solo ai suoi sacerdoti un *principio di autorità* da esercitare, e non di Amore. Che vuole lasciare gli uomini bambini e succubi, schiavi di un potere creativo egoistico e non condiviso. Il creato in questa visione non è una fabbrica di dèi, ma una galera di servi da sfruttare in tutte le loro debolezze. Perché *sulle nostre debolezze si fondano grandi poteri oscuri.*
Eppure anche il Cristo del Vangelo di Giovanni dice "Voi siete Dèi."
Ma chissà: a giudicare da quanto è stato preso sul serio negli ultimi duemila anni, forse quel giorno era in vena di scherzi, ci voleva solo prendere in giro...
Oppure, molto più probabile, qualcun altro ci ha lungamente preso in giro alterando e mutilando il Suo messaggio d'Amore.

Determinate forze oscure, in parte facilmente riconoscibili, sono all'offensiva in tutto l'Occidente per negare l'idea di evoluzione. Negli Stati Uniti hanno già riscosso forti successi, sulla spinta dei movimenti e delle lobbies più retrive.[2]

---

[2] Le tesi anti-evolutive vengono in particolare sostenute e diffuse da un movimento di opinione internazionale, basato su movimenti cristiani conservatori, che si chiama "creazionismo". Ad esso si oppone soprattutto il fronte degli scienziati evoluzionisti. Il dibattito è fuorviante, i primi dicono che Dio ha creato tutto perfetto e finito fin dall'inizio, e

Sembra un fatto semplicemente culturale, superficialmente filosofico. Ma è un qualcosa molto più grave ed importante di quanto normalmente si pensi. La realtà deriva dalle idee. L'inserimento di idee antiumane è un forte ostacolo per la formazione di una realtà umana in evoluzione.

L'evoluzione invece è una cosa talmente importante: è il motivo per cui siamo qui. Non ce ne sono altri.
Il nostro corpo, le altre dimensioni più sottili della nostra natura, la Terra, la grande Rete, il cosmo, servono proprio a questo: sono il supporto e il meraviglioso campo di esperienza della nostra evoluzione.

Altrimenti a che servono?

Se ci convinciamo che non servono a nulla di veramente utile e importante, ecco che apriamo le porte alla disperazione, alla depressione, oppure al "mordi e fuggi", all'arraffare il massimo di piaceri superficiali, al baratro del "vuoto" dentro di noi.
Evitando di farsi troppe domande... per carità!

---

non c'è stata alcuna evoluzione, mentre i secondi sostengono che l'evoluzione c'è, ma è frutto del caso, ed è un fatto solo materiale. Nessuna delle due posizioni tiene conto dell'unica evoluzione che conti, e che mette insieme il piano divino e l'evoluzione: quella evoluzione che è fisica, psichica, ma *soprattutto spirituale*, e che è il vero, grande frutto del Piano Divino.

2

IL BENE E IL MALE

Il piano divino di evoluzione
come metro del Bene e del Male.
L'evoluzione del Bene e del Male.
Cosa è Bene e cosa è Male nella nostra epoca?
Le grandi strategie del Bene e del Male
ai nostri giorni.
Ma ci sono veramente "due" schieramenti?
Grandi forze spirituali accompagnano
la nostra evoluzione.

il Piano Divino di Evoluzione come metro del Bene e del Male

Proseguiamo con il nostro ragionamento, con il nostro tentativo di trovare una traccia per interpretare la situazione internazionale nell'ambito di una visione ampia e generale delle vicende umane.
Ora che abbiamo scoperto l'esistenza di una Rete invisibile, e ne abbiamo osservato certe caratteristiche, possiamo anche dire che la situazione internazionale, come la vediamo nella vita di tutti i giorni, non è altro che l'espressione superficiale, apparente, delle forze profonde che si muovono nella Rete. Forze positive luminose, di Amore che fluisce, e forze negative oscure, di amore contratto, deviato o bloccato.

Cerchiamo ora di capire meglio cosa sono queste forze, come si articolano e perché.

Abbiamo visto che il Piano Divino è sostanzialmente il progetto in atto della nostra evoluzione "da creature a creatori". Nel quale tutti, consciamente o no, siamo immersi.
Se questo è il piano di fondo, sarà questo stesso piano a fornirci una base per stabilire cosa lo favorisce e cosa lo ostacola. Quindi, in pratica, l'idea e la conoscenza dell'evoluzione sono anche il metodo migliore che abbiamo a disposizione per tentare di definire il Bene ed il Male.

Questo è un altro concetto molto importante: se vogliamo capire nella nostra vita e nella situazione internazionale quale è il Bene e quale è il Male, *non possiamo fare a meno di fare riferimento all'evoluzione umana. Ai suoi tempi, ai suoi modi, alle sue fasi.*

E quindi...

Il Bene in generale è la Realizzazione
del Piano Divino di evoluzione umana,

al quale abbiamo accennato prima: fare in modo che delle gocce di coscienza divina, fatte della stessa sostanza di Dio e da questo separate in un impulso di Amore, diventino un po' alla volta come Dio.

Il Male allora è semplicemente il contrario:
l'Ostacolo a questo Piano,

la sua mancata realizzazione, tutto ciò che congiura per il suo fallimento.

E allora *le forze del Bene* sono quegli esseri, del mondo spirituale e di quello terreno, che lavorano per la felice realizzazione del progetto.
Mentre *le forze del Male* sono coloro, del mondo spirituale e di quello umano, che fanno tutto il possibile per ostacolarne il cammino, o per farlo fallire.
Sono esseri che fanno parte anche loro della grande Rete di Reti creata da Dio. Sono stati creati anche loro per amore e dalla saggezza divina. Ma nel piano del processo evolutivo assumono un ruolo particolare ed importante: quello di ostacolo alle spinte evolutive.
In effetti, nel fare questo, collaborano attivamente alla realizzazione positiva del piano. Consciamente o inconsciamente. Gli ostacoli che loro pongono sono indispensabili alla nostra crescita, in quanto creano delle difficoltà che ci stimolano a trovare e sviluppare forze e facoltà nuove. Proprio quelle forze e facoltà che costituiscono la nostra crescita.

Senza le forze "oscure" non potremmo crescere.

Almeno in questa fase dell'evoluzione.

Questo tema del Bene e del Male è stato dibattuto per secoli da teologi e filosofi. Forse si può semplicemente dire che in effetti al vertice c'è solo il Bene, c'è solamente il Creatore che vuole il Bene, e che per farlo ha creato una rete complessa, con proprie dinamiche tutte positive. Ma per creare una dinamica occorre anche creare dei poli opposti, tra i quali questa dinamica possa svilupparsi, per favorire la crescita di tutti. La polarizzazione Bene-Male nella Rete serve a creare una specie di palestra dotata di tanti percorsi con pesi e ostacoli. E il fine di tutto questo è di arrivare a favorire lo sviluppo di tutti gli esseri che ne fanno parte. Sia pure con ruoli, tempi e modi differenti.

Una specie di *grande gioco delle parti,* attraverso il quale il Creatore, Dio, la Coscienza Universale, sta favorendo in vari modi la crescita di tutti: anche di quelli che ci sembrano solamente personaggi umani oscuri e malefici. Ma perfino di Belzebù, del Maligno, di Lucifero, di Arimane, di Satana, del Diavolo, o di come vogliamo chiamare questi spiriti che esercitano la funzione di ostacolo.
Altrimenti che Dio d'Amore sarebbe?

Nella grande Rete di Reti si avanza sull'onda del fluire luminoso dell'Amore. Chi rimane indietro, in questo viaggio, in qualche modo facilita il progresso degli altri. I vortici oscuri servono a far brillare di più le zone luminose.

E un giorno le zone luminose,
in vari modi debitrici, aiuteranno le aree oscure
a sviluppare la propria luce.

l'evoluzione del Bene e del Male

Per capire veramente il rapporto Bene-Male in un'epoca come la nostra bisogna aggiungere qualche ulteriore considerazione.
Proprio perché l'evoluzione è la cosa più importante, il rapporto Bene-Male è immutabile nelle sue linee di fondo, nel senso che il Bene è l'evoluzione positiva degli esseri spirituali e il Male l'ostacolo a questo processo. Ma *i modi* per conseguire il Bene o per porre ostacoli non sono fissi ed immutabili: si modificano nel

corso della Storia. Quello che è Bene in una certa epoca, rischia di essere Male in un'altra, e viceversa.

Questo concetto sembra strano ed astruso, ma se si pensa a come avviene una qualsiasi crescita, ci si rende conto che non lo è affatto. Se prendiamo per esempio un lattante, vediamo che il Bene per lui è avere la mamma sempre vicino, succhiare il latte materno, e starsene buono con il pannolino, in una culla dove dormire spesso. E magari ogni tanto stimolarsi con dei bei sonagli allegri. E così via.
Mentre il suo Male è stare lontano dalla mamma, non avere a disposizione il latte, non avere il pannolino, stare in piedi tutto il giorno, o tutta la notte, provare a camminare troppo presto, o ricevere stimoli troppo forti, ecc.
Questo vale in una certa fase della sua evoluzione. E solo in quella. Ma se prendiamo lo stesso bambino quando ha trent'anni, ci rendiamo conto facilmente che quasi tutto quello che era Bene per lui da lattante, adesso sarebbe Male, gli creerebbe un sacco di problemi di crescita, di evoluzione.
Pensiamo a un trentenne che deve stare sempre con la mamma, che si nutre solo di latte, che non deve camminare, che se ne sta tutto il giorno col pannolino in una culla a dormire o a giocare con i sonagli colorati, e che cerca di evitare ogni tipo di sensazioni forti...
Basta poco per allargare questo esempio a qualsiasi situazione di crescita.

Anche nella Storia è così: dare le libertà civili e democratiche ai sudditi dell'antico impero persiano, o sumero, o assiro, o cinese sarebbe stato disastroso; imporre un Faraone agli europei attuali sarebbe il loro Male. La tecnologia nucleare è già difficile da controllare e contenere ai nostri tempi, ma finora siamo riusciti ad evitare conflitti nucleari generalizzati. Cosa sarebbe successo se gli esseri umani avessero avuto a disposizione la tecnologia nucleare ai tempi di Gengis Khan?

Dare particolari opportunità di coscienza o di conoscenza all'umanità, prima di un certo processo di maturazione, sarebbe dannoso. Non dargliele quando gli servono sarebbe disastroso. Togliergli prima del tempo una mamma spirituale - come sono le grandi religioni organizzate - significherebbe esporre gli uomini indifesi a influenze negative troppo forti, finché sono ancora immaturi. Ma anche pretendere che l'umanità, quando ormai sta uscendo dalla fase adolescenziale, continui ad avere bisogno di *mamme* spirituali, significa volere che non cresca mai come famiglia di spiriti indipendenti e liberi, significa porre un forte ostacolo: significa il Male.

Un Padre, una Mamma o un Maestro devono sapersi fare da parte al momento opportuno. Né prima né dopo del momento giusto. Altrimenti per egoismo danneggiano il figlio, o il discepolo, o il fedele.

Per capire la situazione internazionale, è importante sapere quali sono le forze che vogliono il Bene e quali sono quelle che vogliono il Male. Allora è necessario domandarsi con cura quali sono il Bene ed il Male dell'Umanità in generale e nella nostra epoca in particolare. Altrimenti si rischia una enorme confusione. Le istituzioni politiche, religiose, sociali di migliaia di anni fa erano un bene allora, ma non lo sono necessariamente per sempre. Non lo sono più ora. Il Bene ai nostri tempi è un'altra cosa, adatta al nuovo livello di maturazione dell'Umanità.

Quindi il Bene ed il Male sono in generale gli stessi e le forze del Bene e del Male hanno degli obiettivi di fondo che sono stabili. Ma, a seconda del periodo evolutivo, i *modi* per fare il Bene o il Male cambiano. Le strategie e le tattiche si modificano.
In base alla maturazione raggiunta e alle esigenze di crescita di una certa epoca.

cosa è Bene e cosa è Male nella nostra epoca?

Il grande fenomeno della nostra epoca è la montante marea della spiritualità. Sono i "risvegli", dei quali parleremo in modo più diffuso nelle pagine a seguire.
Siamo partecipi di una forte accelerazione dei processi di coscienza. Gli uomini vengono sempre di più ed in tanti modi posti a contatto con dimensioni della realtà che vanno al di là della materia. Con le dimensioni spirituali della Rete le cui tracce apparenti possiamo percepire nelle cose materiali, nel nostro corpo ed in quello degli altri, negli avvenimenti privati ed in quelli internazionali.
Il senso della forte accelerazione attuale è proprio quello di metterci nelle condizioni di cominciare a comprendere il significato profondo della realtà, al di là della superficie illusoria.

Nella nostra epoca l'Umanità è chiamata a riscoprire la concretezza dello Spirito, ma non con nuove "rivelazioni", con nuovi messaggi dall'alto, che erano il Bene per gli uomini di una volta. Bensì con processi interiori di lavoro sulla realtà, che portino ogni singolo individuo a conseguire da solo la propria "rivelazione" di come funziona la vita. Perché ognuno costruisca forze tali da poter interpretare in modo indipendente quello che gli succede, il senso vero della propria vita. E poi il senso vero del Mondo e del piano di crescita nel quale siamo immersi. Perché ognuno con le proprie, autonome forze, sia capace di comprendere sé stesso e gli altri nel profondo, e di afferrare finalmente quale è il vero ruolo dell'Amore puro in questa bellissima e complessa vicenda umana. Per cominciare a usarlo bene, come fa il Creatore, invece di sprecarlo e di deturparlo dirigendolo solamente verso la propria sfera personale più superficiale.

Questo è quello che è in gioco nella nostra epoca: la possibilità di sviluppare forze autonome e individuali di coscienza. Che non ci facciano più dipendere da nessuno. Per diventare più forti nell'Amore.

E' infatti chiaro che, per amare veramente, *nessuno me lo deve imporre*. Per amare in modo sempre più forte e costruttivo, per sviluppare queste forze in me, devo volerlo fare spontaneamente, *liberamente*.

Se non c'è una libertà di fondo nel mio Amore, questo non assume i contorni e le grandi forze potenziali del mio Spirito. Ma una qualche parte, piccola o grande, ne rimane fuori. Ne rimane esclusa, condizionata da qualche fattore limitante, interiore o esteriore.

Quindi, per sviluppare le forze di Amore, per capire e per intervenire bene nella realtà che mi circonda, devo avere assoluta libertà di movimento. Devo essere libero di muovermi nella Rete con i miei pensieri, con i miei sentimenti e le mie azioni.

Devo essere LIBERO. Di scegliere e di sperimentare.

L'Amore lo abbiamo dentro, che ci pulsa nel petto, e che sempre di più nella nostra epoca ci spinge a trovare realizzazione. A capire e ad agire nella realtà. La libertà di movimento ce la dobbiamo conquistare, perché tante forze ce la vogliono limitare o bloccare.

Nella faticosa conquista della libertà, giorno per giorno, mettiamo alla prova e facciamo crescere le nostre capacità di superare gli ostacoli per Amore. Impariamo ad amare rafforzando i nostri pensieri, i nostri sentimenti e le nostre azioni.

Per diventare Esseri di Amore bisogna essere liberi. Più siamo liberi, più tutto quello che siamo deriva solamente da noi, ed è la piena realizzazione di noi stessi, della nostra parte divina.

Cosa è quindi il Bene *nella nostra epoca*?

> La LIBERTA' di avvalerci della spinta e del fluire dell'Amore senza condizionamenti di nessun tipo, perché questi impediscono alla nostra essenza di Amore luminoso di esprimersi e di rafforzarsi.

E allora cosa è il Male *nella nostra epoca*?

> Tutto quello che vuole limitare, condizionare o IMPEDIRE LA LIBERTA' di conoscere la realtà vera e di amare fattivamente. Tutto quello che vuole strozzare dentro di noi il fluire dell'Amore, che ora spinge nella direzione della presa di coscienza vera.

Nella nostra evoluzione questa è proprio l'età della possibile crescita della coscienza umana più elevata. Quella capace di conoscere il senso vero delle cose. Come presupposto indispensabile per trasformare questa conoscenza in azioni appropriate, finalmente capaci di migliorare noi stessi, l'umanità ed il mondo.

Non sono queste cose da poco, o da prendere alla leggera. Ma pensieri sui quali riflettere con grande attenzione e con crescente gioia, perché un po' alla volta possiamo renderci conto di essere protagonisti di una dinamica bellissima, di un processo comunque positivo, meraviglioso, divino.

> Le forze che operano per il Bene o per il Male sulla Terra, nella nostra interiorità e nella situazione internazionale, hanno a che vedere con questa realtà della Libertà e dell'Amore.

Qualcuno, molto affidabile, ha detto: *"Li riconoscerete dai loro frutti"*.[3] E infatti ci possiamo rendere conto di chi fa parte delle schiere del Male o del Bene operanti ora sulla Terra, a seconda dell'atteggiamento che hanno assunto e delle azioni che compio-

---

3 Matteo 7,16-20: "16 Li riconoscerete dai loro frutti. Si raccoglie forse uva dalle spine, o fichi dai rovi? 17 Così ogni albero buono produce frutti buoni e ogni albero cattivo produce frutti cattivi; 18 un albero buono non può produrre frutti cattivi, né un albero cattivo produrre frutti buoni. 19 Ogni albero che non produce frutti buoni viene tagliato e gettato nel fuoco. 20 Dai loro frutti dunque li potrete riconoscere."

no in relazione a questo tema della libertà di crescere, di conoscere e di amare. Indispensabile nella nostra attuale fase evolutiva per entrare a pieno titolo nell'EPOCA DEI RISVEGLI.
Questo il metro che, nella nostra epoca, serve per orientarsi rispetto alle forze operanti anche nella situazione internazionale. E di questo ci serviremo nei prossimi capitoli come guida di fondo.

le grandi strategie del Bene e del Male ai nostri giorni

Dopo un primo tentativo di definire quali sono il Bene e il Male nella nostra epoca, cerchiamo ora di vedere quali sono i "frutti" delle differenti forze in gioco. Da questi frutti saremo forse in grado di *riconoscerli*, di capire meglio "chi e come" si muove sulla scena internazionale.

Quali sono allora le grandi *strategie* del Bene e del Male proprio dei nostri giorni?
Abbiamo accennato al fatto che è in corso un grande fenomeno: il *risveglio delle coscienze,* come base per la nostra crescita vera. E che le forze che operano per il Bene si riconoscono perché favoriscono la nostra evoluzione, la nostra libertà di amare in modo intelligente e creativo. Mentre le forze che operano per il Male sono quelle che cercano in tutti i modi di ostacolare questo processo.
Le prime le chiameremo per semplicità "bianche", e le seconde "nere".
Le entità bianche svolgono la loro missione fornendoci tutti gli stimoli, gli impulsi e le condizioni necessarie per crescere in piena libertà e nelle direzioni giuste, mentre le entità e le organizzazioni che si avvalgono dell'ombra stanno portando ormai da tempo un attacco alle forze che fanno da base alla libera crescita della coscienza.

Queste forze sono quelle che ognuno di noi ha a disposizione per pensare, sentire ed agire nel mondo, per fare quella gamma di esperienze che ci consentono di crescere.
In sintesi sono:

- le forze del corpo fisico, la vitalità, le energie a disposizione del nostro pensiero.
- le forze dell'anima, vale a dire il pensiero, il sentimento e la volontà di agire

Siccome la nostra esperienza terrena si basa inoltre sul fatto di poter disporre di un indispensabile e bellissimo campo di esperienza, la Terra, le forze "nere", stanno anche facendo di tutto per

ALTERARE NEGATIVAMENTE L'AMBIENTE
NEL QUALE VIVIAMO.

ma ci sono veramente "due" schieramenti?

Beh... sì e no.
Abbiamo visto che tutto fa parte di un Piano Divino positivo, al vertice del quale c'è il Creatore. E che quindi la comparsa del Male come fatto evolutivo è una vera e propria strategia di crescita adottata dal Piano Divino. E allora anche per quanto riguarda le strategie esecutive delle forze dell'ostacolo si può dire che tutte le strategie nere sono in fondo solamente

TATTICHE NERE
DI UNA PIÙ GRANDE STRATEGIA BIANCA.

Il fatto che poi la loro portata ed i loro effetti oscuri possano stabilizzarsi e prolungarsi, dipende solo da noi. Se invece ne usiamo il lato bianco, quello dell'opportunità di crescita, si rivelano per quella che è la loro vera funzione: una fase diversiva importante delle strategie bianche.

Le forze che pongono ostacoli svolgono una funzione precisa, dagli effetti potenzialmente positivi. Noi le chiamiamo forze oscure perché in effetti il loro gioco è quello di creare e di farci creare zone di oscurità in noi e fuori di noi, così che poi diventiamo sempre più bravi a ricreare la luce.
Magari ancora non lo sanno, ma sotto la loro pesante, soffocante e dolorosa corazza nera c'è una leggera tunica di lino bianco…

Da nessuna parte nel piano divino che ci riguarda ci sono ora un nero proprio totalmente *nero* e un bianco del tutto *bianco*, ma siamo immersi in un processo estremamente graduale. In questo ambito, che nella nostra anima e intorno a noi ci siano delle forze oscure e delle forze di luce, serve ad alimentare la dinamica della crescita.
Quando pensiamo all'esistenza di determinate personalità "oscure", dovremmo forse pensare che nessun uomo può aver perso del tutto la bussola ed annientato *tutte*, proprio tutte le forze del bene dentro di sé. Così come, d'altra parte, nessuno si è veramente liberato totalmente dall'errore. Che è insito nel nostro involucro fisico e nel modo stesso in cui è fatta la nostra anima.
Anche i grandi profeti, i mistici, i fondatori di grandi religioni… anche il Buddha e il Cristo sono venuti proprio ad immergersi personalmente nei tessuti dell'ostacolo, nelle contrazioni del Male, per mostrarci come si fa a crescere, sbagliando e correggendo, contraendo inconsciamente e coscientemente trovando il modo di far scorrere la forza primigenia, sviluppando le qualità dell'Amore intelligente.

Di nessun essere umano si può dire: è buono o cattivo. Tutti sono nel percorso di diventare buoni veramente, ed ora hanno raggiunto gradi di sviluppo differenti, ma tutti hanno dentro di se impulsi contrastanti. Forse nessuno è già diventato per intero e definitivamente buono o cattivo. Altrimenti l'evoluzione sarebbe già finita…

Tutti hanno ancora bisogno farsi trascinare inconsciamente dall'ombra, per arrivare a sviluppare consapevolmente la propria luce.

Quindi non gli esseri umani sono di per sé buoni o cattivi, ma lo sono le azioni che compiono. Gli individui sono impossibili da giudicare, mentre è necessario cercare di giudicare in coscienza le loro e le nostre azioni, perché proprio da questi *frutti* dipende la crescita di tutti noi.

È cattivo un bambino che fa i capricci? È cattivo un adolescente che smania per uscire di casa e sentirsi libero? E' cattivo uno schiavo che si ribella? E' cattivo il padrone dello schiavo che ancora non si è reso conto della quantità di ombra velenosa che si porta dentro, e che gli fa male comunque… anche se ancora non se ne accorge?
No: sono tutti gradi di crescita, in un processo che va dall'ombra verso la luce.

È buono o cattivo Il Presidente degli Stati Uniti? È buono o cattivo il Papa? Sono buoni o cattivi i capi di governo europei, americani, mediorientali, asiatici, africani…? Sono buoni i capi terroristi, i grandi finanzieri, il capo della Mafia, quello della CIA o i capi delle grandi multinazionali?
Sono solo tutte *creature in crescita*, più o meno annebbiate dalle condizioni di oscurità interiore generate dalla loro evoluzione. Che cercano anche loro, come noi tutti, la luce del Bene.
Il problema è che molto spesso lo fanno ancora nei modi sbagliati. Da questi "modi" possiamo riconoscere se sono sulla strada giusta, ma non "come" sono loro. L'anima di una persona è un mondo del tutto privato, e mai completamente sondabile da un altro essere umano.

Siccome poi le famiglie, i gruppi, le associazioni, le organizzazioni, le società, gli Stati e le stesse grandi forze trasversali, sono fatte di esseri umani, non si può nemmeno dire che una certa

struttura di questo tipo sia del tutto "cattiva" di per sé. Perché sicuramente all'interno di quel gruppo ci sono comunque persone con differenti gradi di evoluzione, con differenti proporzioni interiori di luce e di nebbia.
E' la somma "algebrica" di queste differenti proporzioni che fa sì che anche la struttura sia più luminosa o più annebbiata nelle sue azioni. Di volta in volta.

Nulla è completamente nero e nulla è completamente bianco, finché c'è evoluzione.

Ci sono solo azioni che favoriscono la crescita
e altre che la ostacolano.

Quando abbiamo a che fare con noi stessi, con una persona, o con una organizzazione, sta a noi evitare di rivolgerci al lato oscuro e, se e quando possibile, dialogare direttamente con quello luminoso, anche se ancora piccolo. Sta a noi sollecitare positivamente quella parte lì, anche se chi abbiamo di fronte non si è ancora accorto di averla.

grandi forze spirituali accompagnano la nostra evoluzione

Le entità che seguono la nostra evoluzione, sia come guide che come ostacoli, fanno parte di dimensioni di coscienza superiori alle nostre. Sono esseri della Rete di Reti che sono più avanti di noi nella scala evolutiva. Appartengono a una dimensione in gran parte non visibile con i nostri sensi. Ma si tratta di una dimensione che è del tutto reale, dalla quale proviene anche la nostra realtà materiale.

Sono quelli che noi chiamiamo *angeli*, e che godono di qualità e di capacità maggiori delle nostre, in una scala evolutiva che va per gradi da noi fino al Creatore iniziale e centrale. E ogni livello di coscienza angelico assume precise responsabilità nei confronti di chi viene dopo. Nell'aiutare i percorsi di chi si sta evolvendo, chi è più avanti cresce e si realizza ulteriormente.

Una parte di loro, rimasta indietro nell'evoluzione, si è assunta il compito di esercitare la funzione importante di porre ostacoli sul nostro cammino, in vari modi, per stimolare la nostra crescita. Rimangono indietro cercando di far rimanere indietro anche noi.

Ci spingono a creare contrazioni del flusso di amore nella Rete ponendo sul nostro cammino vari tipi di ostacoli. Sta poi a noi il compito di reagire sviluppando le forze di coscienza necessarie a sbloccare le contrazioni interiori, private, e quelle esteriori collettive. Sono queste spiritualità, dotate di orientamenti differenti, che guidano le strategie dell'ostacolo, o se vogliamo del Male, attraverso esecutori sulla Terra, e attraverso l'interiorità di ognuno di noi.

> *Le gerarchie spirituali "positive" invece non fanno altro che creare costantemente le condizioni più adatte per la crescita di ogni singolo componente dell'umanità.*

Ogni loro sforzo è volto a mantenere il giusto rapporto dinamico tra il tipo di maturazione raggiunta da ognuno di noi e le ulteriori opportunità di crescita da presentarci nella vita quotidiana. Sia in forma di stimoli positivi diretti, o in modo indiretto come ostacoli.

3

I RISVEGLI

E' in corso silenziosamente una delle più grandi operazioni della Storia

- operazioni sulla conformazione della natura umana e sulle nostre facoltà;
- interventi sulla elaborazione delle trame e del flusso degli eventi;
- modifica delle condizioni di base dell'ambiente cosmico e della Terra;
- impulsi volti direttamente all'interiorità di ogni essere umano;
- lo sbarco sulla Terra di ondate di contingenti bianchi, di "facilitatori" del risveglio;
- l'arrivo di miliardi di fratelli che vogliono partecipare.

è in corso silenziosamente una delle più grandi operazioni della Storia

Abbiamo in precedenza accennato al fatto che la principale strategia delle forze del Bene in questo momento è quella di *favorire la libertà di amare creativamente*, per consentire alla nostra coscienza di crescere.
Per favorire questa strategia, le forze "bianche" hanno dato luogo a un fenomeno di portata storica, destinato ad avere un enorme impatto sul futuro dell'Umanità:

UNA ONDATA DI RISVEGLI

Ma risvegli da che cosa?

- Dal sonno di ritenersi fatti solo di materia e di processi casuali, senza ragione.
- Dall'assopimento che ha fatto perdere di vista i motivi per cui siamo qui.
- Dalle nebbie che non ci fanno trovare il senso di quello che siamo e di quello che ci capita.
- Dall'intorpidimento che ci impedisce di agire per la nostra crescita e per quella di chi è intorno a noi.

E verso cosa?

- ❖ Risvegli in una dimensione della coscienza nella quale il mondo è nuovo e più bello, nella quale scoprire *che la forza principale* - quella vera - non è la prepotenza, la forza fisica, il denaro, le armi, la pressione psicologica, ma è *l'Amore*. E verificare nella nostra vita che la luce scaccia l'ombra. E che tutto in fondo dipende solo da noi.
- ❖ Risvegliarsi e scoprire di *far parte del mondo spirituale*. E di essere al lavoro sulla bellissima Terra con un gruppo di vecchi amici, per imparare a partecipare ai progetti divini.

- ❖ Risvegliarsi per *aprire finalmente gli occhi interiori,* e riconoscere il senso del Piano Divino, l'esistenza della grande Rete d'Amore.
- ❖ Riconoscere giorno dopo giorno, momento per momento, *la profonda essenza spirituale di tutte le creature* che ci circondano e il senso spirituale di tutto quello che avviene.

Questa dei risvegli è probabilmente una delle più grandi e complesse operazioni avviate dal Mondo Spirituale nella Storia dell'Umanità. (vedi nota nella pagina successiva)
Sono state create le condizioni per sviluppare una forte ondata di prese di coscienza, di riscoperta del mondo spirituale, del senso vero della vita... delle opportunità vere che ci offre.

Il Mondo Spirituale ha predisposto con cura questa impresa per millenni, gli ha dato il via durante il secolo scorso e poi in questi anni ha impresso una forte accelerazione. Ed ora siamo entrati in una fase "calda", di cambiamenti veloci. Non è facile ricostruire e poi descrivere una operazione così vasta, che coinvolge miliardi di esseri in una attività multiforme e complessa, e che attraversa in modo coordinato una serie di piani dimensionali.
L'obiettivo da raggiungere è facilitare una trasformazione della nostra interiorità: tutto lo sforzo va in questa direzione.
Attraverso quelle che appaiono una serie di direttrici principali:

- operazioni sulla conformazione della natura umana e sulle nostre facoltà;
- interventi sulla elaborazione delle trame e del flusso degli eventi;
- modifica delle condizioni di base dell'ambiente cosmico e della Terra;
- impulsi volti direttamente all'interiorità di ogni essere umano;
- lo sbarco sulla Terra di ondate di contingenti bianchi, di "facilitatori" del risveglio;
- l'arrivo di miliardi di fratelli che vogliono partecipare.

Nota: Naturalmente facciamo qui riferimento alla Storia "vera" dell'Umanità, non a quella parziale - e in gran parte falsata - che ci viene propinata dagli ambienti accademici e dalle scuole. Millenni di manipolazioni di documenti e di testimonianze da parte dei poteri oscuri non potevano certamente produrre un risultato obiettivo. Anche oggi, nell'epoca in cui tutto è apparentemente a disposizione di tutti, si può essere così ingenui da ritenere di sapere come stanno veramente le cose solo leggendo i giornali o i documenti disponibili? Figuriamoci cosa è potuto accadere nel passato, quando tutto era ancora più facilmente sotto controllo.
E poi la Storia non è fatta solo di fenomeni sociali, politici, economici, militari, ecc. La vera Storia è la STORIA SPIRITUALE dell'umanità: quella che tiene conto del fatto che tutto ciò che avviene nel mondo della materia trova le sue origini, le sue motivazioni ed il suo senso nella dinamica della crescita spirituale, nel confronto evolutivo tra le forze del Bene e quelle del Male, interiori ed esteriori.
Senza questa base, la Storia è solo una visione manipolata della superficie dei fatti: un collage di pezzetti di carta privo di senso. Messi insieme con criteri per lo più del tutto arbitrari. Spesso abilmente studiati per nasconderci il senso vero delle vicende umane.

Tutta l'operazione avviene *nel silenzio*, senza grancasse.
Le forze del bene vogliono che siano gli stessi esseri umani a scoprire e a valorizzare quello che sta succedendo. E questo impulso del Cielo ci sta già aiutando gradatamente a sviluppare le nostre forze di coscienza, la nostra libertà interiore.
Le forze oscure, fino a che noi non ce ne accorgiamo, sono perfettamente d'accordo sul silenzio: sperano di coprire del tutto l'operazione, e che le masse dormienti non se ne accorgano proprio. Ma, come vedremo più avanti, sono già pronte a cambiare

radicalmente strategia se la congiura del silenzio non dovesse più bastare.

Adesso cerchiamo di osservare in maggiore dettaglio come si sviluppano le direttrici principali del grande piano dei risvegli.

le operazioni sulla conformazione della natura umana e sulle nostre facoltà

Ogni essere umano è il frutto di un accurato progetto elaborato nel mondo spirituale prima della sua nascita. Quello che noi chiamiamo DNA è solo una parte molto limitata dell'impronta progettuale del mondo spirituale nella nostra conformazione. Che è fatta di parti fisiche e di altre più sottili, ma estremamente importanti, come il corpo vitale, l'anima e lo spirito.[4] A una certa conformazione della struttura umana, a un certo equilibrio delle varie parti, corrispondono determinate facoltà. Determinate possibilità di sentire, di pensare e di agire nell'ambiente che ci circonda.

Questo equilibrio si modifica e si evolve con il tempo, in base alle esigenze dell'evoluzione. Nell'antichità una particolare flessibilità, una minore durezza, una minore "mineralità" della nostra struttura, permettevano di cogliere molto più facilmente la presenza di dimensioni extrasensoriali. Che venivano così a far parte naturalmente della vita quotidiana di ognuno. Esisteva un naturale contatto con le realtà spirituali, ma queste erano talmente superiori come "frequenza" a quelle umane, avevano un suono interiore talmente forte, che gli uomini faticavano a distinguere sé stessi, la propria individualità ancora debole, la propria gocciolina di coscienza, nel mare delle spiritualità divine.

---

[4] Per un approfondimento di questo tema, vedi il libro "Corpo, Anima e Spirito", dello stesso autore, edizioni Il Ternario, aprile 2005.

Con il progressivo indurimento delle nostre parti più pesanti, con la materializzazione del nostro stesso modo di pensare e di sentire, abbiamo cominciato a modificare il nostro rapporto con l'ambiente e con la vita. Ci siamo sentiti sempre di più individui separati ed indipendenti, in controllo del proprio ambiente. E questo era positivo per la nostra evoluzione "da creature a creatori". Ma il rovescio della medaglia è stato che abbiamo considerato sempre più come reale solamente quello che aveva a che fare con la materia e con i nostri cinque sensi. Ed abbiamo dimenticato il resto: c*i siamo distanziati dall'antico modo "naturalmente saggio ed extrasensoriale" di essere a contatto con le dimensioni sottili*. Questo è avvenuto nel corso di millenni, e poi il fenomeno si è accentuato soprattutto a partire dal Rinascimento, e successivamente con la rivoluzione industriale e scientifica, fino al picco del materialismo, dalla metà del diciannovesimo secolo ad oggi.
Poi il mondo spirituale ha cominciato gradualmente a modificare nuovamente gli equilibri della nostra struttura, dandoci una maggiore capacità potenziale di riafferrare il senso spirituale delle cose. Di ritornare a contatto con le dimensioni superiori. Un elemento superiore della nostra anima[5] è stato particolarmente attivato in modo da essere pronto a cogliere le opportunità della nuova era: l'epoca della crescita della coscienza individuale.

Questo particolare mutamento di frequenza sui piani sottili comincia, a quanto pare, ad essere visibile anche in modifiche nelle eliche del DNA di un numero crescente di esseri umani. *Sempre più bambini sono nati e nascono con particolari attitudini verso il collegamento con il mondo spirituale,* verso una maggiore apertura ai valori umani, alle doti ed ai talenti extra-sensoriali, all'uso dell'intelligenza, del cuore e della volontà per vivere sulla Terra sviluppando il contatto con le dimensioni superiori. *Sempre più persone rivelano qualità di questo tipo.*

---

[5] Ibid. Si tratta della parte più nobile ed elevata dell'anima che si definisce "*Anima Cosciente*".

Questo, a ben guardare, è rilevabile abbastanza facilmente "aprendo gli occhi" anche negli ambienti che frequentiamo noi, perché sta avvenendo ovunque.
Il mondo spirituale fa sempre in modo che l'evoluzione sia assicurata dallo sviluppo di dinamiche tra poli opposti.
Ora i due poli del nuovo vortice dinamico positivo sono in fase di "riscaldamento": nel massimo di materialismo nel quale siamo sprofondati, il mondo spirituale si sta attivando di inserire - con l'operazione "risvegli" - il massimo del suo opposto: l*a tensione verso la spiritualità.*
Il lavoro in corso sulla natura umana avrà però un riscontro positivo ed effettivo solamente se faremo liberamente funzionare le nuove potenzialità di cui disponiamo, trasformandole in vere e proprie facoltà, *in parti nuove e divine di sé stessi, rivolte al Bene.*
Il mondo spirituale crea le condizioni, ma non impone. Guida verso scelte che siano il più libere e amorose possibile.

A questo punto occorre considerare un aspetto particolare ed importante.
Il quadro evolutivo predisposto dalle nostre guide si modifica continuamente, e non si ferma. L'evoluzione procede, e ci viene fornita costantemente l'opportunità di cogliere le nuove occasioni e di trarne i frutti migliori per la nostra crescita. Quindi grandi e belle opportunità. Ma c'è anche l'altro lato della medaglia: se non si coglie l'attimo giusto, se non si dà soddisfazione alle nuove potenzialità della propria natura e dei tempi nuovi, le cose non vanno bene.
Sì, perché non si può semplicemente rimanere fermi: l'evoluzione è come un treno in corsa, e se si scende non si rimane seduti sulla carrozza che cammina, ma fermi fuori dal convoglio, in un posto qualsiasi, magari del tutto privo di vere comodità…
Si rimane indietro, in situazioni che diventano insostenibili, perché ormai i tempi sono cambiati: quello che una volta consentiva di starsene buoni e tranquilli, ormai non è più sufficiente.
Lo si vede anche nella nostra vita di tutti i giorni: il tipo di vita dei nostri genitori o dei nostri nonni non è più proponibile: a noi,

per come siamo fatti ora, non basta più. E se provassimo a riproporcelo, non funzionerebbe. Ma questo vale ormai anche nel corso della nostra stessa vita: se ci fermiamo troppo a lungo in certi modi di essere, di sentire, di pensare, di agire, dopo un po' ci rendiamo conto che quello che funzionava bene prima, dopo qualche anno non basta più.
Siamo degli eterni insoddisfatti? Forse...
Ma più spesso è la spinta evolutiva interiore e dei fattori esterni che si è fatta "bruciante".
E più rimaniamo ancorati alla materia, ai sensi, o ai vecchi cliché razionalisti privi di spirito, maggiori diventano le pressioni a deciderci a "prendere il treno".

Nella nostra epoca è lo Spirito che vuole riprendere coscientemente il posto che gli spetta nella vita.

Cosa avviene se lo Spirito preme attraverso il cuore e l'intelletto non ne trae luce e non si adegua? E se le azioni non sono conseguenti, sia pure gradualmente?
È come se il contenitore non si adattasse a un nuovo contenuto più voluminoso, più forte e più vivo. E allora succede una cosa spiacevole e molto comune ai nostri giorni: *quel contenitore che è l'anima si spacca*. Le sue parti più pesanti continuano a stare ancorate in basso, legate al vecchio modo materialista di considerare le cose; mentre le parti più spirituali premono in modo incontenibile per andare in altre direzioni. Il tessuto dell'anima "si strappa", e vengono fuori tutta una serie di malattie della psiche, dalla depressione agli attacchi di panico, alle vere e proprie schizofrenie.
E se l'anima non riesce più a contenere e ad adeguarsi ai nuovi impulsi, di conseguenza anche quel contenitore più solido che è il corpo va in crisi. Il meccanismo psicosomatico diventa fondamentale nel generare vecchie e nuove malattie. Malattie degenerative, o malattie nelle quali il nostro io arriva a non riconoscere

più sé stesso, tanto ha perso il senso di sé: sono le malattie *auto-immuni*. Sottoposto alle nuove pressioni, il nostro io ha talmente perso la traccia di chi è e di cosa vuole da arrivare a non riconoscersi, a non distinguersi più. Le sue stesse cellule gli sembrano indistinguibili da quelle estranee, e le distrugge.

Sì, bisogna rendersi conto del fatto che l'evoluzione non consente tempi lunghissimi di reazione. E nella nostra epoca questi tempi tendono ad accorciarsi di molto, perché *il Mondo Spirituale ha deciso che è proprio il momento di svegliarsi dal sonno della materia. E bisogna farlo in fretta*, prima di affondarci dentro definitivamente.
È questo un momento che fornisce grandi occasioni da "prendere al volo".
E allora le forze oscure vogliono che non cogliamo le opportunità del nostro tempo; vogliono addormentarci, distrarci, deviarci, per ché non ci rendiamo conto di quello che è bene fare per noi ora.

gli interventi sulla elaborazione delle trame e sul flusso degli eventi

Questa parte del piano è difficile rilevarla per chi come noi è abituato a una mentalità del tutto materialistica. Se infatti pensiamo che non ci sia nessun piano negli eventi, e che tutto avvenga per caso, continueremo a non capire nulla del senso delle cose, e quindi non saremo in grado di renderci conto se il modo con il quale gli eventi ci vengono incontro sta cambiando. Ci vogliono invece quegli "occhiali nuovi" di cui abbiamo parlato in precedenza. Con questi occhiali risulta evidente che *nella nostra epoca*, e sempre di più negli ultimi anni, assistiamo a una accelerazione incredibile degli eventi. Sia a noi come individui che all'umanità nel suo insieme succedono tante più cose differenti a grande velocità. Le situazioni si modificano, cambiano in fretta, si evolvono. Con maggiore frequenza ci sono improvvisi rime-

scolamenti di carte negli equilibri della nostra vita e in quelli che riguardano le collettività. Anche in quelli che ritenevamo più solidi e irremovibili.
Nulla sembra più statico, o immobile.

E' questa una parte importante dell'operazione "Risvegli", con la quale il mondo spirituale tende a moltiplicare il numero delle opportunità della vita e a presentarcele in tanti modi diversi, per farci rendere conto che le cose hanno un senso più profondo, che va al di là della semplice apparenza.

Quando dobbiamo ricostruire la trama di una certa storia che ci interessa, se abbiamo pochi indizi è difficile afferrarne il senso, ma se gli indizi, i pezzetti della storia che possiamo conoscere sono tanti, è più facile trovare il filo che unisce i vari elementi e ricostruire il tutto. Se facciamo pochissime esperienze di un certo lavoro, come scolpire una pietra, continueremo a fare molti errori. Mentre se avremo molte opportunità di provare, e di sbagliare, alla fine diventeremo dei bravi scultori.
Questo il senso della moltiplicazione delle esperienze, predisposta dal mondo spirituale nella vita di ognuno di noi.

Ma non solo: le esperienze tendono ad essere sempre più anche di un tipo particolare, un po' diverso dal solito. Corrispondono alla nuova conformazione della nostra natura, e a tanti altri elementi tipici della età dei risvegli. *Sono esperienze che sempre di più ed in modo significativo vogliono dimostrarci* – perché siamo sempre più pronti a recepirlo – *che dietro alla materia un mondo spirituale c'è ed è molto importante,* fondamentale. Un meraviglioso mondo tutto da scoprire, per rendere più bella ed utile la nostra vita.

Sono le *coincidenze significative*, quelle che alcuni chiamano "sincronicità", e che cominciamo a un certo punto a notare nella nostra vita. Quelle che in misura crescente ci parlano di un "senso della vita" nuovo, di misteriose intelligenze al lavoro in un qualche modo che è contemporaneamente evidente, misterioso ed eccitante. Non sono in effetti vere e proprie “coincidenze”, ma piuttosto interventi mirati delle nostre guide, allo scopo di darci delle tracce da seguire per uscire dal materialismo della casualità. Sono eventi accuratamente predisposti per essere un elemento molto importante degli impulsi al risveglio.

Anche a livello internazionale, la grande accelerazione degli eventi di tutti i tipi, mette l’umanità di fronte alla possibilità di afferrare meglio cosa sta veramente accadendo, nel momento in cui ondate di nuove luci, interiori ed esteriori, l’attraversano.
Opportunità a pioggia, sotto forma di eventi del nostro quotidiano.
Quando le nostre guide vedono che ci siamo fermati, che siamo momentaneamente scesi dalla carrozza e abbiamo smesso di cercare di capire e di agire di conseguenza, ci inviano nuovi eventi significativi per spingerci a risalire, prima che il treno se ne vada.
Quando accadono eventi disastrosi di grande portata, quando si scatenano ondate di violenza, vuol dire che il mondo spirituale ha chiaramente visto che nella nostra rete ci sono dei grandi blocchi da smuovere, e che non c’è altro modo per farlo: le nostre coscienze vanno sollecitate. E allora consente che le forze oscure, quelle dell’ostacolo, svolgano la loro funzione: dare corso a quelli che noi vediamo come mali, come tutte le cose orribili che vediamo accadere nel mondo da più di un secolo a questa parte. E’ quello stesso processo che, nella vita di ognuno, spinge il mondo spirituale a lasciar libere di agire determinate forze dentro di noi, sotto forma di malattie ed eventi che provocano dolore fisico o interiore, allo scopo di scuoterci da situazioni di stallo.

Le forze spirituali bianche e nere che svolgono queste funzioni sono esattamente le stesse, sia a livello internazionale, che nella nostra interiorità.

Ma può anche capitare che, se il Mondo Spirituale vede che la nostra voglia di capire cresce, che la nostra capacità di assorbire il nuovo aumenta, decida invece, sempre con grande cautela, di

offrirci un posto su un treno più veloce, dove accadono magari più cose e di una qualità ancora differente.
Si innesca un dialogo vero e proprio, tra noi e le nostre guide, attraverso i fatti della vita: a seconda di come rispondiamo, muta rapidamente il corso degli eventi. Incontri particolari, libri, frasi colte al volo, immagini evocative, determinati eventi dolorosi o felici. Tutto quello che può accompagnare il nostro risveglio attraverso la trama e il flusso degli eventi.

la modifica delle condizioni di base dell'ambiente cosmico e della Terra

Nel corso della grande operazione dei risvegli il mondo spirituale ha avviato una enorme e misteriosa serie di mutamenti che hanno a che fare con l'ambiente nel quale viviamo, sia quello cosmico che terrestre.

Il risveglio ha a che fare con la nostra psiche e con il nostro corpo, e questi vengono fortemente influenzati da determinati flussi provenienti dal cosmo, dal sistema solare, dalla Terra, dalle varie aree geografiche e da determinati luoghi. *Questi flussi qualitativi scorrono lungo i canali di connessione della grande Rete tra noi uomini e le entità che vivono tutto intorno a noi.*
Attraverso questi canali passano forze di Amore trasformate in influssi di vario tipo, che intervengono sulle diverse dimensioni delle quali siamo fatti, da quella fisica a quella vitale fino a quelle dell'anima e dello spirito. Sono canali di vero e proprio *nutrimento*, senza i quali non potremmo vivere.
Noi ne percepiamo con i sensi e con la razionalità solamente alcune tracce: ci rendiamo ad esempio conto che il Sole, l'essere centrale del nostro sistema, ci invia luce e calore. Ci rendiamo conto che senza il sostegno e l'ospitalità del nostro pianeta, senza la sua terra, la sua aria, la sua acqua e i suoi frutti non potremmo vivere. Sappiamo che in qualche modo la Luna ha a che fare con

alcuni fenomeni, come i cicli mestruali, o le maree, o la vita delle piante. Gli astrologi ci dicono che gli influssi delle stelle e dei pianeti entrano nella nostra vita.
Ma queste sono solo piccole percezioni, rispetto alla enorme e variegata gamma di nutrimenti che riceviamo dalle entità intelligenti che sono intorno a noi, sui vari piani.

Anche la qualità e la quantità dei singoli influssi hanno a che fare con l'evoluzione: cambiano, si modificano nel tempo in base alle esigenze evolutive di noi uomini; si modificano per accompagnarci di epoca in epoca; per favorire determinati sviluppi e determinati eventi.
Ora sono in corso grandi cambiamenti, per lo più per noi del tutto misteriosi, per accompagnare e favorire i risvegli.
Ce ne rendiamo conto?

In piccola parte qualcosa possiamo osservare: negli ultimi anni spostamenti dell'inclinazione dell'asse terrestre, il che determina come minimo una "differente esposizione" a determinati influssi cosmici. La geografia magnetica della Terra si è modificata in modo considerevole. *Il Sole ha delle attività straordinarie*, di portata insolita. Determinando *un ciclico riscaldamento climatico e di incremento delle forze eteriche che nella Storia si verifica non casualmente ogni volta che gli esseri umani stanno sperimentando un importante e positivo passaggio evolutivo.*

Ma anche altri fenomeni su altri piani: molti veggenti parlano di modifiche sostanziali di colore nell'aura della Terra, di un'aura positiva di qualità *violetta* che la circonda. Segni di vario tipo appaiono nel cielo: enormi aurore boreali un po' ovunque, o sciami di luci… delizia degli ufologi. E qualche intelligenza superiore imprime segni archetipici di grande bellezza e dai misteriosi significati sui campi di grano. Determinati, antichi luoghi sacri sembrano incrementare positivamente il loro tasso qualitativo. E chissà quante cose non abbiamo notato per niente, che avvengono su piani per noi del tutto soprasensibili.

gli impulsi volti direttamente all'interiorità di ogni essere umano

Questo è il tipo di attività in corso che meglio possiamo percepire: un lavoro enorme, che riguarda noi e tutte le persone intorno a noi. *Il mondo spirituale invia una serie di stimoli e di segnali direttamente alla nostra interiorità. Tutti quegli stimoli che facilitano il risveglio alla dimensione spirituale durante la nostra vita terrena.*
Sono impulsi che ci spingono in determinate direzioni, che ci fanno sorgere determinati sentimenti e pensieri: che il mondo spirituale esiste, che è la realtà principale e ci ama; che la materia e i fatti materiali sono solo la manifestazione di esseri e di sviluppi spirituali pieni di significato; che siamo immersi in un piano divino importante e positivo, in una rete evolutiva luminosa che ci collega tutti; che l'Amore è la forza creativa che dobbiamo imparare a usare correttamente per indirizzare nel modo giusto i nostri strumenti del pensiero, del sentimento e le nostre azioni; che in ogni essere umano c'è un Essere Divino; che ogni creatura della Terra e del cosmo è la manifestazione di un Essere Divino.

Questi impulsi hanno attraversato in vari modi tutta l'evoluzione umana, ma ora sono particolarmente forti e concentrati. E anche qui sono assolutamente impressionanti le dimensioni e la complessità di una operazione, che si svolge per miliardi di esseri in varie dimensioni,. Ognuno di noi, guardando a quello che gli accade dentro ed intorno, può riconoscere i segni di questa grande operazione nella propria vita quotidiana. Sempre che voglia aprire gli occhi…

Su quali piani si svolge questa operazione?
E' in corso nelle dimensioni spirituali e nella dimensione terrestre:

nelle dimensioni spirituali è una vera e propria campagna di "impregnazione" di questi impulsi, rivolta ad ogni essere umano quando è in quelle dimensioni. Perché poi, quando torniamo sulla Terra, e non ricordiamo razionalmente quello che abbiamo vissuto nella dimensione spirituale, siamo imbevuti di questi impulsi e vogliamo in qualche modo riconoscerli, ritrovarli e poi applicarli nella nostra vita. Tutta l'umanità è interessata a questo lavoro nella dimensione spirituale, sia quella parte che in questi anni è nella fase tra una vita e l'altra, dopo la morte, sia noi che ora siamo sulla Terra. *Il lavoro nella dimensione spirituale per noi avviene soprattutto durante il sonno*. No, non c'è da meravigliarsi per questa cosa: le grandi tradizioni spirituali di tutto il mondo hanno sempre saputo che, quando ogni notte ci addormentiamo, la nostra anima ed il nostro io si staccano dal corpo e si ritrovano nelle dimensioni spirituali, a fare esperienze che al mattino non ricordiamo, o ricordiamo male, in modo alterato. In quella dimensione riceviamo un grande flusso di ispirazioni positive da parte delle nostre guide spirituali e dei nostri vecchi compagni di viaggio defunti;[6]

nella dimensione terrestre, quando siamo svegli, non solo portiamo con noi i frutti, sia pure confusi e in forma di impulsi pressoché inconsci, del lavoro di "impregnazione" notturna, ma anche qui si svolge una intensissima attività del mondo spirituale. Veniamo messi in determinate situazioni, del tutto particolari, nelle quali si possono aprire delle porte interiori al risveglio spirituale. Questa attività è in questi anni intensissima. Naturalmente ad ognuno un "cocktail" diverso di impulsi, perché ognuno di noi ha una conformazione ed un percorso evolutivo differenti.

---

6 Per un approfondimento del tema delle vite successive, del dopomorte, del non ricordo della vita nel mondo spirituale e del senso di questo meccanismo, vedi il libro "Cos'è il karma?", dello stesso autore, edizioni Il Ternario, aprile 2005.

Ne cito alcuni:

- nella mente ci sorge *un pensiero* particolare, che fa vibrare il nostro cuore, rispetto all'interpretazione di un fatto della vita, o rispetto alla visione di un elemento della natura, o altro. È un pensiero nuovo, sulla bellezza o sul significato vero, elevato di quella cosa. E noi *sappiamo* che è proprio così. Oppure una visione, una o più immagini di qualità "differente", che ci parlano di un mondo diverso da quello della materia. Sono queste *immagini* e *ispirazioni* che provengono direttamente dalle nostre guide spirituali e dai nostri cari defunti;
- nel cuore sentiamo una forte spinta a capire il senso vero – quello spirituale - di un certo evento, a capire *cosa fare* in una certa situazione, cosa è meglio nel piano divino che tutti ci unisce. E allora in noi scocca una scintilla di *intuizione*, dalle caratteristiche particolari, che ci fa entrare per un attimo nel mondo spirituale ad afferrare una certa verità: l'improvvisa illuminazione su cosa è meglio fare per il Bene; e in quel preciso momento noi *sappiamo* che è così;
- ci sorgono dentro con forza e frequenza sempre maggiori *sentimenti e pensieri di amore, di solidarietà, di compassione, di voglia di giustizia e di bene, di non violenza, di protezione della Terra e dei suoi esseri*. E sentiamo l'impulso di darci da fare per metterli in pratica nel mondo; da questi impulsi vengono fuori i nuovi movimenti, come i nuovi movimenti spirituali, i no global, gli ecologisti, le spinte al cambiamento all'interno delle religioni tradizionali, la spinta al volontariato, la formazione di organizzazioni di solidarietà. E nel recente passato la spinta del sindacalismo, dei *movimenti cooperativi.* Le stesse spinte che sono state alla base delle ideologie di sinistra, anche se poi spesso brutalmente deviate dal materialismo. E altri forti impulsi per inserire l'elemento spirituale in Agricoltura, nella Scuola, nella Medicina, nella Scienza, nella cura dei propri corpi, da quello fisico agli altri che stiamo sco-

prendo. Spesso agli impulsi seguono percorsi ancora poco chiari, poco definiti, talvolta illusori o falsi, ma anche questo fa parte del processo di crescita;

- sempre più persone sentono dentro di loro una voce che dice che la realtà materiale non basta, che bisogna cercare un qualcosa che vada oltre la materia, che spieghi e renda migliori la nostra vita e il mondo. Una ispirazione crescente che proviene dalle nostre guide, che sta montando ovunque, e che sta generando *una fortissima crescita di interesse per tutto quello che ha a che fare con lo spirito.* E allora la ricerca di libri, di incontri, la proliferazione di seminari, di cure alternative, di pratiche di meditazione e di preghiera. Gli scaffali esoterici o spirituali, o "alternativi" delle librerie che occupano spazi crescenti. Fenomeni in crescita esponenziale;
- molti di noi ricordano dei *sogni particolari*, con una "frequenza qualitativa", una sostanza differente dal solito, nei quali ricevono degli stimoli spirituali importanti, a volte incontrando dei defunti, o altre entità che parlano, oppure semplicemente "mostrano" realtà spirituali profondissime;
- alcuni hanno, sia da svegli che nel sonno, delle immagini di eventi forti, a volte drammatici - come, ad esempio, delle catastrofi - che poi puntualmente si verificheranno: delle vere e proprie *premonizioni,* talvolta apparentemente senza senso. Ma che dimostrano che in un'altra dimensione si possono vedere eventi del futuro. Ed è come se le nostre guide volessero rafforzare la "certezza" interiore che il mondo spirituale esiste, e che non c'è solo la materia ed il mondo dei sensi. E consentirci di basare meglio la nostra vita su questa certezza, per procedere oltre;
- sempre più persone fanno *"viaggi astrali"*, vale a dire uscite fuori dal corpo fisico, con i propri *corpi sottili*, e possono muoversi in varie dimensioni con grande leggerezza e rapidità. E questo accade, spesso con loro grande spavento, anche a perso-

ne del tutto imbevute di materialismo, lontane da qualsiasi riflessione di tipo spirituale;

- tanti hanno *incontri con esseri spirituali*, da svegli e nel sonno, oppure ricevono messaggi di vario tipo, attraverso varie forme di quello che si chiama *channeling*, come la "scrittura automatica" o altro;
- in un numero crescente di esseri umani le nostre guide stanno favorendo lo sviluppo di *capacità extrasensoriali*, di veggenza, minore o maggiore; la capacità di curare gli altri, o la Terra, con mezzi spirituali. In tanti casi emergono immagini di vite passate;
- enorme è ormai la letteratura e tanti sono i racconti sulle cosiddette *esperienze di "premorte"*. Si tratta di quei casi nei quali, a seguito di una grave malattia o di un trauma forte, si entra nel mondo spirituale, per un periodo più o meno lungo, e poi si ritorna ricordando quello che è avvenuto: la realtà degli esseri e degli ambienti di quella dimensione. Queste sono vere e proprie "*iniziazioni*", ai nostri tempi piuttosto frequenti, favorite dal mondo spirituale.

In questa ondata di impulsi di tutti i tipi, è come se una grande presenza positiva e intelligente venisse canalizzata dalle nostre guide spirituali verso di noi, verso la nostra dimensione sottile, quella immediatamente sopra la dimensione materiale, per essere messa a nostra disposizione in modo diretto. E noi possiamo incontrare questa presenza intelligente in tutte le manifestazioni che abbiamo appena descritto. Possiamo avvalerci delle sue qualità, usarle... Partecipare al suo modo creativo di fare e di essere... (vedi la nota alla pagina successiva)

NOTA: Questo modo creativo di fare e di essere, al quale possiamo ora partecipare in modo crescente, nel Vangelo di Giovanni si chiama *Logos*. Rudolf Steiner, aveva circa un secolo fa previsto questa ondata di risvegli, questa grande operazione del mondo spirituale, e l'arrivo di una forte presenza spirituale positiva che grandi numeri di persone avrebbero in qualche modo *incontrato*. Questa presenza avvolgente sarebbe stata di enorme aiuto nella crescita, ed un "grande consolatore" nei tempi difficili nei quali viviamo; la presenza reale, nella nostra dimensione sottile, della grande guida dell'umanità, ad aiutarci e sostenerci in un momento cruciale ed importante. Steiner, in termini tecnico-spirituali, chiama l'arrivo di questa forte spiritualità "*il ritorno del Cristo nell'eterico*". Mentre tutto il lavoro di adeguamento delle forze cosmiche, della Terra ed umane alla nuova situazione, per favorire i risvegli, corrisponde a un altro tipo di presenza spirituale, che di questi tempi si è fatta molto forte nella nostra sfera: quella del *divino femminile*, della Sofia - l'antica Iside, la Madre Terra, Pallade Atena, o Maria in termini cristiani - che ha il compito di predisporre i materiali, i mattoni necessari, nelle varie dimensioni, per consentire alla forza cristica, maschile, di costruire il nuovo nella storia dell'umanità. Le grandi apparizioni mariane, l'aumento esponenziale dell'importanza e del ruolo del femminile nella nostra cultura, sia quello delle donne, sia il lato femminile degli uomini, sono un'eco visibile di questa forte presenza. Di questo generalizzato, femminile aumento della sensibilità ai piani sottili. Così come la presenza del maschile, utilizzando le basi predisposte di continuo ed in modo crescente dal femminile, sollecita al massimo le coscienze al risveglio, alla scoperta e alla creazione di nuove realtà, migliori delle precedenti. Il divino maschile e quello femminile sono entrambi presenti in modo molto forte per accompagnarci in questa grande e delicata operazione dei "Risvegli" di coscienza.

lo sbarco sulla Terra di ondate di contingenti bianchi, di "facilitatori" del risveglio

Per facilitare la grande operazione c'era anche bisogno sulla Terra del massimo di presenze umane evolute. Di quelle punte avanzate dell'umanità che nel corso dell'evoluzione sono arrivate un po' più avanti degli altri. Questa disuguaglianza di percorso è stata prevista e consentita dal mondo spirituale per disporre sempre di un certo numero di individualità che "dall'interno" della rete umana fossero in grado di aiutare gli altri a crescere: dei buoni "fratelli maggiori". Ognuno di loro, quando è nelle dimensioni superiori, tra una vita e l'altra, sente in determinati periodi l'urgenza di tornare sulla Terra a dare una mano.

Nella fase attuale, così delicata, vivendo all'interno del mondo spirituale si comprende in pieno l'importanza dell'operazione in corso e *si vuole partecipare*. E questo corrisponde ai desideri e alle intenzioni delle nostre guide. Allora, ormai da oltre un secolo, e ora a ritmi e in numeri crescenti, arrivano sulla Terra vere e proprie ondate di spiriti umani più avanzati, che vengono definiti "volontari". Il mondo spirituale li sparge ovunque nella rete umana, con missioni e in vesti di tutti i tipi, ma sempre collegate all'intervento in particolari situazioni nelle quali è necessario portare luce e cercare di sbloccare contrazioni del flusso di Amore. Volontari che vengono a sminare i terreni, a costruire ponti, viadotti, gallerie, che consentano alla luce ed all'amore di fluire liberamente.[7]

Nascono ovunque, e perfino nelle famiglie e nelle organizzazioni del potere oscuro, a dare conforto e coraggio a chi è sull'orlo del

---

[7] Sono ora presenti sulla Terra molte delle persone che hanno fatto da punta al cammino spirituale dell'umanità: i sacerdoti degli antichi misteri, tanti grandi filosofi iniziati, intere scuole di platonici, aristotelici, pitagorici, di illuminati orientali, buddisti, zen, taoisti, vedici, sufi, zoroastriani, sciamani, ecc. E le schiere cristiane dei mistici, di maestri Gnostici, Templari e Catari, di saggi della scuola di Chartres, di maestri Rosacroce e dei loro allievi... e tanti altri. Tutti qui per dare una mano.

risveglio, a creare gruppi di fratelli che si occupano del bene dell'umanità. A mettere l'ombra a confronto diretto con la luce. Il freddo dell'egoismo con il calore del cuore. Spesso seguono il percorso di tutti: entrando nella materia dimenticano gran parte dei motivi per cui sono arrivati: li riscoprono faticosamente attraverso le prove e le esperienze della vita. E questo dà anche a loro la grande opportunità di un ulteriore salto di coscienza. Il loro cammino è oggetto di continue e pericolose aggressioni, sui vari piani, da quello fisico a quelli spirituali, da parte delle forze oscure, ma il mondo spirituale ne segue e protegge il percorso e le operazioni, per consentire loro di scoprire e poi di espletare al meglio la loro missione. Se ci guardiamo intorno con i soliti "occhiali nuovi" li possiamo individuare. Alcuni coscienti della loro missione, altri meno o per niente, ma spesso all'opera comunque sulla spinta del cuore.
Sei un volontario anche tu che stai leggendo queste righe?
Chi lo sa...

l'arrivo di miliardi di fratelli che vogliono partecipare

Cosa succede nel mondo spirituale - dove la maggior parte dell'umanità è positivamente al lavoro in attesa di reincarnarsi - quando viene avviata una campagna di grandi opportunità di risveglio e di crescita sulla Terra?
Che tutti vogliono partecipare!
Tutti vogliono avere la chance di tuffarsi in questa epoca meravigliosa e stimolante, nella quale le condizioni di crescita e di miglioramento sono così forti. Tutti vogliono venire a fare quelle belle esperienze di risveglio che abbiamo descritto in precedenza. E allora il mondo spirituale facilita ed organizza lo sbarco sulla Terra di miliardi di uomini e donne in più, rispetto al passato. E se qualcuno, per qualche motivo dovuto alle esperienze precedenti, proprio non ha voglia, le sue guide gli mostrano quello che potrà fare, per sé e soprattutto per gli altri, finché non lo convin-

cono a tornare: c'è bisogno di tutti, e tutti hanno bisogno di questa esperienza.

Una enorme operazione dai mille aspetti. Che consente a tutta l'umanità originaria coinvolta nella propria evoluzione di passare una o più vite in questa stessa epoca, perché tutta la rete umana abbia la possibilità di cogliere grandi opportunità di crescita. Questo è il vero motivo, naturalmente spirituale, del *boom demografico*: l'umanità è un numero fisso di individui, fin dall'inizio, che insieme attraversano l'evoluzione. In parte sono presenti sulla Terra, ma normalmente la maggior parte è nel mondo spirituale, dove matura una parte essenziale della nostra evoluzione. In un'epoca importante di crescita accelerata come questa, la proporzione di esseri umani presenti sulla Terra tende ad aumentare in modo vistoso.

E pensare che la cecità dei nostri tempi ha spesso ridotto questo grande evento a un dibattito sull'uso degli anticoncezionali. Perfino quelle grandi religioni che hanno perso di vista lo spirito non si accorgono del grande fenomeno che sta avvenendo e dibattono di pillole, dettagli astrusi sulla fecondazione artificiale, pillole e preservativi. Parlano giustamente di "sacralità" della vita, ma non spiegano "per fare che cosa" è sacra questa vita. In quale disegno evolutivo epocale siamo tutti coinvolti.

E' verissimo: la vita è sacra e va preservata in ogni modo. Ma per mettere in pratica questa meravigliosa idea un essere umano ha bisogno di sapere perché: deve sentirsi partecipe e protagonista di un piano intelligente e positivo. La Terra fornisce risorse in abbondanza. E' fatta apposta per sostenere l'afflusso di grandi ondate di individui umani dalle altre dimensioni. Basta non sperperare le sue ricchezze in beni di consumo inutili, in gadgets superflui, in tecnologie che saccheggiano l'ambiente e in guerre. In cerimonie pompose, in oro, pietre preziose, tessuti raffinati, marmi pregiati, macchine di lusso, sovrabbondanza di cibi patogeni...

Ma questo dipende da noi, non dalla Terra.

Il Mondo Spirituale si aspetta ora che la nostra coscienza, individuale e collettiva, se ne renda conto.

4

A CHE PUNTO E'
L'"OPERAZIONE RISVEGLI"

Una coscienza nuova,
una nuova chiaroveggenza.
Il coraggio dei nuovi pontefici.
La capacità di cambiare rapidamente idea
Evviva il relativismo religioso!
La crisi del potere
ha origine profonde, divine.

una coscienza nuova, una nuova chiaroveggenza.

La grande "Operazione Risvegli" è appena agli inizi, in termini di tempi evolutivi umani, ma il grande lavoro sta già producendo notevoli risultati, per ora soprattutto nel fermento che si sviluppa nell'interiorità di tantissimi uomini e donne.
Nel mondo se ne vedono le tracce nel numero crescente di persone che sono difficili da manipolare, che marciano verso il Bene con disinteresse, con amore, con passione. Che cominciano a lanciare ovunque piccole o grandi iniziative luminose.
L'effetto principale è comunque l'inizio di una modifica vera e propria delle facoltà umane: è lo sviluppo di una nuova chiaroveggenza, a disposizione di tutti noi.
Sembra una affermazione un po' forte, visionaria, ma è invece un qualcosa di molto pratico e molto reale.
Cerchiamo di capire perché.

La chiaroveggenza è la facoltà di vedere "chiaramente" nel mondo spirituale che è dietro e intorno al mondo della materia.
Nel passato gli uomini la ricevevano come "dono" dal mondo spirituale. Ancora adesso molte persone hanno vari gradi di veggenza "*naturale*". E ancora di più li hanno in questo momento perché questo fa parte dell'"operazione risvegli". Mentre tanti altri esseri umani dicono: "Io non vedo proprio nulla di soprasensibile, forse qualcun altro lo fa... ma io proprio no..."

Quello che sta avvenendo con l'"Operazione Risvegli" tende però a fornirci un nuovo e differente tipo di chiaroveggenza, del tutto inatteso.
Il fine vero dell'operazione è di risvegliare in noi una qualità di chiaroveggenza *cosciente,* che progressivamente tutti potranno usare sempre meglio. Che già ora è a disposizione di tutti, anche di quelli che "non vedono" naturalmente. E che sarà la base di una

vera e propria “Scienza dello Spirito” che ingloberà, dandogli una dimensione ben più profonda e realistica, la Scienza attuale.
Varie sono le fasi di questa chiaroveggenza, e l’operazione risvegli si rivolge soprattutto ora ai primi, importantissimi gradini per salire più in alto, oltre la visione annebbiata della sola dimensione materiale, o sensoriale.

Come salire sul primo, vero gradino?
Il mondo spirituale molto probabilmente non si aspetta da noi che cominciamo con l’acquisire subito la facoltà di vedere e parlare a nostro piacimento con gli angeli delle varie gerarchie, o con i defunti, o con le forze della Natura, con il viaggiare in astrale o nel tempo. Queste sono tutte facoltà che alcuni hanno ricevuto per intervenire positivamente sulle cose della Terra e che un giorno saranno a disposizione di tutti. Quello che le nostre guide si aspettano ora è che noi conquistiamo le nuove forze con la nostra coscienza, così che diventino “parte” di noi: delle facoltà permanenti e crescenti degli individui e dell’umanità.
E allora il primo gradino è soprattutto un altro.

La chiaroveggenza che l’operazione “risvegli” vuole sollecitare ha a che fare con il nostro pensiero spinto dal cuore. Con l’intelligenza spinta dall’Amore, che produce intuizioni, pensieri, sentimenti, e azioni veramente utili al Bene. Che produce un modo di pensare nuovo e diverso sulla materia e sugli avvenimenti. Che produce una visione del mondo più chiara, in quando illuminata dalla comprensione e dalla partecipazione al Piano Divino. Un modo di pensare “spirituale”, che sempre di più vede nella materia, negli esseri e negli eventi, la manifestazione chiara di entità e di fatti spirituali comprensibili.

Se ho una bellissima visione del mondo spirituale, ma non capisco il perché spirituale, profondo, dei problemi nel rapporto con mia moglie, o con mia madre, o con il mio nemico peggiore... Se non capisco perché nella vita quotidiana mi sorgono dentro certi sentimenti o certi impulsi, cosa ci faccio solamente con la “visione diretta” di un’altra dimensione? O con un viaggio astrale? La sua utilità sarà molto limitata.

E poi cosa avrò visto in realtà? Avrò veramente viaggiato nel tempo o in altre dimensioni? Oppure qualche mio lato particolare, inconscio o subconscio, mi ha illuso?

Non mi può bastare. Io voglio soprattutto capire la vita, il suo senso vero e poi essere capace di fare le azioni giuste, che la possano migliorare. Non mi basta chiudermi o fuggire in un mondo di visioni, sia pure bellissime. Allora al mondo spirituale chiedo prima di tutto di aiutarmi a sviluppare le mie capacità di vedere in chiaro il senso delle cose e quali sono le mie possibilità di intervento con il pensiero, il cuore, la parola, le mani per operare il Bene.

Questo è il grande, vero risveglio che il mondo spirituale sta cercando di ottenere dall'Umanità. Per fare questo non sono necessarie "doti soprannaturali", ma quelle sagge, e sufficientemente sviluppate con l'evoluzione interiore, che quasi tutti gli esseri umani della nostra epoca hanno già a disposizione. Senza ancora rendersene conto.

Ci vuole il coraggio di volerlo capire e sentire. Ed è sempre più urgente mettersi in cammino, perché le forze del cuore premono, perché il nostro sangue ne è già pieno, compenetrato di qualità che ci consentono questo salto dimensionale.

Ed è un qualcosa che non è distante: è a disposizione di tutti noi ora, se solo decidiamo di immergerci nell'ondata di risvegli e di seguirne coscientemente la corrente, con grande attenzione e passione.

Quando cominciamo a vedere e capire il senso profondo e spirituale delle cose che ci capitano, quando cominciamo ad individuare il disegno della nostra vita, quando apprezziamo la luce divina che è negli altri, anche sotto le maschere esteriori, allora possiamo dire di essere già "chiaroveggenti". Al primo importantissimo gradino di una veggenza che un giorno si svilupperà in una futura, meravigliosa, Età dello Spirito.

Non una Età dello Spirito che scende dal Cielo, ma che si sviluppa dalla somma dinamica delle nostre coscienze sempre più spiritualizzate.

E se seguiremo questa strada di ascesa della coscienza, il Cielo ci aiuterà progressivamente, già in questa vita, a sviluppare altre superiori facoltà di veggenza, certo che le adopereremo solo per il Bene, per il Bene vero di tutti.

il coraggio dei nuovi pontefici

Se ti occupi di queste cose, se senti nel tuo cuore un forte impulso, prendi coraggio! Sei venuto apposta per lavorare a questa impresa: non essere timido nella ricerca della Verità e nell'Amore fattivo. C'è tantissimo da fare: sminare i campi dalle trappole oscure, scavare le gallerie per superare montagne di ostacoli materiali, edificare i viadotti tra individui, popoli, culture, erigere ponti verso il Cielo, riaprire le strade dimenticate ed intasate della Rete, rinnovare la casa interiore di ognuno di noi.
Nello scoprire lo Spirito in ogni cosa, in ogni evento, in ogni essere, ristabiliamo il giusto contatto tra mondo divino e mondo terreno, e la vita acquisterà un senso positivo e profondo.[8]

Nell'epoca dei "risvegli" ognuno di noi è chiamato a diventare pontefice, costruttore di ponti tra Terra e Cielo. Tra individuo e individuo, tra gruppo e gruppo, tra popolo e popolo, tra cultura e cultura... Senza intermediazioni.
Migliaia, centinaia di migliaia, milioni di pontefici.
Questo si aspetta da noi ora e nel prossimo futuro il Mondo Spirituale: si è aperta un'era di pontefici in gran parte ancora inconsci. Sta finendo l'era dei faraoni, dei re "unti dal Signore", dei pontefici singoli, dei princìpi di autorità esterni a noi. Che pure hanno avuto una grande funzione storica per una umanità ancora immatura.
I pontefici nuovi, quelli dell'epoca della coscienza, sono tali in quanto non si basano sull'autorità, ma sulla quantità di Amore e

---

[8] Questo particolare tema viene approfondito nel libro "La vita ha un senso profondo e positivo", dello stesso autore, edizioni Il Ternario, aprile 2005.

Luce che sono in grado di diffondere, per forza interiore e delle loro azioni, parole, pensieri e sentimenti coscienti.
E sono già tanti.
Non sono ancora maggioranza, ma sono tanti più di prima.

la capacità di cambiare rapidamente idea

Altri effetti dell'operazione si vedono in un progressivo, ma abbastanza rapido e marcato cambiamento nell'atteggiamento interiore di tante persone, appartenenti a tutti gli strati culturali e sociali.
E' una nuova capacità di smuoversi da credenze e tradizioni millenarie e di cambiare idea più rapidamente. Anche su questioni importanti come la religione, l'ideologia, l'impostazione della vita. Sulla spinta del cuore e degli impulsi del mondo spirituale, una *nuova mobilità* sta entrando nel pensiero comune. Anche se non porta direttamente e subito nella direzione giusta, anche se per un po' lascia spaesati o viene manipolata, intanto compie il primo passo: quello di smuovere, di liberare da vecchie direzioni ormai diventate improduttive. Tantissima gente, sempre di più, è capace di cambiare idea, orientamento o perfino le azioni della sua vita, se si trova di fronte a un qualcosa che fa vibrare delle corde interiori forti e nascoste. Qualcosa che il cuore riconosce come buono, sia pure indistintamente, e che vale la pena di approfondire, di seguire.
E allora oggi come non mai un incontro, la lettura di un libro, una frase, un evento particolare possono cambiare, anche improvvisamente, il modo di pensare, di rapportarsi con la religiosità, con la politica, con la vita. È come se nei cuori di tante persone il vaso ricolmo di voglia di Bene, di Verità e di Amore, non aspettasse altro che una piccola goccia di Verità in più per dilagare, per impregnare il pensiero e le azioni di impulsi nuovi e positivi.

E' questo un fenomeno nuovo, meraviglioso, che naturalmente spaventa quei poteri che sono abituati da migliaia di anni a tempi più lenti e facilmente controllabili, a manipolare tradizioni consolidate. A vivere sfruttando l'immobilità delle coscienze.

E allora cercano disperatamente di far passare sotto silenzio tutto questo fermento positivo, o di metterlo in cattiva luce. Sollevano lo spettro del "relativismo religioso", il fatto che ognuno possa decidere da solo la propria strada verso il divino e verso la comprensione della vita.
Anatema!
E presentano questo "relativismo" come il principale aspetto negativo, il principale nemico dell'uomo nella nostra epoca. Ma non si rendono conto che nel contempo il loro modo di rapportarsi alla realtà, quello trasmesso attraverso i "dogmi" e il principio di autorità, non basta più: non fornisce più risposte sufficienti a un numero crescente di esseri umani. Perché in effetti è un modo "troppo materialista" di considerare la realtà. Un modo che limita in maniera brutale le possibilità umane, che non considera affatto e non vuole il vero bene dell'uomo: la sua evoluzione spirituale sulla Terra. La realizzazione del grande piano divino "da creature a creatori".

evviva il relativismo religioso!
la crisi del potere ha origini profonde, divine.

Quello che non si dice in giro, che si tiene accuratamente nascosto, è invece un fatto di enorme portata: il relativismo religioso è un risultato fondamentale, un grande successo dell'operazione "risvegli". È la realizzazione della principale ispirazione del mondo spirituale nella nostra epoca:

> "Prendete in mano voi stessi, riscoprite le vostre potenzialità e mettetele in atto nella vita quotidiana in un rapporto diretto con tutto ciò che è spirituale. E scoprirete che la dimensione spirituale non è lontana, dopo la morte, fatta di divinità, angeli e santi lontani ed incomprensibili, ma è qui,

tutta intorno a voi, da scoprire nel flusso degli eventi. E che voi siete già degli esseri spirituali! È ora che vi avviate da soli su questo cammino, altrimenti la vostra coscienza rimarrà debole e bambina e non diventerete mai *"Creatori del Bene"*. Potrete sbagliare momentaneamente strada, ma questo vi rafforzerà, e noi vi aiuteremo! Il Male ora è rimanere fermi a una visione che ormai è insufficiente, che vi crea solo stagnazione, dolore, paura e infelicità."

Sì, quello che il mondo spirituale, le schiere angeliche, il divino maschile e quello femminile stanno cercando di favorire in noi è proprio che ognuno si svegli e prenda in mano il suo percorso. Che ognuno comprenda da solo il senso della propria vita e cosa farne.
I nuovi impulsi del mondo spirituale premono per la nostra assoluta libertà spirituale, come condizione di base. E quindi vogliono che il nostro pensiero si liberi, che sgretoli dentro di sé il principio di autorità, e che lo sostituisca con la luce della propria saggezza e con il calore del proprio amore.
Nel fare questo, lo stesso Dio in qualche modo si ritrae: non vuole essere riconosciuto per forza, ma vuole essere ritrovato ed amato dal nostro Dio interiore, che può farlo solo se è libero di emergere e di svilupparsi autonomamente.

Ci sarà, ed è in corso per tanti di noi, una fase di smarrimento: chi si sta risvegliando comincia nell'incertezza a percorrere tante strade differenti, vecchie e nuove. E fa tanti errori. Finisce nei posti sbagliati. Ma solo così costruisce le sue capacità autonome di giudizio e di azione. La spinta del cuore, e l'aiuto del Mondo Spirituale lo porteranno poi comunque nella direzione giusta: al risveglio della capacità autonoma di sapere quello che è bene fare.

Questo atteggiamento divino di favorire la nostra libertà è come dire che Dio stesso rinuncia ad esercitare con i propri figli ormai in crescita il principio di autorità.
E non è strano che invece ogni potere terreno religioso, politico, economico, militare, culturale, non voglia farlo?

Che i "sacerdoti" di queste strutture vogliano a tutti costi rimanere abbarbicati allo scheletro di questo principio, ormai svuotato di qualsiasi funzione spirituale vera. Ormai capace solamente di bloccare la crescita e di farsi ostacolo ?
Ormai anche nelle aule scolastiche è difficilissimo ed improduttivo insegnare sulla base del principio di autorità. Perfino in una classe di bambini piccoli quello che funziona veramente è solo la luce e l'amore che emanano dall'insegnante.

Nel momento in cui Dio rinuncia al potere di limitare la nostra libertà, è il concetto stesso di potere, di qualsiasi potere umano al di sopra di un altro essere umano, che è destinato ad entrare in crisi e a finire, perché privo di qualsiasi fondamento.
E' poi anche vero che da questi atteggiamenti di repressione e di ostacolo uno spirito libero trae ancora più forza. Ma questo non giustifica chi se ne fa portatore.

Allora cosa possiamo dire? Ma sì, abbiamo il coraggio di affermare: "Evviva il relativismo religioso!"
Come facciamo a non guardare con simpatia, con amore, ai tanti fratelli e sorelle che cominciano a pensare con la loro testa e sulla base del loro cuore? E che finalmente riescono da soli a trovare delle tracce di verità sparse qua e là nelle cose e nei fatti della vita?
Chi non vuole, chi non ama questi sviluppi, non ama gli esseri umani, e sta dalla parte delle forze dell'ostacolo, che se ne renda conto o meno.
Nulla di male: ognuno è una creatura che segue un suo percorso. Ma l'importante è che ci rendiamo conto con lucidità dei ruoli che ognuno sta svolgendo.

5

LE STRATEGIE CONTRO I RISVEGLI

Le forze del Male in situazione di emergenza.

Le strategie anti-risvegli:

- operazioni di indebolimento e condizionamento della natura umana e delle sue facoltà; (alimentazione; farmaci; campi magnetici, elettricità, radiazioni, onde di vario tipo; additivi chimici; droghe, alcool e fumo; la tortura; sistemi educativi; l'introduzione di elementi oscuri nelle forme, nei ritmi e negli stili di vita quotidiana);
- modifiche negative dell'ambiente della Terra;
- impulsi condizionanti volti direttamente all'interiorità di ogni essere umano; digitalizzazione, intelligenza artificiale;
- interventi negativi nelle trame della vita e sul flusso degli eventi;
- lo sbarco sulla Terra di ondate di spiriti dell'ombra.
- L'onda montante del Satanismo
- La deviazione dell'Arte

le forze del male in situazione di emergenza

Visto che le forze del Bene sono all'attacco ovunque con una grande operazione di risveglio, per favorire la crescita delle coscienze e la libertà necessaria per ottenerla, *le forze oscure sono in una grave situazione di emergenza.* Non il contrario, come appare nella maggior parte delle tesi di un complottismo ancora immaturo e troppo materialista per capire.

Le forze anti-coscienza in effetti proprio in questa fase rischiano seriamente di perdere la loro presa su importanti settori dell'umanità, di vedere le loro grandi organizzazioni sgretolarsi dall'interno, di perdere millenari bastioni del potere nero.
E allora sono affannosamente all'opera per contrastare, per ostacolare i risvegli.

Hanno a disposizione mezzi notevoli, sia nell'interiorità di ognuno di noi che nel mondo, collaudati da millenni di esperienza nelle strategie e nelle tattiche di controllo degli esseri umani. E per non perdere terreno stanno portando avanti delle linee di azione molto aggressive, delle quali tutti vediamo una parte degli effetti: il Male sembra scatenato nel mondo, e da oltre un secolo accadono cose orribili sulla scena internazionale.
Ma questo non ci deve spaventare, non ci deve annichilire: lo dobbiamo considerare con lucidità, per quella che è la sua vera portata.
Le forze oscure, sia interiori che esterne, si basano sulla manipolazione e sulla menzogna, mentre le nostre forze interiori positive, assistite dal mondo spirituale, tendono ora a ricercare e a emettere Luce, la Luce della Verità e dell'Amore.
E questa Luce è di per sé distruttiva delle forze dell'ombra, sia interiori che esterne.

Non dimentichiamo poi che la vera funzione delle forze del Male è quella di fare da ostacolo perché noi diventiamo ancora più bra-

vi a emettere luce spargendo intorno a noi consapevolezza e amore. Perché diventiamo ancora più luminosi e calorosi.
Se perdiamo lucidità nell'osservare quello che sta accadendo, e ci facciamo impaurire. Se entriamo in panico o ci facciamo prendere dall'"odio per i cattivi", non facciamo altro che il loro gioco.

Cerchiamo di guardare le cose da una prospettiva più elevata, e allora diciamo che le forze oscure sono in grande emergenza per non perdere posizioni, interiori e sulla scena mondiale, e magari anche per cercare di acquistarne di nuove, *perché il loro compito non è affatto finito.* E se cedessero subito alle forze dell'Amore, e non si dessero da fare al massimo per contrastarle, *la loro funzione evolutiva, positiva, cesserebbe.* Mentre in effetti l'evoluzione è ben lungi dall'essere conclusa, e noi siamo ancora troppo deboli spiritualmente, troppo piccoli. Siamo ancora troppo poco maturi, e *abbiamo ancora bisogno di forze negative che ci creino problemi da superare*. Problemi che ci aiutino a diventare più forti e più capaci di creare il Bene.

Le forze "nere" cercano di agire in tutti i modi su di noi: *dall'interno*, attraverso i nostri lati oscuri interiori, e *dall'esterno,* mediante tutta una serie complessa di operazioni affidate a singoli individui e gruppi, ma soprattutto a potenti organizzazioni ramificate su scala mondiale.
Cercano di tenerci bloccati in una tenaglia di condizionamenti interiori ed esteriori, che ci renda incapaci di quella mobilità e leggerezza dell'anima che è indispensabile per salire un gradino nella dimensione spirituale e liberarsi. E vedremo che, quando gli stiamo proprio per sfuggire, cercano di organizzare nuove trappole, o di sedurci con nuovi mondi fittizi di spiritualità sbilanciata.
La posta in gioco nel confronto tra Bene e Male

è la nostra interiorità.

È incredibile, paradossale, che noi esseri umani singoli, ma anche come organizzazioni e grandi poteri, corriamo tutta la vita all'inseguimento di beni e poteri fittizi, momentanei, comunque mortali. Destinati presto a finire per sempre. E per quelli facciamo di tutto, usiamo tutti mezzi, mettendoci uno contro l'altro. Dimenticando, o non sapendo, che *quello che dovremmo curare e far crescere è la nostra Coscienza, il nostro Spirito, l'unica nostra parte immortale.* Che si sviluppa solamente

AMANDO
IN MODO CONSAPEVOLE E FATTIVO.

Durante la vita, il nostro compito è di costruire una parte in più della nostra coscienza, del nostro spirito. E lo possiamo fare solamente con pensieri e sentimenti di luce e di amore che si sono tramutati in azioni amanti. *Se abbiamo fatto scorrere da noi in fuori la forza creativa dell'Amore siamo "diventati" più coscienti e più creativi.* Solo questa parte in più, piccola o grande, ci portiamo con noi al momento della morte. Solo questo è il risultato di una vita: non il denaro, i beni materiali, i piaceri dei sensi o il potere. Questi rimangono qui, anche se per averli abbiamo lottato tutta una vita, se abbiamo rubato e ucciso, fisicamente o moralmente. Se per loro abbiamo faticato giorno e notte, nell'ansia di afferrarli o nella paura di perderli.

Nella borsa che ci portiamo dietro al momento della morte c'è solo quello che siamo diventati facendo qualcosa di buono. Nient'altro.

Le forze bianche vogliono che la borsa sia più piena possibile. Mentre quelle nere vogliono che sia vuota. E allora durante la nostra esistenza cercano prima di non farci capire come riempire la borsa, e poi, se noi siamo comunque riusciti a fare qualcosa di buono, cercano di assalirci per intontirci in qualche modo e rubarcela.

le strategie anti-risvegli

Quello che le forze oscure stanno facendo ora in modo preminente è dunque mettere in opera una serie di strategie "anti risvegli", che cercano in tutti i modi di contrastare le varie fasi della grande operazione che abbiamo delineato nei capitoli precedenti. Le forze "bianche" vogliono eliminare tutti i condizionamenti, interiori ed esterni, alla nostra possibilità di crescita: vogliono la nostra totale libertà interiore. E allora le forze oscure vogliono invischiarci in una rete di lacci e condizionamenti che limitino o impediscano del tutto questa libertà.
Le loro strategie[9] cercano di bloccare l'operazione risvegli, contrastandola nelle sue principali direttrici con:

- operazioni di indebolimento e condizionamento della natura umana e delle sue facoltà; digitalizzazione, intelligenza artificiale;
- modifiche negative dell'ambiente della Terra;
- impulsi condizionanti volti direttamente all'interiorità di ogni essere umano;
- interventi negativi nelle trame della vita e sul flusso degli eventi;
- lo sbarco sulla Terra di ondate di spiriti dell'ombra;
- l'onda montante del Satanismo.
- la Deviazione dell'Arte.

Ed ora esaminiamo questi punti:

---

[9] Naturalmente non è possibile enumerare tutto quello che fa parte di queste strategie oscure, che sono molto articolate e complesse. Questo è solo il tentativo di indicare un metodo, una direzione di ricerca, alla quale ognuno può ovviamente aggiungere o togliere quello che ritiene opportuno, in base ai propri pensieri, ed alle proprie conoscenze ed esperienze.

operazioni di indebolimento e condizionamento della natura umana e delle sue facoltà

Mentre le forze bianche lavorano sulle potenzialità positive della nostra natura, le forze oscure fanno di tutto per indebolirne le basi. Sia le basi fisiche, vitali, che quelle psichiche. Contando sul fatto che un corpo ed un'anima indeboliti non ci consentono di mettere in moto la coscienza. Per imparare a pensare in modo nuovo, per amare e per fare il bene servono delle forze, sia fisiche che interiori, che vengono quindi aggredite in tutti i modi. Con strategie affidate al tentacolare sistema di potere mondiale totalmente nelle mani delle forze dell'ostacolo.

È un sistema trasversale, con appendici importanti nella ricerca scientifica, nelle multinazionali, nel sistema finanziario, nei governi, nelle strutture malavitose e dei servizi segreti, che organizza intense campagne operative di condizionamento e di indebolimento dell'essere umano, in vari settori. Per ognuno di questi argomenti si potrebbero scrivere libri e libri, e già esiste una notevolissima e illuminante letteratura in merito. Li menzioneremo in breve per accentuare la parte che svolgono all'interno della strategia antirisvegli:

alimentazione

Dagli alimenti l'essere umano trae una parte importante delle energie vitali non solo per la propria sopravvivenza, ma per la stessa vitalità e lucidità del proprio pensiero, della propria coscienza. Una grande campagna è stata avviata da decine di anni per trasformare progressivamente il modo di alimentarsi degli esseri umani: per passare da cibi naturali pieni di elementi vitali a cibi quasi o del tutto devitalizzati. Le forze eteriche vitali invisibili che sono nei cibi alimentano la nostra vitalità, ma sono anche *la materia di base dei pensieri*. Sono una sorta di alimento della struttura di base eterica, diciamo del supporto, del contenitore del pensare, che viene poi riempito dei contenuti dei pensieri, che fanno parte normalmente del superiore mondo dell'anima, quello astrale. E quindi una alimentazione sana è indispensabile per qualsiasi processo di risveglio, di crescita e di espansione della coscienza. Per crescere in amore, per essere capaci di aumentare la propria capacità di fare il bene, è importante avere un corpo pieno di vitalità e un pensiero sveglio e lucido. E muoversi in un ambiente sano.

Proprio per cercare di togliere forze di base al risveglio di coscienza le forze oscure hanno ispirato ed avviato da decine di anni una grande campagna attraverso le grandi centrali commerciali, industriali e scientifiche che sono state indirizzate e deviate per trasformare progressivamente il modo di alimentarsi degli esseri umani. Per passare da cibi pieni di elementi vitali a cibi quasi o del tutto devitalizzati e chimicamente alterati. Perfino soggetti a cicli di radiazioni antivitali di vario tipo.

L'alimentazione tradizionale aveva dei pregi e dei difetti, anche dovuti a fattori economici, geografici, storici. Ma qualcosa di molto specifico è stato accentuato negli ultimi decenni, proprio - singolarmente - in quei decenni nei quali accelerava il risveglio di coscienza, a partire dagli anni 60 del secolo scorso. È quindi stato facilitato, direi imposto, sempre di più il passaggio da cibi pieni di elementi vitali a cibi quasi o del tutto devitalizzati. Da cibi sufficientemente genuini e pieni di invisibili eteri vitali, nutrimento della nostra vitalità, si è passati alla diffusione massiccia di cibi chimicamente alterati con elementi mineralizzanti che allontanano gli eteri, rendendo difficile la loro circolazione nella nostra struttura corporea. Cibi letteralmente avvelenati con sostanze che non sono state create dalla sapienza di Madre Natura e dei suoi esseri spirituali per alimentare gli esseri umani.

Questa operazione di perversione alimentare e agricola è progressivamente riuscita a imporre un nuovo tipo di alimentazione a larghissimi strati dell'umanità. Ma ha anche prodotto una nuova, iniziale presa di coscienza per una agricoltura e una alimentazione sane, che si sta diffondendo rapidamente.

Tutto questo è stato favorito da una grande, multiforme, tentacolare campagna pubblicitaria che ha condizionato e alterato in modo crescente gli stessi gusti degli esseri umani. A questi prodotti sono stati spesso aggiunti elementi additivi "seduttivi", come nel caso di tante bevande o snacks per le masse. Cibo spazzatura, junk food come si chiama nel mondo anglosassone. Cibi dannosi per la salute e tali da indurre a vere e proprie "dipendenze". Dipendenze soprattutto dai cibi eccessivamente ricchi di zuccheri. Tali da indurre il dilagare di processi patologici infiammatori, e di una serie di malattie che investono negativamente tutta la struttura umana, in tutti i suoi sistemi, comprese le possibilità pensanti del cervello.
Questa campagna, basata su enormi produzioni di cibo alterato e a basso prezzo, è progressivamente riuscita ad imporre un nuovo tipo di alimentazione - avvelenata, patogena ed eccessiva - a larghissimi strati dell'umanità. E questo nonostante la evidente inferiorità dei suoi prodotti anche dal punto di vista del gusto. Inferiorità della quale le masse, educate a un gusto ormai "chimico" ed eccessivamente "zuccherato", non si accorgono più. Con il senso del gusto addormentato dagli additivi, sedotto dai coloranti e dai cosiddetti esaltatori di sapidità, esaltatori di sapori finti, truccati, seduttivi sapori-esca, sapori-truffa... Con l'anima imbambolata dalla pubblicità, capace di convincerti che è buono anche quello che in effetti proprio non lo è.

E tutto questo è stato fatto con la scusa della necessità di nutrire tante più persone a prezzi minori. In parte era vero, ma si poteva fare anche senza necessariamente avvelenare i cibi con sofisticazioni innaturali.

Perché i governi e le organizzazioni mondiali, come l'ONU e la FAO non hanno vigilato? Ovviamene perché dipendono dagli stessi poteri che hanno avviato il processo di depravazione e devitalizzazione del cibo. E così i processi di devitalizzazione e avvelenamento sono entrati ovunque nell'alimentazione, in tutti i prodotti vegetali ed in quelli animali. E in una serie di sofisticati prodotti di trasformazione.
E per produrre queste insensate quantità di cibo sostanzialmente avvelenato, si è fatto ricorso ad una agricoltura chimica che ha devastato ampie porzioni della Terra. L'agricoltura è stata appositamente rivoluzionata e trasformata in un processo industriale infestato di prodotti chimici nocivi. Gli agricoltori di tutto il mondo sono stati sottoposti a dei veri e propri "lavaggi del cervello" condizionanti, per indurli ad abbandonare le antiche tradizioni contadine e a interrompere l'antico, intimo dialogo, quotidiano e rispettoso, con quel grande essere spirituale "bianco" che è la Natura.
L'operazione oscura contro l'agricoltura, l'ambiente e l'alimentazione ha potuto diffondersi perché le masse umane erano "abituate" *per tradizione* al buono, al genuino, al sano dei cibi e delle pratiche agricole, non per scelta consapevole e matura. Erano scarsamente coscienti di quello che avevano fatto per secoli e millenni. E quindi, di fronte alla comodità del cibo abbondante, a basso prezzo e buono in modo seduttivo grazie a enormi quantità di zuccheri ed additivi, hanno facilmente ceduto, senza rendersene conto.

Quello che succede adesso come reazione, porta una parte della gente a una maturazione e a una consapevolezza certamente superiori a quelle immaturità "ingenue" che hanno consentito ai poteri antiumani di dilagare in questi settori dell'agricoltura e dell'alimentazione. Gli stessi processi di

malattia, di allergie, di intolleranze, di patologie varie indotte da questi cibi alterati stanno producendo una notevole quantità di risvegli.
E sempre più persone ormai da anni si fanno autonomamente delle domande:

> "ma allora quello che dicono in tv non è vero? ... Perché il mio medico non me l'ha detto? Perché non mi hanno detto che mangiavo male?"
> "E allora sono io che devo cercare di capire cosa mangiare e cosa non mangiare... No, ormai non mi fido più: ora compro per quanto posso cibi più naturali e biologici, e tra questi cerco di scegliere quelli che non solo non mi ammalano, ma mi fanno anche bene alla salute. Ed ora che ne so di più, ho anche capito che, se ci riesco, devo correggere in meglio anche l'alimentazione tradizionale dei miei genitori e dei miei nonni, che era in fondo poco consapevole. Era più genuina certo, ma generava anche tanti malanni. E questa nuova consapevolezza non la voglio tenere solo per me, ma diffonderla alla mia famiglia, ai miei cari, alle persone che amo, nella società intorno a me."

Ecco, dall'osservazione di questa dinamica, di questo processo, si vede chiaramente come in questa vicenda possiamo osservare una classica operazione di risveglio. E come questo sviluppo positivo sia stato in effetti innescato proprio da una operazione anti-risveglio delle forze oscure.

Certo, una parte importante della popolazione continua nel sonno della coscienza a nutrirsi male e ad ammalarsi senza rendersi conto di come viene manipolata. Ma la reazione a questa operazione oscura ha generato e sta generando un bel numero di risvegli. Risvegli che prima proprio non c'erano.

Per questo il Cielo lascia parzialmente libere di operare le forze oscure, ovviamente ponendo loro dei limiti precisi. Lo fa perché questo sistema funziona! Sempre che noi esseri umani ci attiviamo rispetto agli stimoli ricevuti per diventare migliori e più consapevoli.

Vi è poi da considerare il tema della povertà e della fame.
Se non si hanno abbastanza soldi o risorse per mangiare, la debolezza fisica, la rassegnazione o la disperazione si impadroniscono di grandi masse umane. E la coscienza ha enormi difficoltà a farsi strada in un fisico indebolito, o in un'anima provata dalle privazioni. Nel mondo povero la politica dei poteri oscuri ha creato enormi sacche di disperazione, di condizioni subumane. Con lo sfruttamento economico, e con messaggi sbagliati, devianti.
E poi contemporaneamente immense risorse vengono trattenute dal sistema finanziario, o spese per lussi superflui, guerre, armamenti, tecnologie inutili e dannose. E tutto ciò, accompagnato dall'egoismo diffuso e alimentato in tutto il mondo, impedisce che fluiscano verso chi ne ha bisogno.
Ma anche questo elemento oscuro sta generando per reazione tante luci: l'evidenza della tragedia della fame e della povertà scuote le coscienze, e sta sollecitando forze nuove nella direzione del volontariato, e delle organizzazioni di aiuto ai poveri.
Bene!

Ma proprio perché questo sta succedendo, le stesse forze antiumane cercano di sfruttare e di orientare anche questo fenomeno, come vedremo, creando le loro megastrutture di sfruttamento della solidarietà, o del semi-finto bio, o della protezione dell'ambiente, e così via. Che operano a modo loro in questi settori, concentrando nei loro ovili le persone che con il cuore vogliono fare del bene in questi ambiti. Per ribadire il loro ruolo comunque di autorità e di guida, e spesso per ricavarne anche ingenti introiti economici.
E quindi vedremo che non basta il nostro impulso al bene, occorre poi darsi da fare per farlo senza farsi indirizzare o

strumentalizzare dalle solite piramidi di potere, anche quando genuinamente pensiamo di seguire il nostro impulso al bene.

Ma anche in questo caso tutto viene predisposto dalle forze del Cielo, comprese le operazioni delle forze antiumane perché, se noi ci attiviamo come risposta al dolore fisico o psichico, tutto poi possa produrre ulteriore risveglio.
E funziona! Ogni volta una porzione in più di umanità di risveglia un po' di più.

medicina e farmaci

La medicina è stata trasformata in un sofisticato e potente sistema di distribuzione di farmaci e vaccini. Farmaci che vengono presentati come panacee che servono a tutto, dalle malattie minori fino a quelle dell'anima. Ma che solo in parte si rivolgono a curare le patologie, e raramente le cause vere. Che sono sempre di origine spirituale.
I nuovi farmaci fanno parte di una rivoluzione medica che ha "despiritualizzato" la medicina, per eliminare la relazione spirituale tra terapeuta e paziente, e sostituirla con un rapporto meccanico tra malato-oggetto ed una serie di tecnici specialisti di elementi corporei materiali, in genere assolutamente privi di reali cognizioni sulle vere cause delle malattie. In tal modo molti medici si sono sempre di più trasformati in "prescrittori" e propagatori di medicine e vaccini accuratamente predisposti - in laboratori spesso oscuri - per abbattere le forze della nostra struttura naturale. Per devitalizzare i nostri corpi sottili, per aggiungere elementi debilitanti e aggravare il danno già compiuto dall'alimentazione e dagli stili di vita più diffusi. Antibiotici, vaccinazioni, psicofarmaci, chemioterapie, semplici "prodotti da banco" per dolori di stomaco o emicranie ecc... spesso non sono altro che diaboliche misture di elementi in parte curativi ed in parte

devitalizzanti. Quando prendiamo certe medicine è come se una qualche entità spirituale negativa e seduttiva ci dicesse:

"Se vuoi cercare di guarire da questo malanno,
o anche solo di attenuare questo sintomo,
devi accettare di perdere forze vitali
e di vendermi un pezzetto
delle tue forze di crescita della coscienza."

Ma tutto questo fa sorgere reazioni sempre più forti: le masse che ancora dormono ne sono sempre più vittime, ma i numeri dei risvegliandi sono in crescita.
Diciamo pure che le patologie di origine alimentare, l'uso perverso di certi vaccini e questa cattiva medicina sono fra i principali propulsori dei risvegli di coscienza di questa epoca.
E una nuova classe di pazienti alla ricerca della salute, ma anche della Verità e del Bene, sta alimentando e sostenendo la crescita di un mondo alternativo della medicina e della ricerca.
In questi risvegli sono le basi del nostro luminoso futuro.

Così come in tanti altri settori sociali. Come vedremo, in quasi tutti i settori siamo in questi anni ai primi esitanti passi verso l'edificazione di un mondo alternativo che viene e verrà alimentato idealmente ed economicamente dalla percentuale in crescita dei risvegliandi. Sempre più risvegliati anche dal perverso, ma anche pessimo uso della medicina e dei farmaci da parte delle forze oscure.
E il Mondo Spirituale può ancora congratularsi con se stesso perché anche attraverso queste dinamiche male-bene nella medicina, sta già cominciando a conseguire importanti ulteriori risvegli di coscienza.

campi magnetici, elettricità, digitalizzazione, radiazioni, onde di vario tipo, additivi chimici.

Con la motivazione del progresso, dell'energia a disposizione di tutti, della digitalizzazione e delle telecomunicazioni in rapidissima crescita, sono state sviluppate molte tecnologie che adoperano forze, come i campi magnetici, l'elettricità, radiazioni e onde di svariati tipi. O prodotti di derivazione chimica, come le plastiche o i mille additivi, che aiutano in tanti settori materiali.

Come avviene per i farmaci, queste tecnologie da una parte danno dei vantaggi indubbi, soprattutto di tipo materiale, e dall'altra aggrediscono le forze vitali dell'uomo, che sono le stesse che servono per i nostri processi di coscienza. Come dire, per fare esempi pratici:

> "Più usi il televisore, più stai sotto a una luce al neon o led, più adoperi il telefonino e il computer, più usi una macchina elettrica, più adoperi certe vernici... più dovrai faticare per far emergere la tua luce interiore. Più dovrai lavorare per dissolvere le nebbie, per recuperare le forze del cuore e di pensiero necessarie per capire la realtà vera e per agirvi dentro con amore. Più ti ammalerai di malattie vecchie e nuove e dovrai usare i farmaci..."

Ma, come vedremo, più useremo le forze del Cuore e della Coscienza, più saremo in grado di innescare processi di riparazione e recupero eterico-fisici capaci di farci uscire vincitori anche da queste malevole aggressioni.

droghe, alcool e fumo.

La capillare diffusione dei narcotici e delle droghe è una delle grandi operazioni in corso da anni. Tende ad attaccare alle basi le varie parti della natura umana, e anche direttamente quelle sottili: crea danni notevoli al corpo, alla psiche e seri problemi anche allo spirito. Le droghe vengono appositamente studiate a ondate di prodotti diversi, allo scopo di distruggere il più possibile le basi necessarie ai risvegli.

L'obiettivo preferito e più facile sono i giovani, soprattutto quelli che sentono una insoddisfazione particolare per il mondo della materia, e sono alla ricerca di dimensioni meno soffocanti. Chissà quanti "volontari" sono caduti e cadono nelle maglie di questa orribile trappola.

Generazioni intere vengono colpite da questi particolari cancri della rete, studiati e diffusi dai poteri oscuri attraverso i loro terminali. La malavita si assume il compito di gestire la produzione e la distribuzione, ma i veri profitti, oltre alle protezioni del sistema, fanno capo a una strategia che vede in campo servizi segreti, forze di sicurezza, gruppi trasversali e varie logge oscure. E che condiziona i governi a politiche che sostanzialmente, dicendo di reprimerla e facendolo poi solo parzialmente, in effetti facilitano la diffusione della droga e ne aumentano i profitti.

Anche la grande e perversa diffusione dell'alcool e del fumo svolgono un'importante funzione nell'intaccare le forze vitali e psichiche di vasti strati dell'umanità.

la tortura

Negli ultimi decenni l'uso della tortura ha visto un vero e proprio boom. È uno strumento di pura e diretta ispirazione oscura, volto a produrre danni gravi e permanenti alla base psicofisica del nostro io, creandogli enormi ostacoli. Raramente viene impiegata per estrarre informazioni. Le fratellanze oscure la promuovono come strumento di lotta alla natura umana, su una scala mondiale più vasta di quanto si pensi. Menti raffinate e annebbiate lavorano a rendere i suoi metodi sempre più devastanti. Non solo nei Paesi del Terzo Mondo, ma anche in quelli di cultura occidentale.

sistemi educativi

Le forze "nere", attraverso i loro terminali nei governi e nel sistema educativo, creano una notevole serie di condizionamenti e ostacoli alla crescita equilibrata dei bambini e dei ragazzi.
È questo un tema molto complesso e delicato. Coinvolge un modo di impostare la scuola basato fondamentalmente su due tipi di culture che si intersecano: una del tutto laica, priva di elementi di tipo spirituale; e un'altra, di obbedienza religiosa, che segue pedissequamente certi orientamenti condizionanti. In entrambi i casi l'elemento spirituale vero, quello che tende alla libertà umana ed a considerare la vita e la realtà come espressione dello spirito, viene tenuto quasi completamente fuori dal sistema scolastico. Tranne alcune luminose, ma limitatissime eccezioni.
Le centrali oscure che influenzano la politica scolastica sono perfettamente al corrente del fondamentale rapporto tra esigenze spirituali ed educazione, e cercano di gestire la scuola con criteri ben precisi. Il loro principale problema sono i "risvegli": come limitarli ed ostacolarli. Tra i giovani le potenzialità di risveglio sono crescenti, con una grande accelerazione: la voglia di spiritualità vera, molto forte anche se inconscia, è in grande crescita.
E allora le forze del Male stanno attaccando i giovani in tutti i modi - nel fisico e nell'anima - per limitare o deviare questo fenomeno. L'impostazione dei programmi, dei curricula sco-

lastici e dell'organizzazione del sistema educativo, l'introduzione precoce dell'insegnamento di "tecniche sessuali" e di confuse teorie gender, viene orientata per intervenire in modo condizionante. Per comprimere gli aspetti di tipo umanistico e spirituale, e la stessa idea di evoluzione. Forte è la tendenza a meccanizzare i rapporti ed il pensiero, con la limitazione degli elaborati e delle esposizioni orali e l'uso crescente di quiz e del computer. Le importantissime forze della memoria non vengono più sollecitate e rafforzate. L'anticipazione dell'età scolare e la presenza di più di un insegnante nella scuola primaria, creano condizionamenti alla crescita delle forze fisiche, vitali e psichiche dei bambini.
Questi e molti altri elementi non sono casuali, o frutto solamente di insipienza, ma celano precisi disegni di condizionamento "antirisvegli".
Ma il mondo spirituale non sta fermo, e allora ci sono, sparsi un po' dovunque - ancora in numero limitato ma in crescita - professori e maestri che hanno sviluppato proprie forze interiori importanti, e che si mettono a disposizione dei tanti studenti pieni di impulsi positivi. Generosamente, nonostante le enormi difficoltà quotidiane imposte dalle "direttive superiori".
Come in tutti i campi, questa è la speranza del sistema scolastico: lo sviluppo dello spirito libero dei suoi insegnanti che entra in un circuito virtuoso con i nuovi talenti spirituali degli studenti. Aiutata dalla crescente sensibilità dei genitori alla ricerca di modelli educativi migliori. Sempre più spesso al di fuori dei circuiti pubblici, con la formazione di cooperative, scuole parentali, ecc.
Al momento la situazione appare abbastanza oscura, se vista superficialmente, ma in realtà luci e fermenti importanti e positivi sono ovunque. E hanno bisogno di prendere coraggio.

l'introduzione di elementi oscuri nelle forme, nei ritmi e negli stili di vita quotidiana.

LA NOTTE AL POSTO DEL GIORNO,
CERTI TIPI DI MUSICA

L'essere umano, come gran parte degli esseri della Natura, trae vitalità dal Sole, dalla luce del giorno, con i suoi mille influssi positivi; e ha bisogno della particolare situazione cosmica della notte per dormire. Nel sonno notturno avviene il grande recupero delle forze non solo fisiche, ma soprattutto di coscienza. Non è la stessa cosa dormire o essere coscienti e attivi di giorno o di notte. Il ritmo giorno-notte supporta il nostro ciclo vitale e di coscienza.
Nel recente passato le forze oscure hanno diffuso, e imposto soprattutto al mondo dei giovani, una cultura che scambia il giorno per la notte. Con grave alterazione dei cicli naturali, e conseguente indebolimento delle basi fisiche ed energetiche necessarie per la coscienza.
Masse di ragazzi tenuti svegli di notte per fare cosa? Per indebolire ulteriormente le forze vitali con l'alcool, droghe o con musiche appositamente studiate e favorite per sollecitare l'attivazione di parti inferiori della psiche. Per far vibrare l'anima e il corpo vitale con ritmi ossessivi, che danneggiano i ritmi superiori, luminosi, armonici dei nostri corpi sottili. Questo elemento musicale alienante si è ormai infilato nelle orecchie di intere generazioni dalla mattina alla sera, con la diffusione degli apparati portatili. Il solito tranello oscuro: musiche seducenti da una parte, che colgono la voglia umana di cose piacevoli, e fin qui non c'è nulla di male, ma che in sé nascondono l'aggressione alla luce, alla vitalità, alla coscienza. E sempre i giovani sono le vittime principali. Quelli tra i quali c'è il maggior numero di spiriti che sono arrivati entusiasti sulla Terra per partecipare all'epoca dei risvegli.

I VIDEOGAMES, LA LUDOPATIA E LA REALTÀ VIRTUALE

Un altro elemento che ha a che fare con la tecnologia rivolta a condizionare i ragazzi è quello dei videogames, o della realtà virtuale più in generale. Questi giochi-droga sono stati appositamente studiati, così come altri apparati audio-visivi, per condizionare le persone e soprattutto i giovani a sottoporsi per ore a radiazioni negative provenienti dall'apparato. Radiazioni e onde che aggrediscono le forze vitali della coscienza. E inoltre il tipo di giochi e di esperienze proposti estraniano per lunghi periodi dalla realtà vera. Immergendo le povere vittime in una realtà del tutto virtuale, astratta. Piena di violenza senza apparenti conseguenze pratiche, quasi fine a sé stessa, o rivolta al soddisfacimento povero e facile di impulsi bassi del nostro ego, di dominio, di vittoria sugli altri e sulla vita, di autocompiacimento.
Si è presa una cosa buona, sacrosanta, come l'esigenza del gioco, e la si è trasformata in una trappola, in un'arma seduttiva e perversa, che stimola a perdere il contatto con la realtà. Quando invece i "risvegli" sono proprio la ritrovata capacità di vedere il senso delle cose, dello spirito, "nella" realtà che ci circonda. I videogames sono una delle tante fughe dalla realtà accuratamente pianificate, che cercano di far perdere a noi e ai nostri figli l'appuntamento con l'epoca della coscienza. Vere e proprie macchine per sessioni di *"meditazione negativa"*.
E poi la devastante alimentazione della ludopatia, anche da parte di governi "biscazzieri". Facilitata ed amplificata dalla tecnologia digitale, per portare alla rovina psichica ed economica tante persone e le loro famiglie. Una ludopatia che attrae esseri larvarli parassitari fortissimi, e capaci di imprigionare e bloccare le persone nella gabbia di questo vizio terribile e distruttivo.

LA MINACCIA DELL'INTELLIGENZA ARTIFICIALE

E sempre di più la "realtà virtuale" del computer tende a sostituire la realtà vera. Ed invece di andare incontro alle difficoltà della vita, quelle inviate dal Cielo con il non casuale flusso degli eventi in quanto formative della coscienza, viene offerta una facile realtà virtuale digitale, priva di difficoltà e di impegno vero. Priva di responsabiltà. Ma anche del tutto priva di etica, devitalizzante, ipnotica, schiavizzante e di ostacolo alla crescita. L'offerta pervasiva e avvolgente di un mondo virtuale dominato sempre più dalla cosiddetta INTELLIGENZA ARTIFICIALE, nel quale immergersi totalmente, tende a bloccare completamente la crescita delle coscienze. Tende a indebolire i processi di pensiero umani, indispensabili alla crescita della coscienza, delegandoli all'Intelligenza Artificiale, per farci regredire ad una condizione semi-animale solamente emotiva, sensoriale e facilmente manipolabile. Una condizione di migliaia di anni fa... Una condizione pregreca, precristica: una condizione fortemente perseguita e attuata dalle forze anticristiche ai vertici delle piramidi oscure.
Ma anche da questa seducente "trappola", comunque insoddisfacente e portatrice di dolore, aspettiamoci la crescita di importanti forze di reazione, almeno in una parte dell'umanità.

LE SITUAZIONI AMBIENTALI ALIENANTI, ABITATIVE E SUL POSTO DI LAVORO

Le concentrazioni urbane sono state favorite in maniera abnorme, e fra non molti anni la gran parte dell'umanità sarà rinchiusa in mostruose megalopoli prive di risorse sufficienti. Dei veri e propri laboratori alchemici di alienazione, di povertà, di violenza, di aggressività, di distacco dalla vitalità e

dalla funzione equilibrante e risanatrice della Natura. Vere e proprie gabbie elettromagnetiche e chimiche dense di basse astralità.
Vastissime aree della Terra sono state impoverite dallo sfruttamento delle multinazionali, costringendo enormi masse a fuggire nelle città, in enormi caseggiati e baraccopoli dove ricevono forti spinte a perdere il contatto con la propria umanità.
In occidente il nuovo tipo di lavoro industrializzato nei campi, quello dei ritmi meccanici in fabbrica o quello spersonalizzante negli enormi uffici, drena energie importanti. Il traffico, la pesantezza velenosa dell'aria e dell'acqua, le luci sbagliate, l'alimentazione grassa, acida e debole di vitalità dei fast food, gli enormi campi elettromagnetici. Tutto congiura per abbassare il nostro livello di vitalità e per annebbiare la nostra luce interiore.
E tutto avviene a ritmi sempre più forsennati, senza concederci un attimo di respiro. Senza darci un attimo per pensare a cosa stiamo facendo. A meno che non cominciamo ad inspirare ed espirare Amore attraverso le nostre buone azioni intorno a noi, producendo risveglio dello Spirito, rafforzamento della coscienza, del sistema immunitario e delle nostre forze vitali.
E allora ancora meglio potremo svolgere il nostro compito amoroso anche in situazioni ambientali pesanti, alienanti, nelle quali il Cielo ci ha posto non a caso. Perché quello era il nostro posto in quella vita, in quegli anni, in quel momento.

LE TRAPPOLE CONNESSE ALL'ELEMENTO SESSUALE

Enorme è lo sfruttamento dell'elemento sessuale da parte dei poteri anti-risveglio. Proprio per questo uno dei temi, una delle forme pensiero devianti che più è stata diffusa è quella dell'"Amore Libero". Ma allora domandiamoci: l'amore "libero" è proprio libero? Cos'è libero dentro di noi in quel caso?

Certamente è libero l'Amore del nostro Spirito che usa anche il corpo come strumento per amare, per volere il Bene del proprio partner. Ma certamente "non libero" l'amore solo fisico figlio della nostra anima che sente condizionata dal nostro lato oscuro, dal doppio. Certamente "non libero" l'amore derivante solamente da pulsioni sensoriali, e quindi egoistico e predatorio. Con il quale si finisce facilmente schiavi di un sesso fatto male, privo di amore vero.

E ne derivano disagi dell'anima, turbe psichiche, con un sesso sempre meno volto al Bene reciproco, sempre meno ispirato e accompagnato da sentimenti elevati. E sempre più attratto dall'elemento seduttivo. Nemmeno più passionale, ma sempre di più nella dimensione solamente animalesca.

Altra trappola è l'eccessiva diffusione e persino esaltazione della masturbazione: un qualcosa rivolto a gonfiare le proprie tendenze egoistiche in modo parossistico, che diventa una grave fonte di freno del risveglio. Un appesantimento psichico importante e un forte alimento delle parti più basse dell'anima. Una diffusione che con lo strumento del web sta diventando una vera e propria malattia sociale. E anche qui, nell'uso solo sensoriale ed egoistico del sesso, la spropositata crescita del lato oscuro, del doppio, l'arrivo di altri esseri astrali condizionanti che creano isterilimento dell'anima, rigonfiamento delle parti più pesanti della nostra psiche, ed infine malattie fisiche, vere e proprie situazioni patologiche. Con l'afflusso nell'aura di esseri larvali che impediscono di uscirne, a meno che non si diventi nei fatti più autenticamente amorosi verso gli altri, un po' alla volta meno concentrati su sé stessi.

L'amore va fatto per Amore, come tutte le attività umane. *"Per Amore",* significa per amore del bene dell'altro, come bellissimo accompagnamento di un forte impulso al vero bene dell'altro. Non solo al nostro egoico piacere sensoriale, ma come espansione all'altro del nostro piacere di amare spiritualmente e fisicamente. Ogni volta che la pratica sessuale si rivolge solo al proprio piacere, l'elemento sessuale tende ad addormentare e frenare la nostra coscienza amorosa, che si risveglia quando diventa anche e soprattutto il piacere di volere il bene vero dell'altro.

LA TRAPPOLA DELLA "SANA COMPETITIVITÀ"

Un'altra trappola anti-coscienza molto comune e antica: quella di immettere, inserire ovunque in modo accentuato, parossistico, la competitività tra persone. Quella di stimolare la voglia di autoaffermarsi comunque, anche ai danni degli altri. Di tentare di vincere, di prevalere sugli altri, di superarli in ogni modo, in ogni campo, per avere qualcosa in più solo per se, per il proprio egoismo: che sia una medaglia, un complimento, soldi, notorietà, potere, articoli di giornale, anche solo un voto...
Lo SPORT in questo contesto assume un ruolo molto importante: vediamo gli stadi e gli altri luoghi dello sport riprodurre in forme diverse, ma sostanzialmente simili, le antiche arene e i circhi romani. Dove si combatteva, si gareggiava per primeggiare, fino a uccidere uomini ed animali. Dove si abituava la gente a parteggiare, a diventare tifoserie opposte e spesso violente. Dove Roma, l'archetipo del potere oscuro, educava i propri figli a essere uno contro l'altro con egoismo, indifferenza per il prossimo considerato nemico, e grande crudeltà. Per poi lanciarli in feroci e sanguinarie campagne di conquista o di repressione militare. Gli stadi e certe palestre sono spesso i nuovi circhi, che allevano sportivi e masse di tifosi nella competizione l'uno contro l'altro. Competizione che spessissimo diventa aggressività psichica e anche violenza fisica.

E poi la COMPETITIVITÀ A SCUOLA, dove i bambini e i giovani - per fortuna meno di una volta – vengono spinti a primeggiare sugli altri.
E poi la competitività tra gruppi finanziari, la competitività tra aziende piccole e grandi. Questa orribile COMPETITIVITÀ ECONOMICA, basata sul liberista *homo homini lupus* di oggi. Al posto di una economia su basi spirituali evolute, che tenderà a fondarsi sullo scambio amoroso di beni e servizi fatto liberamente per il bene contemporaneamente proprio e dell'altro.
E poi la COMPETITIVITÀ che potremmo definire generalmente "POLITICA", che troviamo dalle nazioni ai parlamenti, ai partiti, alle correnti, fin nel più piccolo comune o circoscrizione e comitato di quartiere, fino al più piccolo condominio, associazione culturale, sportiva: una vera e propria "danza macabra" delle ambizioni egoistiche, individuali e di gruppo. Dove per competere si mente, si fanno strategie oscure, si rinuncia all'amore ed alla verità, si rinuncia al bene della gente che si dice di rappresentare o di difendere.
E poi questa esplosione di competitività antiumana, deformante del cuore e della mente, viene ENFATIZZATA IN OGNI MODO SUI MEDIA: e vediamo gare di tutto, in ogni campo. In queste gare è bravo e *viene premiato chi vince per se, non chi ama per tutti*. Il tutto organizzato con una pletora infinita di quiz, gare di bellezza, competizioni gastronomiche, gare di canto, di ballo, di miglior film, di migliore attore. Di chi la spunta in infernali trappole psichiche create mettendo un gruppo chiuso in casa per giorni, o su un'isola. Gare di tutto, proprio su tutto, tra tutti, contro tutti…

E poi…

IL CULTO VOLUTAMENTE ESAGERATO DEL PIACERE GASTRONOMICO

In questi anni sui media tutti cucinano, e quindi i ragazzi nella vita come massima aspirazione vogliono fare il cuoco... il cuoco "stellato". Così come prima volevano fare il fumettista, il musicista rock, il calciatore... Ormai ore e ore di trasmissioni in tutto il mondo dove c'è quasi sempre qualcuno che cucina, o è in gara con qualcun'altro per cucinare allo scopo di accentuare il sensorialismo del gusto. Sì l'aspetto solo sensoriale del gusto.
E infatti in quelle gare si parla per caso di qualità, di salubrità dei cibi? Sono cibi biologici? Sono cibi che non fanno male alla salute? No, si parla solo di come preparare cibi per compiacere al massimo il senso del gusto e perfino della vista, per rigonfiare ulteriormente l'anima che sente delle persone, per spingerle ancora di più al culto del piacere soprattutto sensoriale. Privo di vera coscienza.

Tanti altri elementi si potrebbero citare, che sono stati introdotti subdolamente nelle nostre culture e nel nostro stile di vita. La lista sarebbe lunghissima. Tante seduzioni o costrizioni che fanno di tutto per disumanizzare la nostra quo-tidianità: a ognuno di noi il compito di scovarli guardandosi intorno con i propri "occhiali nuovi".

Alimentazione, farmaci, prodotti industriali, droghe e nuovi stili e ritmi di vita, non solo attaccano le forze vitali che servono per i processi di coscienza, ma le stesse basi fisiche, corporee, senza le quali la vita stessa non è possibile, o fortemente limitata. Il fisico e la psiche degli esseri umani si ammalano in modo crescente. Sottoposti a mille nuove forme di aggressione.
Il risultato è che la nuova luce interiore deve fare grandi sforzi per farsi strada nelle nebbie della scarsa vitalità fisica.

Questi processi, partiti dai paesi ricchi, stanno ormai avvolgendo, attraverso la globalizzazione, quasi tutto il mondo. Una sorta di piovra soffocante cerca di bloccare la vitalità degli esseri umani proprio nel momento in cui comincia finalmente a poter essere usata come supporto di una vita spirituale piena e creativa.

Ma, anche se apparentemente non sembra, nel silenzio delle interiorità l'operazione dei risvegli continua senza soste, spesso proprio traendo ulteriore forza da tutti questi ostacoli. E' un avvenimento ineluttabile: fa parte dei grandi disegni evolutivi divini. Tutto questo agitarsi delle forze oscure è proprio perché sentono che per loro le cose non si mettono affatto bene.
A noi seguire gli impulsi migliori del nostro cuore e sfuggire alle trappole ipnotiche che ci vengono incontro nel cammino della vita.

L'ONDA MONTANTE DEL SATANISMO

Quando la situazione gli è favorevole, il "diavolo" fa finta di non esserci: si acquatta buono buono, tanto noi lo sostituiamo egregiamente nel fare le cose come le farebbe lui...
Ma è quando noi ci risvegliamo e cominciamo a liberarci dai suoi condizionamenti che le cose gli vanno male. E allora è costretto a venire allo scoperto con tutte le schiere dei propri servitori, e cerca di mostrarsi ancora più potente di quello che è. Con un gran fracasso.
Ed anche, quindi, con l'evidenza ormai lampante di una onda crescente e pervasiva del satanismo in tutte le forme di espressione umana. Alimentata da numerosi gruppi e gruppuscoli di vario tipo. Della quale ci occuperemo più avanti in un capitolo a parte.

LA DEVIAZIONE DELL'ARTE

Di enorme importanza il fatto che gli effetti pervasivi e deleteri dell'onda satanista si riversano in una grande operazione di deviazione e rovesciamento del senso e del ruolo dell'Arte: da attività di ispirazione divina per favorire la crescita umana, a offensiva anticoscienza per la bestializzazione delle masse. Anche di questo aspetto ci occuperemo in un capitolo a parte.

modifiche negative all'ambiente della Terra; la nuova "guerra per i luoghi santi".

La Terra è la manifestazione di un meraviglioso Essere Divino, che coordina le forze creatrici e le intelligenze di una quantità inimmaginabile di entità spirituali di vari livelli, da quelle più elevate a quelle cosiddette "elementari". In un lavoro enorme e complesso, in coordinamento con le forze cosmiche, che fa sì che noi esseri umani abbiamo a disposizione le condizioni ambientali migliori per la nostra evoluzione.

Nell'epoca dei risvegli il supporto della Terra, dei suoi luoghi, delle sue molteplici energie e dei suoi esseri è assolutamente essenziale. Maggiori sono le sue forze, migliori le energie e le qualità del nutrimento che riceviamo. La Natura non alimenta solo il nostro corpo fisico, ma siamo uniti a Lei in una rete di pensieri, di sentimenti, di vitalità, di energie sottili, di atomi… e di grandi forze telluriche, dell'acqua, dell'aria, del fuoco.

Quanto è importante la Terra per l'epoca dei risvegli? E' assolutamente fondamentale, è la base indispensabile per l'esperienza da fare per crescere: è solo interagendo positivamente con i nostri simili e con la Natura che possiamo crescere.

E allora le forze dell'ostacolo stanno facendo di tutto per avvelenarla, con forme di inquinamento e distruzione su vasta scala di tutti gli elementi di base: l'aria, l'acqua, il terreno, le piante, le specie animali. E stanno facendo di tutto per allontanare la nostra anima dall'antico e bellissimo rapporto con la Natura. Ormai la

Natura sempre di più, per la cultura materialista, è solo un qualcosa da sfruttare. Non una entità spirituale multiforme, artistica, colorata, profumata, saporita, meravigliosa, con la quale interagire per nutrire tutta la propria natura, dal corpo fisico ai corpi sottili.
Si cerca di rovinare l'equilibrio naturale perché si rivolga contro di noi, e di creare una estraneità, una inimicizia, tra l'umanità e la sua Terra.
Che forte sfida per la coscienza in crescita!

Ma anche in questo caso questa offensiva del male sta per converso sollecitando il risveglio di moltissime persone. Anzi, diciamo che il mondo spirituale ha forse diminuito il proprio livello di protezione e di riequilibrio dei danni che facciamo all'ambiente, proprio per indurre le nostre coscienze a svegliarsi.[10]
Numerosi movimenti ecologisti e verdi si sono sviluppati in tutto il mondo sulla spinta di un impulso che è talmente forte da essere la chiara manifestazione di un "risveglio" spinto dal cuore. Ma l'espansione di tali movimenti è certamente frenata dal fatto che la loro attenzione – oltre ad essere sempre più spesso abilmente deviata da giochi di potere – viene per lo più rivolta soprattutto all'aspetto solamente materiale delle motivazioni e delle conseguenze dell'inquinamento ambientale. La voglia di salvare, di curare il rapporto con la Terra crescerà a dismisura quando l'umanità si renderà conto di quante sono le connessioni profonde, non solo materiali, che ci legano alla Madre Terra. Certamente quando nei movimenti ambientalisti le osservazioni e le considerazioni di tipo spirituale acquisiranno maggiore importanza, ci sarà la speranza di una fiammata espansiva dalla sensibilità generale ai problemi del rapporto con la Terra. E per fortuna ci sono già diversi fermenti incoraggianti in questa direzione. Anche se il mon-

---

[10] Il lavoro di "riparazione" dei danni da noi prodotti è costante e continuo da parte degli spiriti della natura. Se si astenessero dal farlo, la Terra durerebbe molto poco. I suoi equilibri si modificherebbero in tempi brevissimi, rendendo impossibile la vita umana.

do istituzionale “verde” appare ormai quasi completamente preda dei peggiori poteri mondialisti e antiumani.

Una nuova ecologia somiglierà a un vero e proprio ritorno e rinnovamento degli antichi culti sacri della Madre Terra. Ai quali si aggiungerà la fiamma della coscienza piena.

Questa nuova ecologia spirituale si occuperà di tanti altri aspetti: di come preservare e alimentare le forze vitali sottili della Terra, degli uomini, degli animali e delle piante; di come salvaguardare e nutrire l'atmosfera psichica del mondo. Di come collaborare con il mondo spirituale per “risanare” i danni fatti e cementare un nuovo dialogo evolutivo con tutte le grandi forze spirituali che si occupano di noi attraverso la Natura, compresi i meravigliosi Spiriti Elementari. Della creazione di un nuovo Eden, nel lontano futuro; questa volta non regalato agli esseri umani, ma “fatto da loro”. Di come tenere veramente conto del fatto che la Terra è un essere vivente, dotato dei propri circuiti vitali, dei propri chakra, di particolari centri e canali nei quali scorrono flussi di messaggi e di qualità di tipo diverso. Come un grande organismo.

E quindi capire quello che le forze oscure stanno già cercando di fare a questa struttura energetica, e cercare di intervenire per preservarla.

Il risveglio su quello che c'è da fare per la Terra è una componente fondamentale del risveglio della nostra coscienza: una grande opportunità di crescita a nostra disposizione. Essere ecologisti a tutto tondo non è solamente una scelta intellettuale, o sentimentale, ma nell'epoca dei risvegli è una necessità assoluta per la crescita della nostra individualità.

Un aspetto poco considerato e quasi del tutto sconosciuto è l'attacco fortissimo in corso alla struttura “sottile” della Terra, alla sua invisibile Geografia Sacra”.

Le forze vitali naturali, sacre per gli antichi che le percepivano bene e le utilizzavano per la propria salute e per sostenere la propria vita spirituale, sono sottoposte ad una aggressione coordinata e complessa da parte di certe fratellanze oscure. Tantissimi “luoghi sacri” anche sconosciuti come tali, come boschi sacri, fo-

reste particolari, grotte, corsi d'acqua e laghi, cime di montagne sacre, cattedrali, circoli di pietre, antichi siti sacri di varie religioni, vengono scientificamente alterati. Con interventi volti a neutralizzarne le qualità positive. Per impedire a questi luoghi di sostenere i "risvegli", quelli attuali e quelli futuri.
Selve di antenne di telecomunicazioni, viadotti, gallerie, elettrodotti, perforazioni petrolifere, scavi minerari, deforestazioni, basi militari, certi interventi invasivi - "bloccanti" - nelle ristrutturazioni di edifici sacri, lo stesso uso del turismo di massa, adoperato come arma per l'abbattimento qualitativo di certi siti di grande spiritualità.
E' in corso una vera e propria guerra strisciante, una crociata "nera" per la conquista e la neutralizzazione dei "luoghi santi" della Terra. A volte persino per usarne le forze per ritualità oscure. Nessuno ne parla... È una strategia difficile da ricostruire, ma che già sta spingendo piccoli gruppi di volenterosi a intervenire con l'aiuto del Cielo. Come sempre è avvenuto nella Storia.

impulsi condizionanti volti direttamente all'interiorità umana; il coordinamento fra le forze oscure mondiali e quelle interiori

Questa strategia delle forze oscure si appoggia su una realtà spirituale profonda che è dentro di noi. Ebbene sì, anche se la cosa non ci piace, proprio dentro ognuno di noi c'è sempre, dalla nascita, un *lato oscuro*. E questo *lato oscuro* ha molto a che fare con la "maschera", la personalità che abbiamo indossato in questa vita. Con quella parte che si chiama "ego", o "io inferiore". E che non ha nulla a che vedere con la nostra vera fiammella divina, che si può definire "io superiore", o "io spirituale". Il gioco dinamico dentro di noi è tra queste due entità. Noi crediamo spesso di essere l'ego, ma in fondo non è così. L'ego è proprio l'ostacolo che il nostro spirito - il nostro vero io - ha di fronte nella vita per svilupparsi come essere spirituale. Ed è un ostacolo molto utile, perché senza questo il nostro vero io non crescerebbe.

Ormai tante persone e tante correnti di pensiero hanno capito bene che tutti i nostri problemi vengono proprio dalle tendenze e dalle prepotenze del nostro “ego” influenzato dal “Doppio”.

il nostro lato oscuro: la “quinta colonna” dentro di noi

Che tipo è questo “lato oscuro”, che alcune tradizioni chiamano “Doppio”?
E’ una “caricatura” della nostra vera essenza. E’ pieno di difetti: è egoista, predatore di tutto quello che gli passa davanti. E’ del tutto indifferente agli altri, a meno che non gli servano a qualcosa. Ma se si toccano i suoi egoismi - piccoli e grandi - è capace di covare rancore, di odiare, di aggredire, di insultare, perfino di uccidere. Insomma, una vera e propria “bestia”. Che si nutre di tutti i nostri sentimenti più bassi, che rifiuta tutto quello che ha a che fare con una coscienza elevata. In certi casi si compiace di ragionamenti freddi e razionali, che in fondo tendono a fare da alibi ai suoi vari egoismi. E’ il grande ostacolatore dei flussi di luce e di amore che dalla Rete scorrono verso e dentro di noi. Se lo lasciamo fare, lui li devia verso di sé con forza, evitando che sgorghino nuovamente dal cuore, dalla mente e dalle nostre azioni. E li fa diventare un liquido velenoso che circola ovunque dentro di noi: *l’egoismo.*
Se invece nel corso della nostra evoluzione abbiamo imparato a controllarlo, a superarlo con pensieri, sentimenti e soprattutto azioni piene d’amore, il suo campo d’azione si è progressivamente ristretto. Anche se lui è sempre lì, pronto a far sentire la sua voce, pronto a pretendere spazi appena il livello della nostra coscienza cala. Se invece abbiamo esercitato poco l’amore, e il nostro spirito non ha preso spazi sufficienti nella nostra psiche, allora il lato oscuro diventa dominante. Anche se non ce ne rendiamo conto, è lui che controlla completamente o quasi la nostra anima, i nostri pensieri e sentimenti, e le nostre azioni. Ci ha conquistato, e ci fa

fare tutto quello che vuole. Pensiamo i suoi pensieri e agiamo di conseguenza. Crediamo di essere lui.

Il fatto è che lui è anche la "quinta colonna" dentro di noi delle forze oscure mondiali. Quelle stesse forze che nel mondo, attraverso tante entità spirituali, esseri umani e organizzazioni trasversali, stanno cercando in tutti i modi di evitare, di combattere l'epoca dei risvegli. Sono alleati, vogliono la stessa cosa: impedire che il nostro spirito luminoso si risvegli, e vogliono aumentare il controllo che hanno sugli esseri umani. E si alimentano l'uno con l'altro: le forze oscure esterne predispongono situazioni che favoriscono il nostro lato oscuro nella sua lotta contro lo spirito; e lui in cambio - con le sue basse frequenze di pensieri e di sentimenti - alimenta i grandi vortici neri della Rete, che si trasformano in tragedie collettive per l'umanità.
Quindi ognuno di noi è proprio nel bel mezzo di una tenaglia: attacchi di tutti i tipi dall'esterno, che il nostro ego malintenzionato è pronto a cogliere e ad amplificare nella nostra interiorità.

Ma questo non ci deve affatto spaventare. Se proprio non ci "lasciamo andare", e ci manteniamo nel giusto cammino nel fare il Bene, è difficile che le forze oscure interiori e esterne riescano a farci più di quello che ci hanno combinato finora.
E poi la bella novità è che nella nostra epoca di "risvegli" il mondo spirituale e i risultati della nostra lunga evoluzione hanno cominciato a fornirci tutti i mezzi necessari non solo per rintuzzare gli attacchi interiori ed esterni, ma per trarne ogni volta ulteriore vantaggio, ulteriore crescita.

le contro-ispirazioni per *ostacolare* i risvegli

Cerchiamo di fare qualche esempio di come avviene questa strategia coordinata di ostacolo al nostro "risveglio" interiore.

Il lavoro comune e coordinato delle forze oscure, interiori ed esteriori, che fanno capo agli stessi, potenti spiriti negativi, mira a

darci degli impulsi contrari a quelli del mondo spirituale positivo: delle contro-ispirazioni.
Se il mondo spirituale sta facendo di tutto per farci svegliare, loro vogliono tenerci addormentati. Le contro-ispirazioni tendono a cogliere e ad amplificare una debolezza della nostra coscienza, mediante impulsi interiori e attraverso la capillare diffusione nel mondo di determinati tipi di pensieri da parte di potenti organizzazioni trasversali che applicano le strategie oscure.

Elenchiamo alcune di queste diffusissime contro-ispirazioni:

- il mondo spirituale non esiste; c'è solo quello che percepiamo con i sensi, o quello che gli strumenti scientifici fatti di materia riescono a vedere, sentire o misurare;
- dietro alle cose, agli esseri ed agli eventi non ci sono significati da scoprire; non c'è proprio nulla;
- tutto nel mondo e nella vita avviene per caso;
- l'evoluzione è del tutto casuale, priva di un disegno divino, oppure, in alternativa: l'evoluzione non c'è.
- la nostra vita non ha un senso; quello che ci capita è solo dovuto al caso fortuito;
- la Natura è una entità impersonale e casuale, priva di intelligenza, indefinita; una specie di automa a encefalogramma piatto; uno stupido totale che fa cose intelligentissime senza sapere perché.
- l'amore non è la grande forza creativa, ma un qualcosa di derivazione puramente sessuale, legato ai sensi; anche quando le forze sessuali non si sono ancora sviluppate o si sono spente, è sempre la componente sessuale che domina la scena delle nostre relazioni e del subconscio; ed è ormai diventata, nella sottocultura dominante, uno dei capisaldi della vita. Il rapporto spirituale maschile-femminile, vitale per l'evoluzione, viene del tutto cancellato e deviato in elementi puramente sensuali; in tal modo anche tutte le forze positive saggiamente in-

serite dalla natura nelle componenti dei rapporti sessuali vengono o esaltate eccessivamente ed in modo distorto, o sostanzialmente demonizzate; viviamo in una cultura che invece di mettere l'amore in tutti i settori della vita, come forza creativa, tende a metterci il sesso privo di amore, usandolo come forza sostanzialmente distruttiva;

- l'essere umano non ha una dignità di essere spirituale, divino in evoluzione, ma è un essere fatto solamente di materia e di processi chimici; e finisce con la fine del suo corpo materiale; gli effetti psichici di questa forma pensiero sono devastanti e patologici;
- il valore di un essere umano è nei beni materiali, o nei soldi, nel potere sugli altri o nelle opere che realizza nella vita. In alternativa a questo messaggio, materialista e fondamentalmente ateo, che ormai permea gran parte della società e della cultura, soprattutto in occidente, le religioni tradizionali raramente riescono ancora a fornire delle risposte adeguate rispetto ai risvegli. E in qualche modo in parte alimentano l'immobilismo e l'addormentamento. Mentre l'impulso nel cuore degli esseri umani dice che non vogliono più aspettare il mondo spirituale per dopo la morte, e nel frattempo vivere in una specie di purgatorio o inferno.

Gli esseri umani "nuovi"- quelli del risveglio - il mondo spirituale lo vogliono capire qui, lo vogliono ritrovare nella vita di tutti i giorni. Vogliono ritrovare la gioia di vivere in una vita sensata e dalle finalità positive. Essere solo creature di Dio, soggette ai suoi voleri ed ai suoi disegni imperscrutabili, non basta più. Cancellare l'evoluzione umana con le impostazioni "creazioniste", suona falso a chi si sta risvegliando. Continuare a considerare la materia, gli animali e le piante solo come un dono di Dio, e non come manifestazioni di realtà spirituali con le quali interagire e per le quali sentire una responsabilità, non corrisponde alla nuova sensibilità.

Vedere le evidenti commistioni tra religioni e poteri oscuri non è più accettabile, e certo non depone a favore dell'affidabilità spirituale di certi apparati. Crea un vero e proprio disgusto negli uomini che si risvegliano.
E poi non c'è molta differenza tra il modo materialista di affrontare la vita e quello attuale della maggior parte degli occidentali che si definiscono religiosi: i beni materiali sono sempre al primo posto, non si riconosce nell'altro un essere spirituale, e non si interpreta la vita come una serie di eventi significativi per la nostra crescita. E moltissimi "credenti" sono abbastanza d'accordo nel ritenere che tutto avvenga per caso, che la vita non abbia veramente un senso. E che poi, in fondo, "Chissà se c'è un aldilà..."
La religione viene spesso vissuta come tradizione, o come un sentimento di trasporto semiconscio verso il divino, il che è bello e importante. Ma, se non si evolve in coscienza vera di come funziona la nostra vita, ci serve a poco. Se una organizzazione religiosa tende a basare il rapporto con gli uomini solo sul sentimento che scalda il cuore, o sul "timore" di Dio... su una fede bambina e non meglio definita in qualcosa che non si conosce, vuol dire che c'è qualcosa che non va. Il futuro del rapporto con il mondo spirituale è tutto nel riconoscerlo all'opera in noi, in tutti i fatti ed in tutti gli esseri del mondo. La "fede" dell'epoca dei risvegli ha un senso solamente se non è cieca, ma se è "fiducia" cosciente nelle nostre capacità di scoprire lo spirito ovunque e di partecipare attivamente ai suoi disegni. E non per un sentimento oscuro e sognante, ma perché con le nostre esperienze di vita abbiamo finalmente compreso da soli, con il cuore e con la mente, che è proprio così.

Enormi apparati culturali, mass media, scuole, università, case editrici, si fanno portatori di queste contro-ispirazioni in qualche modo tutte avvolte da una spessa aura materialista.
Sono i grandi poteri oscuri che manovrano per la diffusione capillare di queste contro-ispirazioni, che diventano il clima cul-

turale nel quale tutti siamo immersi, e che il nostro lato oscuro è prontissimo a cogliere. Perché lo lasciano libero di essere egoista, e tengono lontana la nostra essenza spirituale di luce, che può farsi strada solo se in noi ci sono pensieri e sentimenti di tipo del tutto differente.

Menzioniamo ancora altre contro-ispirazioni:

- è del tutto inutile cercare di dare un senso a quello che ci capita, agli incontri, ai dolori, ai piaceri, ai rovesci della vita; nulla ha un senso, bisogna solo accaparrare quanto più si può e sperare nella fortuna; il nostro pensiero non è in grado di afferrare nessuna verità, perché la verità non esiste; il pensiero è "debole", senza speranze di capire;
- se sentiamo impulsi di amore dentro di noi, bisogna ragionare freddamente su quello che conviene, e non lasciarsi andare ad inutili sentimentalismi; il cuore non ha una propria intelligenza: è solo una pompa;
- se abbiamo delle sensazioni, delle immagini, delle visioni, delle premonizioni, sono solo giochi della mente: non gli dobbiamo dare alcuna importanza, non dobbiamo assolutamente cercare di approfondirne il senso; solo qualcuno con problemi mentali cercherebbe un senso dove assolutamente non ci può essere;
- l'unica cosa che conta sono i beni materiali: non esistono beni spirituali; quindi, se cerchiamo l'amore, che sia quello sensuale; se vogliamo il bene per noi, che siano comodità o beni che appagano i nostri sensi, o anche il nostro gusto estetico; il denaro è il nostro obiettivo principale;
- per avere i beni materiali, i piaceri, tutto quello che la nostra cultura considera importante, bisogna darsi molto da fare. Devi partecipare assolutamente alla grande competizione per assicurarti tutto quello che rende piacevole o comoda la vita. Ma per farlo devi correre, correre, correre

tutto il giorno. Va bene così: non c'è bisogno di fermarsi a pensare al senso di questa corsa continua, perché non c'è proprio niente da pensare.

- il dolore, la malattia, la visione e il pensiero della morte sono da rifuggire; non insegnano nulla, sono solo una sofferenza da evitare in tutti i modi;
- il potere sugli altri uomini, una posizione di prestigio che ci consenta di disporre degli altri, è un obiettivo prioritario, che ci "realizza"; così come il conseguimento o il mantenimento di un "patrimonio", o di una esistenza sufficientemente "comoda";
- ci ripaghiamo dalla fatica della vita, dalle cose che non ci piacciono, solamente con l'effimero: viaggi, hobbies, bei vestiti, auto, barche, bei locali, musica, sport, divertimenti. Nella vita non c'è altro di cui parlare. Non c'è altro cui aspirare. E intorno l'offerta di effimero promossa con grande profusione di risorse dai gruppi oscuri è enorme, eccitante, ipnotica;
- si deve cercare il massimo di bellezza fisica; non esiste una bellezza interiore da perseguire e da coltivare, ma solo una materiale; con creme, plastiche, interventi vari; tutti i ricchi e i famosi lo fanno: vuol dire che è il meglio;
- le risorse della Terra vanno sfruttate al massimo per il nostro benessere economico; non ci vogliamo occupare dei danni all'ecosistema, o possiamo pensare che non ci siano danni seri, e che andrà comunque tutto bene;
- non esiste un sistema di potere oscuro ramificato che controlla il mondo; la realtà è come ce la presentano i mass media;
- non ragionare con la tua testa; non ascoltare il tuo cuore: da solo non ce la puoi fare a capire quello che non va o quello che è bene per te; quello che dicono gli altri, quello che fa la maggioranza intorno a te è la cosa giusta. Non

dare retta alle tue sensazioni e ai tuoi pensieri: sono giochi della mente. Quello che va bene agli altri andrà bene anche per te!

Anche qui abbiamo fatto solo un elenco parziale. Quello completo sarebbe lunghissimo, ed è compito di ognuno scoprire l'elenco delle contro-ispirazioni, esterne ed interiori che lo circondano e lo riguardano. I poteri oscuri hanno a disposizione tutti i mezzi per diffondere queste forme di pensiero: i mass media sono pressoché tutti ormai nelle loro mani. I messaggi pubblicitari e culturali fanno parte della stessa strategia.
Ne viene fuori una società competitiva e senza cuore, che tende a "massificarsi", a passivizzarsi dietro a mode e parole d'ordine. Che si occupa quasi esclusivamente di cose effimere e superficiali, che lascia quelle "importanti" agli altri. Che insegue miraggi abilmente costruiti, e non si accorge di vivere nel deserto dell'anima.

Nel condizionarci ad accettare che quello che va bene per gli altri va bene anche per noi, diventa poi facile per il potere "confezionare" quello che va bene per tutti. E imporcelo come se fosse una cosa buona per noi. Infatti non sappiamo mai bene da dove nasce una moda, una parola d'ordine, una tendenza: sappiamo so-lo che ce le troviamo intorno e che tante pressioni ci inducono a seguirle. Senza pensare con la nostra testa e sentire il nostro cuore.

Anche l'accelerazione competitiva impressa ai nostri ritmi di vita, ormai del tutto alienanti, tende a toglierci il respiro interiore, a non darci il tempo per ascoltare il cuore e la mente con la calma necessaria a elaborare i nostri pensieri ed i nostri sentimenti. Si vuole impedire ai nostri strumenti interiori di funzionare, perché in noi esistono tutte le facoltà per scoprire le menzogne e le manipolazioni delle forze oscure.

Ormai la vita di tantissimi esseri umani è sempre più fatta di lavori intensi e prolungati, di attività frenetiche, di spostamenti difficili, di complicazioni di vario tipo, dalla mattina alla sera. E poi gli spazi liberi, nei quali si ha giustamente voglia di "distrarsi" vengono sempre più spesso riempiti, a seconda delle fasce di età, di videogames, di televisione e di computer. Strumenti seduttivi portatori di elementi piacevoli, di apporti informativi e culturali spesso utili, ma anche di tecnologie passivizzanti delle forze psichiche e vitali, di contenuti manipolati, di realtà virtuale. Che creano ulteriore svuotamento delle forze vitali e stati ipnotici dell'anima. E' il solito tranello:

> "Vuoi un paio di ore piacevoli? Che ti consentano di rilassarti? Vuoi essere informato sui fatti del mondo o su altri tuoi interessi? Allora accendi l'apparecchio, e ti darò quello che vuoi, ma in cambio devi vendermi un pezzo delle tue forze vitali e psichiche..."

E anche in questo caso, per superare l'ostacolo, dobbiamo moltiplicare ulteriormente le nostre forze di coscienza. Decidendo lucidamente e consapevolmente di farlo. E quindi, usando pienamente la nostra consapevolezza, possiamo noi prendere in mano il nostro rapporto con questi strumenti usandoli "per amore", per aiutarci ad agire nel mondo per il Bene.

Proprio questo sta avvenendo a ritmi crescenti. Sempre più persone stanno sviluppando una visione autonoma più limpida, e si concedono maggiori tempi di riflessione: decidono di spegnere il televisore o il computer o di buttarli, per utilizzare il tempo in altro modo. Oppure di usarli in modo più intelligente, maggiormente attento alle manipolazioni, funzionale a qualcosa di buono, cercando di discriminare quello che è veramente utile dagli attacchi alle proprie forze di coscienza. Tanti genitori cercano in tutti i modi, sia pure tra mille difficoltà, di allontanare i propri figli dalla tv o dai computer, proponendo modi migliori per passare il tempo in modo utile e piacevole. O aiutandoli a usare questi strumenti solo limitatamente a ciò che è veramente utile.

Nelle contro-ispirazioni che spingono ad apprezzare le cose materiali, le bellezze e le "dolcezze" della materia, bisogna fare una distinzione importante. Per non cadere in queste trappole non bisogna fustigarsi e rifiutare tutti i piaceri e le bellezze del mondo. Perché queste sono lì apposta per noi. Ma è utile considerare che le abbiamo a disposizione per goderne come belle manifestazioni dello spirito. Nell'ambito di una vita intessuta di valori elevati. E non perché diventino l'unico obiettivo, materiale ed egoistico, della nostra esistenza. Ma perché il farne uso in modo saggio e moderato costituisca anch'esso uno strumento di crescita, e certamente non il solo fine della nostra vita.

le contro-ispirazioni per *deviare* i risvegli

Le forze dell'ostacolo sono astute e previdenti. E già sanno che la forza dei risvegli è a lungo andare incontenibile. Quindi sanno che tutte le tecniche di contro-ispirazione che tendono a far passare l'epoca dei risvegli senza che ce ne accorgiamo, sono prima o poi destinate a risultare insufficienti. E già ora, per una parte dell'umanità, piccola ma in forte crescita, sono molto meno influenti.

Ed ecco che una particolare alleanza di forze oscure ha già adottato una serie di strategie rivolte proprio a chi è nella prima fase dei risvegli.

E allora c'è anche un altro tipo di contro-ispirazioni, alle quali anche chi è in fase di risveglio è molto meno preparato.

Fanno parte di una strategia nuova e diversa: non combattere i risvegli direttamente e frontalmente, ma accogliere e facilitare i primi impulsi positivi, per poi deviarli. Mandare a vuoto l'occasione in un altro modo: deviandola verso direzioni sbagliate. Assecondare la crescente forza del cuore del "nemico bianco" per farlo cadere in un altro modo. Come si fa in certe tecniche di combattimento orientali...

Ed ecco allora alcune contro-ispirazioni tipiche di questa particolare operazione:

- ✓ *il mondo spirituale esiste, certamente, ma è da ricercare dentro di noi*, solo dentro di noi, dove è la nostra essenza divina; non nel mondo esterno, nella vita quotidiana. Per sconfiggere il dolore dobbiamo ritirarci in una sorta di Nirvana; in una qualche estasi spersonalizzata, dove le brutture esterne non entrano, dove i sensi hanno perso importanza e tutti gli impulsi dell'anima vengono assopiti. Questo è un vero e proprio "distacco dal Mondo", che non ci fa avanzare di un passo, come esseri spirituali. Mentre noi siamo invece venuti qui sulla Terra proprio per evolverci interagendo al massimo col mondo materiale, con gli impulsi dell'anima e con le spinte dei sensi; ce li abbiamo proprio per questo.
- ✓ il lavoro per la nostra crescita interiore personale, o per la nostra "vera" salute, è talmente forte e importante, che possiamo anche dimenticare il resto; gli altri, i fatti della vita, i dolori, sono pesanti incombenze da lasciare indietro, o fuori dalla nostra ricerca interiore; *la meditazione, i seminari, le varie pratiche spirituali, la preghiera, sono il nostro rifugio in un mondo migliore*; dal quale dispiace uscire; l'ideale sarebbe poterci stare sempre, lontano dalle sofferenze delle cose materiali. Un rifugio in *un mondo che non esiste*: quello reale rimane comunque fuori ad aspettarci. E prima o poi dovremo riaffrontarlo, immancabilmente!
- ✓ per crescere spiritualmente *bastano delle facili tecniche*. E' sufficiente qualcuno che ti dia un mantra da recitare o una facile "iniziazione", oppure qualche maestro che ti tocchi la testa, o delle specifiche posizioni del corpo, o dei movimenti particolari. O usare degli allucinogeni chimici o sciamanici. Oppure è sufficiente entrare in *"stati alterati di coscienza"*; e allora basta il giusto tipo di meditazione o di tecnica per entrare in contatto con il "tutto è uno", con l'intelligenza universale indistinta. Ed essere così illuminati dalla Verità. La fisica quantistica – usata spesso a

sproposito come strumento per affermare tutto e il contrario di tutto - dimostrerebbe questa confortante impostazione. Ecco, questa è una delle principali contro-ispirazioni spirituali, sostenuta e diffusa da grandi centri di potere. Diversi gli elementi devianti di questa impostazione: non è la vita reale maestra di crescita, ma lo sono degli stati alterati di coscienza, praticamente delle fughe dal mondo. Che comunicherebbero direttamente verità che non sono frutto di una crescita interiore attraverso il rapporto faticoso e non casuale con la vita, ma di una giusta "tecnica". Alla quale si può accedere senza alcuna vera preparazione e maturazione interiore. E per di più la diffusione della falsa idea che, connettendosi a una dimensione sottile, questa sia sempre "buona" e positiva. Tacendo completamente sul fatto che il Mondo Spirituale è complesso e fatto di forze positive, ma anche di esseri fortemente impegnati a illuderci e ad ostacolarci. Il tranello è pericolosissimo perché, quando si entra in contatto con quelle dimensioni sottili che si chiamano astrali, si attraggono forze ed esseri di qualità positive o negative a seconda dello stato più o meno "buono" della nostra interiorità. *Usare anche solo la tecnica meditativa, senza una adeguata crescita interiore, può mettere in contatto con potenti e pericolose spiritualità manipolatrici*. Che poi si servono come strumenti delle persone che inconsapevolmente ed inadeguatamente hanno aperto loro la propria interiorità. Chiaramente queste contro-ispirazioni sono diffuse proprio da quei potenti e negativi esseri spirituali che dominano i circuiti di potere che le diffondono;

✓ *"ho trovato un bellissimo percorso spirituale; oppure un grande maestro... Bene! Finalmente ho trovato la Verità. I fatti della vita entrano tutti benissimo in questo schema nuovo che ho trovato e allora mi ci affido completamente! Gli altri percorsi spirituali non sono assolutamente belli e luminosi come questo. Vuoi mettere il mio Maestro con gli altri? Mi piace proprio questa via, perché mi ha fornito alcune risposte validissime che ho sperimentato. E allora quello che il Maestro dice sarà sicuramente vero anche quando io non lo capisco, non lo afferro bene, non lo sperimento: mi affido completamente nelle braccia delle sue parole o della sua dottrina. Ne divento un fedele seguace, perfino un missionario. Ho trovato gli occhiali giusti per vedere le cose e non ne voglio assolutamente provare altri. L'idea di ricominciare da capo mi disturba."*

Questa contro-ispirazione è molto diffusa nell'attuale panorama della ricerca spirituale. E si basa su un tipo di risveglio ancora giovane, che rischia di ricadere inconsciamente nel vecchio rapporto di dipendenza, in qualche modo molto rassicurante, con una qualche autorità religiosa. Praticamente nessuna via spirituale "organizzata" sfugge a questo problema. Il modo per tenersene lontani è quello di non legarsi mai a quello che non comprendiamo e sperimentiamo veramente per intero. Ma di rimanere liberi e lucidi il più possibile, nel pensare che la verità è un cammino, è una luce in fondo al tunnel dell'evoluzione, che vedremo per intero solo quando ne saremo fuori; che chiunque si veste di carne non ha tutta la verità. Chiunque... E che tutto quello che ci passa vicino lo fa per portarci più vicini alla verità. Nulla di quello che non a caso ci passa davanti è da scartare senza averlo vissuto, senza averne tratto un insegnamento.

Queste differenti contro-ispirazioni vengono colte da un diverso lato oscuro della nostra interiorità, che in genere è in contrasto con il precedente, il cui fine è di portarci, di deviarci in un mondo completamente "illusorio", di farci perdere il contatto con la realtà. E quindi di farci mancare in modo diverso le occasioni per le quali siamo venuti ora sulla Terra: trovare lo spirito nella vita materiale e darle un senso spirituale con le nostre azioni. Queste differenti ispirazioni stanno già creando molti problemi nel campo dei “risvegli”, dove riaffiorano, sia pure mascherate, le tendenze di fondo usate per condizionare la libertà interiore:

- la materia è ancora presentata come separata dallo spirito;
- si finisce comunque per avere fede in quello che non capiamo interamente;
- si finisce nuovamente in credenze strutturate e si evita ancora di fare riferimento solo a se stessi e alla propria esperienza nel rapporto con la vita e con il divino;
- il maestro, o una certa dottrina, è pur sempre il vecchio principio di “autorità”, sia pure “spirituale”, nel quale rifugiarsi senza discutere, senza pensare troppo, senza crescere di luce propria.

Per le forze oscure l’emergenza risvegli è tale che le due tendenze del Male, in genere in lotta tra loro, trovano nella nostra epoca singolari e continue alleanze. Perché hanno in comune l’esigenza di non farsi scappare gli esseri umani in risveglio.

Ed ecco che allora enormi organizzazioni di potere hanno cominciato da tempo ad attivarsi per incanalare e sostenere gli impulsi al risveglio spirituale, per diffondere e coltivare anche queste ultime contro-ispirazioni. Organizzazioni connesse ai circuiti e ai club mondialisti, alle Nazioni Unite, a grandi gruppi pseudo-spirituali, a certi ordini religiosi, alla grande finanza.

La strategia è molteplice e ramificata, e abbraccia i mass media, l’editoria, il sorgere di nuovi gruppi spirituali, religiosi, esoterici, il riemergere di vecchi fantasmi. Grandi intelligenze oscure sono al lavoro per incapsulare, intrappolare e mandare nelle direzioni sbagliate il desiderio crescente di spiritualità.

Inoltre, mentre le nostre guide conseguono ogni giorno nuove “iniziazioni” alla visione del mondo spirituale, i gruppi oscuri stanno allargando una rete di sette e gruppuscoli dove si praticano ritualità di magia nera.

Riti nei quali si fa ricorso a simboli spirituali e formule potenti, da utilizzare per fini antiumani. E' la creazione di gruppi di servitori fidati parzialmente disumanizzati. Si tratta di vere e proprie contro-iniziazioni che portano a muoversi in un mondo spirituale oscuro. Dove l'essere umano non è uno spirito in evoluzione, ma uno schiavo da tenere al buio. Solo apparentemente ben retribuito con denaro, onori e poteri materiali politici, finanziari, industriali, religiosi.

interventi negativi nelle trame della vita e sul flusso degli eventi

Le forze oscure non hanno mano libera nell'intervenire nei nostri percorsi di vita. In questo ambito la "precedenza" assoluta ce l'hanno le guide "bianche".

Gli spazi per le operazioni delle forze oscure li creiamo noi con le nostre immaturità. Altrimenti non esisterebbero. Quando le nostre guide vedono che nella nostra vita ci fermiamo, ci blocchiamo, perdiamo la strada della nostra crescita, quando vedono che continuiamo a contrarre il flusso d'amore che ci passa dentro, cosa fanno per aiutarci?

Lasciano che le conseguenze di quello che abbiamo combinato ci tornino addosso, per farci comprendere cosa succede a prendere strade sbagliate. Questo avviene sul piano materiale e sui piani sottili.

Se ci ostiniamo a prendere droghe, sia pure quelle erroneamente spacciate per "leggere", o a bere abbondanti dosi di alcool per anni, l'intelligenza soprasensibile propria del nostro corpo ci protegge. Ma lo fa fino a un certo punto, oltre il quale lascia che i risultati delle nostre azioni incoscienti ci tornino addosso sotto forma di malanni, psichici e fisici. Lo stesso avviene per la psiche: se ci ostiniamo a non vedere il senso spirituale di quello che ci capita, e a comportarci in modo egoistico, avremo varie opportunità di cambiare strada, finché un giorno capiterà un fatto della vita, magari drammatico, per smontare le false certezze precedenti, nella direzione di mostrarci dove abbiamo sbagliato, per farci comprendere un po' alla volta che è l'Amore l'unica cosa che conta e non l'egoismo. Per mostrarci come ci si muove nella Rete d'Amore dell'umanità.

Le nostre guide spirituali lasciano allora libere le forze dell'ostacolo di farsi portatrici e organizzatrici degli effetti negativi delle nostre contrazioni, delle quali queste stesse forze si sono nutrite. Ci mettono di fronte determinati ostacoli, che in genere producono situazioni di dolore, di sofferenza, attraverso le quali possiamo capire che nel nostro comportamento c'è qualcosa che non va. E allora ci arrivano malanni, rovesci di fortuna, ecc.

A livello collettivo, dal piccolo gruppo alla situazione internazionale, è la somma degli egoismi, dei pensieri, dei sentimenti e delle volontà negative che genera effetti negativi collettivi, che vanno oltre l'individuo. Questi effetti negativi, come i "dolori" di gruppo generati da violenze, guerre, stragi, pandemie, catastrofi naturali ecc., vengono gestiti dalle forze oscure utilizzando quelle stesse forze negative che le somme degli egoismi dei vari gruppi umani, nella Storia passata e nel presente, mettono a loro disposizione.

Anche nell'ostacolare i risvegli, le armate nere utilizzano forze negative che derivano dall'insieme delle nostre mancanze d'amore del passato. E' il grande meccanismo del karma, che regola in modo perfetto la nostra vita individuale e quella internazionale, offrendoci ogni volta la possibilità di imparare a correggere con la coscienza quello che incoscientemente, per mancanza di maturità, abbiamo sbagliato nel passato. [11]

Diciamo allora che le guide spirituali dell'umanità lasciano che le forze oscure abbiano campo libero, naturalmente in modo "vigilato" e non totale, utilizzando le forze negative che noi stessi abbiamo prodotto. Perché così impariamo con il tempo e con l'esperienza, a non produrne più e a capire che invece di predare, di

---

[11] Per un maggiore approfondimento del tema del Karma, vedi il libro "Cos'è il Karma?" dello stesso autore. Edizioni Il Ternario 2005.

distruggere e provocare dolore, potremmo cercare di imparare a dare un senso alla vita e a creare una realtà migliore.

I disastri, le stragi, i genocidi, il terrorismo, le guerre, i terremoti, gli uragani, i virus, il Male in genere, traggono forza dalla somma delle nostre azioni negative, sia sul piano fisico che delle dimensioni soprasensibili. Siamo noi i soli carnefici di noi stessi, siamo noi che forniamo alle forze oscure i motivi, gli spazi e le energie per creare grandi vortici di odio, di paura e di violenza nel mondo. E poi questi vortici oscuri, che fanno ammalare vaste zone delle Rete d'Amore, diventano per noi grandi ostacoli per la crescita spirituale. Superando questi ostacoli con la coscienza, il loro senso finisce, e loro svaniscono.

Con la luce le forze oscure arretrano...

Non possono fare altro.
Noi siamo i carnefici e noi soli
i salvatori di noi stessi.

Non possiamo prendercela con nessuno! E in effetti ci evolviamo proprio imparando a salvarci da noi stessi.
Le forze oscure hanno quindi i limiti della quantità e qualità dell'egoismo collettivo dell'umanità. Così come dentro di noi si possono muovere solo entro i confini del nostro egoismo individuale. Non possono andare oltre: il loro compito nel più ampio Piano Divino è quello di provocarci a superare i nostri ostacoli interiori e collettivi, nulla di più.

Dal punto di vista operativo le forze anti-coscienza, attraverso le potenti organizzazioni di cui dispongono, e i terminali che hanno nei lati oscuri di ognuno di noi, tendono a creare zone di contrazione della rete. Il loro obiettivo è quello di fare in modo che in vaste aree l'odio, la paura, il dolore, l'ansia, il panico, la disperazione, rendano difficile lo scorrimento delle forze luminose della coscienza.

Nella nostra epoca le varie strategie internazionali "nere" mirano a questo, e a rafforzare e nutrire un sistema di potere che consenta di mantenere una forte pressione contraria ai risvegli.

Tutte le grandi crisi, nazionali ed internazionali, hanno alla base questo elemento. Che poi vengano gestite da vari gruppi o individui per fini personali di vario tipo, come il potere, i soldi, o altro, ha a che vedere con un meccanismo di manipolazione proprio del modo di gestire le strategie oscure, del quale ci occuperemo nelle pagine successive.
Ma per comprendere come funzionano le strategie del Male, occorre partire dalle radici del problema, non dalle fasi successive intermedie. Altrimenti l'umanità rischia di non cogliere mai per intero l'opportunità di insegnamento che deriva da queste gravi e dolorose crisi internazionali.
Infatti se partiamo da motivazioni intermedie, come quelle economiche, politiche, sociali, di potere, e non da quelle originarie vere, che hanno a che fare essenzialmente con le nostre contrazioni delle forze d'amore, cercheremo sempre soluzioni parziali e del tutto insufficienti.

E' come quando vogliamo curare una malattia psicosomatica con dei farmaci: possiamo forse anche guarirla in un certa parte del corpo, ma poi quella ricompare puntualmente, nello stesso posto o magari da un'altra parte, perché aveva una origine animica ed una finalità spirituale che noi, in questa cultura materialista, proprio non abbiamo considerato. E nemmeno immaginato.

Qualcuno vorrà risolvere tutti i problemi internazionali con l'economia, qualcun altro con la politica, o con la forza militare, o con delle riforme sociali. Sì, tutto bene - o male, a seconda delle opinioni - ma così si manca totalmente il sistema vero per affrontare le piccole e grandi crisi: trovare i modi per immettere nuovamente flussi d'amore nelle aree di contrazione e nelle zone della Rete dalle quali partono le energie negative che le alimentano.

E questi modi possono anche essere economici, sociali, politici, ma hanno a che fare con forme di economia amorevole, riforme sociali e politiche basate sull'amore saggio e illuminato dalla coscienza. Adottando questa nuova ottica non sarà mai possibile imporre soluzioni con le armi, o promuovere politiche economiche o sociali che sacrificano qualcuno a vantaggio di altri. E non sarà più possibile che nuovi e vecchi demagoghi illudano le masse – come tuttora accade - che odiando qualcuno, una casta o una classe, dal non amore possa venire fuori qualcosa di buono.

> Delle grandi "flebo" di Amore luminoso inserite in tutti i settori, ecco cosa occorre per riportare vitalità nelle zone oscure delle Rete.

Questo è quello che dovremo imparare ad usare. Noi abbiamo creato i malanni della rete, e sta proprio a noi produrre, singolarmente e collettivamente, l'"Acqua Viva" dell'Amore in quantità e qualità sufficienti a riportare le potenzialità della Rete al massimo.

E' ancora presto per arrivare a questo risultato, ma questa è la strada che sempre più persone stanno imboccando.

lo sbarco sulla Terra di ondate di spiriti dell'ombra

Così come le forze spirituali positive hanno fatto in modo di far arrivare sulla Terra in questa epoca un numero crescente di spiriti umani particolarmente evoluti, le forze oscure hanno contemporaneamente spinto sulla Terra ondate di spiriti negativi. Molti degli spiriti umani che nel passato hanno avuto un ruolo importante nelle strategie del Male sono ora presenti nell'umanità. All'opera per contribuire alle strategie oscure.
Secondo Rudolf Steiner, non si tratta solo di esseri umani, ma anche di legioni di spiriti negativi, di esseri oscuri alieni che, già a partire dalla seconda metà del diciannovesimo secolo, hanno

cominciato ad arrivare nella dimensione terrestre, nelle stesse interiorità umane, per cercare di bloccare l'epoca dei risvegli. Le loro operazioni hanno portato a catalizzare le forze egoiste umane in grandi vortici distruttivi. Veri e propri genocidi come quelli scatenati dalle guerre mondiali, dal nazismo, dallo stalinismo, e poi in tanti altri scenari come le stragi in Cambogia, in Bosnia, in Medio Oriente, in Africa... O come le bombe atomiche di Hiroshima e Nagasaki, o la recente tendenza a coinvolgere nelle guerre e nel terrorismo numerosissime vittime civili. La presenza di questi esseri, culminata con l'arrivo dello stesso Satana-Anticristo, è un fattore decisivo, di enorme oscurità, ma consentito dalle forze spirituali "bianche" per indurci per reazione a un possibile salto luminoso più forte: la nostra Vittoria sul Male.

Il livello della loro libertà di azione dipende solo da noi. L'enorme "evidenza" dei loro impulsi malefici è una forte spinta per noi alla crescita della coscienza. E' una grande occasione di risveglio, da cogliere per non rendere inutili le decine di milioni di morti e le immani sofferenze legate a questi fenomeni.

Quante coscienze hanno cominciato a riflettere: quanti impulsi pacifisti, quanti impulsi alla solidarietà sono stati suscitati dalla visione di tanto Male.

Nel futuro, quanto più ci risveglieremo, minori saranno gli spazi lasciati alle forze oscure.

E' il nostro risveglio – concretizzato in azioni d'amore cosciente – la grande possibilità positiva nelle nostre mani per ridurre drasticamente gli spazi operativi delle forze del Male.

6

L'ONDA MONTANTE DEL SATANISMO E COME VINCERLA

L'onda dilagante del satanismo alimentata da schiere di "potenti posseduti e schiavizzati"; lo "sdoganamento" di Satana; la proliferazione delle pratiche di magia nera; il ruolo di Aleister Crowley, la Bestia 666; le forme pensiero di base del satanismo contemporaneo; il rafforzamento delle parti inferiori dell'anima; gli influssi nei vari settori: politico, finanziario, economico, culturale, artistico, pedagogico, sanitario; sesso e satanismo; la risposta delle coscienze: la nostra risposta vincente.

l'onda dilagante del satanismo alimentata da schiere di "potenti schiavizzati" posseduti da esseri del Male

La presenza di culti demoniaci o satanici è antichissima, in svariate forme, ed è stata presente in tutte le culture del mondo.

Anche nella nostra epoca il fenomeno, alimentato da spiritualità che svolgono un compito antiumano, si sviluppa attraverso individualità votate al Male, e in primo luogo attraverso gruppi settari spesso segreti o semisegreti, guidati da veri e propri maghi neri di vari livelli.

Siamo ora giunti ad una situazione nella quale i vertici istituzionali dei principali settori culturali, politici, scientifici, economici e finanziari di tutto il mondo sono quasi tutti pesantemente infiltrati e condizionati da schiere di veri e propri satanisti. Che difficilmente si mostrano come tali, ma che fanno parte o hanno connessioni di dipendenza – come vedremo più avanti – con gerarchie spirituali oscure antiumane.

È questa una verità che si fatica a immaginare, ma che corrisponde a una pesantissima realtà. Che si può ricavare anche osservando con attenzione i frutti e le direttrici delle operazioni sataniste ormai visibili in tutti i contesti sociali.

Potremmo dire che tutte le strategie anti-risveglio che stiamo esaminando sono guidate e dirette, nei loro vertici e per la parte umana - da veri e propri satanisti. Più avanti vedremo come e perché questo avviene, quando esamineremo le gerarchie ed i funzio-namenti delle piramidi oscure.

Una grande, terribile operazione antiumana è quella di prendere e mantenere il controllo dei vertici delle grandi organizzazioni mondiali, statali, culturali o finanziarie, attraverso la formazione di sette, di gruppi nascosti alla vista dell'opinione pubblica, nei quali vengono scelti, filtrati e condizionati gli uomini di potere da distribuire nei vari contesti.

Li si fa entrare, in cambio di potere terreno e di denaro, in apposite consorterie, in apposite logge sostanzialmente sataniste, nelle quali si opera, anche in modo rituale magico, un vero e proprio

abbassamento morale degli uomini scelti come burattini del potere. Per renderli manipolabili e ricattabili.
Grandi carriere e grandi patrimoni vengono garantiti a persone intelligenti, ma con forti abiezioni morali, che vengono ulteriormente accresciute in ambiti settari. Il che significa in pratica rendere questi individui fortemente posseduti da esseri astrali inferiori, e quindi teleguidati sempre di più come veri e propri automi. Con l'esca e la promessa del potere e della ricchezza li si fa entrare in gruppi e logge sottoposte a rigidi e infernali principi di autorità. Apparentemente per renderli ricchi e potenti, ma in effetti per trasformarli in veri e propri schiavi di poteri profondamente antiumani ai quali hanno letteralmente venduto l'anima. E per conto dei quali sono, in quanto privi di cuore e di libera coscienza, in grado di compiere senza scrupoli le peggiori strategie e operazioni antiumane.

Questi gruppi si alimentano di ritualità che li mettono in contatto, e in una condizione di vera e propria "dipendenza", con spiriti del basso astrale. Per poi essere in grado di spargere efficacemente nel mondo veleni anti-coscienza, sotto forma di pensieri errati, bassi sentimenti e azioni dannose per chi le fa e per chi ne è l'oggetto.

lo "sdoganamento" di Satana

Da oltre un secolo, proprio per ostacolare il grande fenomeno del risveglio, il satanismo è stato volutamente ampiamente diffuso anche a livello di massa, in varie forme. Alcune evidenti, altre dissimulate nelle forme culturali, estetiche, nelle abitudini sessuali, nell'arte, nei modelli di comportamento.

Cerchiamo allora di capire meglio che cosa è il satanismo.
Vediamo…
Chi lo ha inventato?

Si parla di vari personaggi, ma in effetti la risposta è semplice: è stato lui Satana, o Arimane. Sì proprio lui, l'essere spirituale dell'ostacolo, l'essere che frena il risveglio umano spingendo gli individui e la società verso i soli beni materiali, verso la dittatura dei sensi fisici, verso la predazione, il dominio dell'uomo sull'uomo, la meccanizzazione, digitalizzazione ed elettromagnetizzazione dell'essere umano e del suo ambiente, il culto della ricchezza economica come strumento del proprio ego e di potere, la deviazione ed il sovvertimento delle forze d'Amore.

Una volta l'umanità era spaventata dal demonio, tranne gli individui che chiedevano il suo aiuto contro qualcuno o per ottenere qualcosa di egoistico, o che pensavano di conquistare un forte alleato. Ma ormai da tempo, e soprattutto negli ultimi decenni, si tende a "tranquillizzare" la gente rispetto a tutto ciò che è demoniaco. E lo si fa in tanti modi che tendono a "sdoganare" gli esseri del Male, per non temerne più le forme, le idee, i sentimenti depravanti, le strategie antiumane. E determinati elementi vengono introdotti volutamente anche in forme apparentemente innocue: pop, rock, folkloristiche, ludiche, artistiche, di moda vera e propria. Forme volte proprio allo sdoganamento degli spiriti antiumani. Coinvolgendo tutti, anche i bambini, come accade ad esempio con la festa di Halloween, nella diffusione di forme oscure connesse all'elemento satanico, o con giochi, video e cartoni nei quali la violenza e l'aggressività vengono progressivamente mostrate come "normali", e persino "apprezzabili".

Ecco cosa dice a proposito di Halloween uno dei più noti adoratori del diavolo del secolo scorso, Anton LaVey, fondatore della "Chiesa di Satana":

> "Sono lieto che i genitori cristiani permettano ai loro figli
> di adorare il diavolo almeno una notte all'anno"

E l'essere satanico del Male, insieme agli spiriti che da lui dipendono, non ha inventato solamente una moda un po' oscura e dila-

gante, considerata nella nostra cultura come un qualcosa di quasi ludico ed innocuo. Ha fatto molto di più: ha potuto diffondere subdolamente - ma in modo pesante ed efficace - le sue forme pensiero devianti, le sue pulsioni egoistiche e sensoriali, il suo violento e aggressivo *homo homini lupus*, le sue spinte meccanizzanti, le sue crociate contro la Bellezza. E lo ha fatto e lo fa con tutta l'astuzia, la prepotenza, la cattiveria e la malignità possibili.
Ma sempre con un limite: il preciso limite deciso dalle forze spirituali bianche superiori, che è quello di poter fare solamente quel male, quella quantità e quella varietà di male che poi si possa tradurre in una reazione di crescita da parte nostra, come individui e come genere umano.

la proliferazione delle pratiche di magia nera

Non pochi individui e vari gruppi sono stati poi ispirati, dai propri lati oscuri interiori e dal proprio egoismo, a sviluppare diverse ritualità magiche "nere", attraverso le quali cercare di ottenere l'aiuto di entità spirituali per perseguire in modo accentuato e amorale i propri fini egoistici di vario tipo: ambizioni personali di ricchezza, ambizioni politiche, accentuati piaceri come il sesso puramente sensoriale ed egoistico. E perfino l'aberrazione di provare e ricercare il piacere deviato di fare del male psichicamente e fisicamente ad altri esseri umani e bambini.

E poi vere e proprie aggressive operazioni magiche di condizionamento di persone da indebolire e manipolare o che rappresentano ostacoli alle proprie ambizioni e alle proprie operazioni oscure. Operazioni molto più diffuse di quanto si pensi - anche in un'epoca materialista come la nostra, che nel linguaggio comune si definiscono spesso "fatture". Presenti da millenni nella storia umana, ma adesso in via di espansione, anche se poco o nulla emerge alla superficie dei media o della consapevolezza comune.

In queste ritualità non conta tanto il tipo di rito, ma l'intenzione di chi le pratica. L'intenzione di fare del male a qualcuno diventa un "rito", compiuto da parte di un soggetto pieno di odio, di risentimenti, o di fredda determinazione a fare del male ad un avversario in amore, in politica, in affari, nella finanza; anche nelle più comuni vicende di contrasti umani. Ma anche spesso volendo indebolire qualcuno per manipolarlo meglio.

Il soggetto che compie il rito è ormai pressoché posseduto dal proprio lato oscuro. E in tanti casi viene aiutato da veri e propri "specialisti", spesso mercenari.

A questa forte intenzione negativa contro qualcuno, veicolata attraverso un rito, anche rozzo e semplice, corrisponde - quale che sia lo strumento pratico adottato - l'arrivo di esseri larvali del basso astrale. Questi esseri larvali rafforzano l'intenzione, ingabbiando ancora di più la personalità di chi compie il rito. E sono poi anche realmente capaci di produrre interferenze negative in determinate situazioni e nelle stesse aure psichiche ed eteriche delle vittime designate di questi riti.

Sempre che il Cielo consenta queste operazioni, che il subirle rientri nel karma delle persone colpite. E che in qualche modo sia uno degli ostacoli già previsti nel cammino di queste ultime, come elementi da superare comunque per la propria crescita.

Gli effetti negativi e le presenze larvali si vedono nell'aura delle persone, spesso intorno e dentro ai chakra posteriori, e sono tanto più efficaci quando trovano un qualche punto di "aggancio" connesso a qualche "debolezza" spirituale della vittima. Debolezza scontata, visto che nessuno ne è totalmente privo. A meno che non si viva costantemente alla ricerca del Bene, facendo il bene nelle proprie azioni. Il che molto difficilmente consente "agganci" malevoli.

Queste pratiche di magia nera sono ben presenti anche nelle nostre culture tradizionali. In alcune regioni più che in altre. E vengono usate in tanti ambienti politici, massonici, da certi circuiti religiosi di potere, e dai poteri finanziari, per condizionare i propri adepti e per indebolire o eliminare gli avversari. Pratiche adoperate storicamente in modo intenso durante le guerre, fin dall'antichità. Ma anche dalla malavita e dai circuiti di distribuzione della droga. Che diffusamente compiono questi riti per controllare meglio gli spacciatori e per indebolire le difese dei loro clienti finali. E spesso per colpire anche gli stessi parenti che cercano di tirar fuori i loro cari dai circuiti della droga.

E non importa quale è il metodo, quale è il gruppo, quale è la tecnica che viene adoperata, da quelle di un mago nero occidentale, di uno sciamano nero sudamericano o indiano, dalle pratiche di congreghe potenti e sofisticate alle "fatture" di una tradizionale e semplice "mammana" dell'Italia meridionale o di tante simili tradizioni popolari magiche di tutto il mondo.
L'intenzione "cattiva" comunque può avere il suo effetto. E gli effetti – sempre gli stessi, a prescindere dal rito e dalla cultura satanista di origine – si vedono nelle aure delle loro vittime. Effetti che possono essere di "appesantimento" psichico, ma anche di innesco o di aggravamento di processi patologici fisici.

Chi compie questi atti pensa ingenuamente di "lanciare strali", e in effetti lancia "esseri oscuri", contro qualcuno. Ma questo in pratica si verifica ed ha efficacia solo se è nel karma degli altri. Mentre "certamente sempre" si verifica che gli esseri evocati si impossessino progressivamente sempre di più dell'anima di chi pensa solamente di usarli contro gli altri, con conseguenze devastanti, anche queste visibili nell'aura.

Queste pratiche di vera e propria magia nera fanno parte da millenni della competizione umana, della egoistica lotta contro gli altri in genere. Ma vengono dirette in modo ancora più chiaro ed insistito contro chi si dedica al bene degli altri e alla diffusione di elementi di crescita e di risveglio della coscienza.

La vera novità, sorta nella nostra epoca di sviluppo della coscienza, è stata quella di modulare l'influenza satanica-satanista in forme capaci di investire un'epoca materialista come la nostra e sfruttarne le caratteristiche. Quella di sfruttare la crisi delle religioni tradizionali, ormai svuotate, per prenderne in qualche modo il posto, senza rinunciare all'uso tradizionale di certe pratiche che abbiamo appena descritto.
E tutto questo facendone un fenomeno culturale, o di moda, per fare in modo che forme di satanismo diventassero diffuse senza che la gente conoscesse la loro pesante valenza satanica. Senza sapere che quella che si stava operando era l'introduzione massiccia di forme e di esseri del basso astrale nella vita e nei costumi di tutti i giorni.

il ruolo di Aleister Crowley, la Bestia 666

Tra le varie forme di satanismo ci sono stati dei personaggi che più di altri hanno dato l'avvio ad una sorta di base culturale ispirativa della nostra epoca, a partire dalla prima metà del secolo scorso.
Il più noto di questi veri e propri profeti del satanismo è stato Aleister Crowley (1875 – 1947), un estroso mago nero di livello inferiore (i maghi neri di più alto livello vivono ben nascosti nell'ombra dell'anonimato).
Aleister Crowley è stato scelto dai vertici oscuri come strumento di innesco di una massiccia operazione di rinnovamento culturale ed operativo del satanismo. Una personalità magnetica, che si auto-definiva "la Bestia 666", considerato tra i fondatori del moderno occultismo e fonte di ispirazione di gran parte del pericoloso satanismo contemporaneo.
A Crowley è attribuito il maggior tentativo di creare nell'epoca materialistica contemporanea una «religione magica» fondata principalmente sulla magia sessuale e sulla cosiddetta "via della mano sinistra".

La sua influenza sull'ambiente culturale, di potere e magico "nero" è stata ed è fondamentale.
Proprio da lui hanno preso il via una serie di filoni politici, finanziari, artistici, musicali, di forme pensiero e di stili di vita che hanno subdolamente invaso la cultura occidentale del ventesimo secolo e di questi primi decenni del secolo attuale. In funzione di apripista a tanti nuovi condizionamenti volti a frenare la libertà di crescita della coscienza umana.
Proprio lui ha diffuso forme, modi e pensieri che si sono aggiunti alle vecchie forme di satanismo "magico", comunque ben presenti nelle modalità crowleyane: un satanismo fatto di riti orgiastici, di sesso deviato in ogni modo, di un ipersviluppato sensorialismo privo di amore vero, di evocazione diretta di esseri demoniaci del mondo astrale più basso, e di forme pensiero devianti.

Quando si firmava, la "A" di Aleister prendeva la forma evidente di un pene, e in certe foto, facilmente reperibili sul web, si faceva riprendere in posizioni nelle quali il suo stesso corpo, laido e depravato, assumeva una posizione tale da richiamare l'organo sessuale maschile. A evidenziare l'ideale satanico di un essere umano ridotto alle proprie meschine pulsioni sessuali. In una retorica oscena nella quale quello che viene proclamato come ideale umano è il sesso senza vero amore, preda di un sensorialismo depravato scambiato, come vedremo, per amore: una vera e propria falsificazione della sostanza dell'Amore. E quindi della stessa sostanza spirituale dell'essere umano.

E allora su questa base il sesso cosiddetto "libero" è diventato nei decenni un dogma, come se fosse liberazione umana, mentre è un'ulteriore trappola. Che spinge gli esseri umani da un condizionamento all'altro, dalle troppo poche libertà della cultura e della religione precedenti, alla troppa libertà, al totale arbitrio delle nostre parti basse, capace di ingabbiare la nostra anima in pulsioni solamente inferiori.

le forme pensiero di base del satanismo contemporaneo

Molto si potrebbe parlare di questo inquietante individuo, ma cerchiamo ora di estrarre dai suoi scritti e dalla sua vita quegli elementi oscuri che poi si insinueranno nella cultura dei nostri tempi, diventandone dei veri e propri fondamenti. Elementi dai quali siamo ormai avvolti e circondati. Elementi anche della cultura, del modo di vivere e di pensare di chi proprio non sospetta di essere stato toccato e infettato dalla peste del satanismo, patologica per l'anima. Elementi che diventa sempre più necessario conoscere per noi e per proteggere le persone intorno a noi.

Il vero e proprio manifesto di Crowley si chiama la "Legge di Thelema". Thelema significa in greco "Volontà". Ed è contenuto all'interno del suo "Libro della Legge". Ispirato da esseri spirituali antiumani.
Tale "Legge" si può riassumere in pensieri espressi in questo Libro, che indicano le forme pensiero di base dell'opera antirisveglio che gli è stata affidata dai suoi padroni oscuri.
La sintesi di questa vera e propria legge di base del satanismo contemporaneo è in queste tre frasi riportate come fondamento della Legge di Thelema:

- FAI CIÒ CHE VUOI SARÀ TUTTA LA LEGGE.
- AMORE È LA LEGGE, AMORE SOTTO LA VOLONTÀ.
- NON VI È ALTRA LEGGE OLTRE "FAI CIÒ CHE VUOI".

Ma vediamole, consideriamole una per una per capire cosa c'è sotto la loro apparenza innocua e perfino positiva:

FAI CIÒ CHE VUOI SARÀ LA TUA LEGGE.

Ma fai ciò che vuoi chi? Chi è il soggetto di questo fare? Noi siamo fatti di un Io spirituale, di una parte superiore dell'anima che si chiama Coscienza, e poi di parti più basse, logiche o più sensoriali. In particolare, quella parte dell'anima che si chiama "Anima che Sente", che vive di sensazioni egoistiche, predatorie e "selvagge". E in noi talvolta, o anche "spesso", prende il sopravvento il nostro Lato Oscuro, il Doppio, la "quinta colonna" del Male dentro di noi.
Quindi quando diciamo "Fai ciò che vuoi..." chi è il soggetto che di volta in volta "fa ciò che vuole?" : la mia parte superiore, il mio Spirito amoroso del Bene, la mia Coscienza, la mia grezza ed egoista Anima che Sente o il mio Lato Oscuro?
Chi sono io, chi prevale dentro di me nel momento nel quale "voglio" qualcosa?
Saranno cose molto diverse quelle che vuole il mio Spirito più elevato e amoroso o quello che vogliono le mie parti più basse e predatorie. Ma questa enorme differenza il satanismo che ha invaso la nostra epoca, proprio perché la conosce benissimo, fa di tutto per nasconderla. Per dominarci e condizionarci meglio.

Noi in effetti "diventiamo" un po' alla volta le esperienze che facciamo, e quindi ci sono esperienze evolutive che si traducono in crescita interiore, e altre in blocchi e contrazioni.
Di questo volutamente non si parla nella nostra cultura ad influenza satanista: "va tutto bene, qualsiasi esperienza ti viene di fare falla: va comunque bene"... E siccome la parte in noi naturalmente dominante è la grezza e immatura Anima che Sente, e per quella nostra parte amorale amare significa amare tutte le esperienze piacevoli assimilandole, seguendola io posso diventare un predatore feroce, un aspiratore di tutte le esperienze sensoriali. Perché così penso di "conoscere" il mondo, addirittura di diventare il mondo. Ed incredibilmente chiamo questo "amore".

Questo fanno Crowley ed i suoi troppi seguaci: posso arrivare a usare un bambino per il mio piacere o per la mia crudeltà e potrei chiamarlo Amore, perché quello che io in quella condizione aberrante voglio fare, in realtà è condizionato e voluto dal basso e amorale elemento predatorio di me.
E quindi invece di espandere l'Amore vero che è in me, quello che è alla ricerca del Bene vero, mio e degli altri, accade l'esatto contrario: il mio io schiavizzato dalle parti più basse dell'anima e dal mio lato oscuro, dal Doppio, spegne progressivamente in me il vero Amore, lo altera, lo devia e lo esclude.

Noi, per natura, vogliamo sempre un bene - siamo fatti così - ma "naturalmente" non sappiamo ancora cosa è il Bene, e lo scambiamo per la soddisfazione sensoriale o comunque egoista.
E allora gli altri per noi non sono - come dovrebbero - la sfida a fare il loro bene, amandoli, ma diventano sempre di più l'oggetto, l'occasione per la nostra ossessiva predazione continua. Non mettiamo le nostre migliori forze a loro disposizione, ma "usiamo" gli altri per compiacere le nostre parti più basse. Diventiamo veri e propri vampiri sensoriali.
E più lo facciamo più diventiamo dipendenti da questa falsa forma di amore.
Attraverso questa nostra ansia di impossessarci di tutto e di tutti per farne una esperienza, in effetti non ci arricchiamo, come sostengono e propagandano i satanisti. Ma nella realtà aumentiamo la forza e il peso delle nostre parti inferiori, svuotiamo di forze e di qualità quelle superiori, e spargiamo danni ovunque intorno a noi. Quindi non casuale è questa pervicace insistenza nelle pratiche sessuali senza vero amore, che dagli ambienti satanisti si è diffusa in modo enorme nella nostra società. Più le pratichi più aumenti il dominio dentro di te delle tue componenti inferiori, alle quali si aggiungono "larve sensoriali" del basso mondo astrale, che bloccano la tua evoluzione.
Chiamare questo "amore" è una bestemmia. Ma i satanisti sono talmente accecati da quello che fanno, che non se ne accorgono. Non sanno che così sviluppano per loro stessi un duro, durissimo

karma, che prima o poi verrà loro incontro attraverso il dolore. Per far loro comprendere che questa via, la cosiddetta via della mano sinistra, è una via completamente sbagliata.

Questa prima frase di Crowley e della cultura satanista in effetti ricorda un famoso pensiero di Sant'Agostino che è

"AMA E FAI CIÒ CHE VUOI".

E appare proprio come una orrenda, voluta, mutilazione di questo meraviglioso pensiero. Nel quale il soggetto c'è, senza confusioni, ed è il nostro Spirito Amoroso, la nostra Coscienza più elevata che AMA. Che vuole il vero Bene di tutti, e quindi vorrà fare solamente quello che va nella direzione del vero Bene di tutti: la crescita di libere coscienze amorose sempre più capaci di compiere e di creare il Bene.

Una forma pensiero orribile quella di Crowley, apparentemente il massimo di libertà, ma in effetti l'esaltazione dell'arbitrio di poter fare il Male per i propri fini egoistici e sensoriali. Con effetti devastanti, sia individuali che sociali. Come è sempre più evidente nella nostra società contemporanea.

E ora vediamo la seconda frase:

AMORE È LA LEGGE, AMORE
SOTTO LA VOLONTÀ.

Vediamo allora meglio in cosa consiste questa "volontà" secondo i satanisti, cosa significa per loro questo termine.

Ed ecco cosa dice lo stesso Crowley nella sua Legge di Thelema:

> (La volontà) «può essere messa in atto solamente attraverso il processo di assimilazione degli elementi estranei; ossia, attraverso l'amore. Rifiutare di unirsi con ogni sorta di fenomeno significa deprivarsi del suo valore – anche della vita stessa…

> Questo rifiuto ... è un serio segno di imperfezione, di grave fallimento nel comprendere i fatti della materia...»

Quindi la volontà per il satanismo non è la voglia e la capacità creativa di fare il Bene, per sé e per gli altri, ma la voglia predatrice di fare esperienze per sé, non importa se a danno degli altri. Come dire – e lo fanno – "se voglio amare un bambino, o un qualsiasi essere umano, lo devo assimilare mi ci devo unire anche sensorialmente e ricavarne una esperienza mia. Altrimenti mi deprivo di qualcosa di importante della mia vita" .
Quindi quel bambino, o quella fanciulla ancora vergine, non è un essere da amare e da proteggere, ma un essere da assimilare vampirescamente per i miei fini. Fino a che "mi va", fino a che "va" alle mie parti più basse e predatrici. Un vero e proprio abominio.

I satanisti così mirano a produrre un enorme rigonfiamento della natura inferiore umana, quella peggiore, quella satanica. A danno dello sviluppo di quella superiore: la Coscienza, lo Spirito amoroso. Proprio quello sviluppo superiore che è in gioco nella nostra epoca con l'operazione risvegli di coscienza.

Ma allora diciamolo chiaramente: questa impostazione è un orribile e pericoloso imbroglio. Questo approccio non corrisponde affatto a come siamo fatti noi e a quelli che sono i fini amorosi della nostra evoluzione. E allora noi invece diciamo:

È LA VOLONTÀ CHE DEVE ESSERE SOTTOPOSTA ALL'AMORE! NON L'AMORE SOTTO LA VOLONTÀ.

Se siamo qui per imparare sempre meglio ad amare, e quindi a creare il Bene attraverso le nostre azioni. È il nostro intento amoroso, volto al Bene, che deve decidere quali azioni fare o non fare. È l'Amore in noi - quello vero - che deve decidere cosa fare con la propria volontà, quali azioni compiere, quali cose dire. Non certo una volontà individualistica, egoica, indirizzata dalla parte

più bassa della psiche, quella sensoriale predatoria. E alimentata in tutti i modi dal Doppio, dal nostro lato oscuro.
In questa seconda frase è chiarissima l'essenza antiumana, anti-coscienza del satanismo. Una affermazione che chiarisce e completa l'orrida e fuorviante frase precedente.

E poi vediamo la terza frase:

NON VI È ALTRA LEGGE OLTRE FAI CIÒ CHE VUOI.

Un altro falso deviante. Ma non è così, proprio non è questa la realtà della vita! Questa presunta "legge" è un disastro per l'individuo e per l'umanità: libera le peggiori forze egoistiche e vampiresche dell'individuo e mette gli esseri umani uno contro l'altro: ognuno a fare qualsiasi cosa per se a danno degli altri:

un disastro individuale e sociale.

Ma la verità è un'altra, riscontrabile non per dogma, ma nella nostra vita, individuale e sociale. E possiamo riformulare questa legge in tutt'altro modo:

"NON VI È ALTRA LEGGE
CHE QUELLA DEL CUORE:
FAI CIÒ CHE È BENE PER LA COSCIENZA TUA
E PER QUELLA DEGLI ALTRI.
AMA IL PROSSIMO TUO COME TE STESSO
E FALLO COME VUOLE IL TUO SPIRITO."

A tutto questo si può aggiungere il fatto che Crowley, mentre fondava una vera e propria religione satanica, tuttavia affermava di tanto in tanto che le divinità delle quali parla, ed anche quelle demoniache, in effetti non esistono, in quanto sono solo delle "convenzioni". Ma, al di là delle sue affermazioni manipolatorie,

quelle "convenzioni" sono per lui evidentemente molto reali, se poi utilizza molte pratiche di magia nera e di magia sessuale che evocano ben determinati esseri. E se spinge le persone proprio verso l'applicazione di spinte provenienti senza dubbio da spiriti demoniaci.
Così facendo Crowley ha compiuto un'operazione "cucita su misura" per la nostra epoca materialista, proprio come richiesto dai suoi padroni oscuri: stimola pratiche, pensieri, mode e pulsioni sensoriali magiche di origine satanica e dai fini spirituali oscuri che sono in effetti antispirituali. E li diffonde spudoratamente nel nostro ambiente sociale materialista.
E in realtà – al di là delle sue affermazioni capziose - i suoi seguaci, e anche le persone comuni che seguono i suoi precetti senza saperlo, sono in effetti da una parte soprattutto materialisti e dall'altra inconsapevolmente preda di elementi spirituali oscuri ed antiumani.

In questo modo Crowley si pone come il vero e proprio fondatore di una cultura materialista satanica. E lo fa in quanto seguace di quel Satana che poi è in effetti il vero inventore, la vera guida del Materialismo. Un Materialismo creato da esseri sì spirituali, ma antiumani, e vissuto come assenza di spiritualità positiva e amorosa. Sostituita dalla religione del culto dei sensi, del potere, del denaro, dell'orrido, della bruttezza, della disarmonia e della materia fisica come nuovo, efficace "oppio dei popoli".

gli influssi nei vari settori: politico, finanziario, economico, culturale, artistico, pedagogico, sanitario.

Questa onda crowleyana si estende come forme di pensiero, di sentire e di comportamento, in tutti i settori principali della vita sociale. Questo nuovo oppio dei popoli spirituale nero e contemporaneamente materialista si è diffuso come una grande pandemia psichica in tutto il mondo, a partire dai Paesi occidentali, attraverso ben precise centrali ed istituzioni controllate dai poteri anticoscienza e spesso guidate ed orientate da satanisti crowleyani.

E ci ritroviamo immersi nel falso mito del fai ciò che vuoi, ognuno per sé, senza alcuna vera etica. Solo con a disposizione una sorta di finta morale che invita la gente ad occuparsi quasi solamente di economia, di sensorialità, di elementi materiali e di basse ed effimere passioni. E quasi solo di quello si parla, lasciando da parte il mondo dell'etica vera, dell'amore vero, di quegli ideali superiori che sono la luce della coscienza, l'alimento del calore del cuore e la guida vera degli esseri umani.

UNA ECONOMIA ED UNA POLITICA tutte ormai nelle mani di una FINANZA PREDATORIA direttamente figlia dei più potenti poteri anticoscienza. L'uso perverso del DENARO come grande, diabolico strumento di corruzione e di potere. Come strumento di finanziamento delle peggiori campagne antiumane mediatiche, politiche, economiche, tecnologiche, scientifiche, sanitarie, culturali, artistiche.

E nella CULTURA E NELL'ARTE da decenni trionfa non il modello dell'iniziato alle conoscenze superiori e ai comportamenti etici, ma il modello dell'intellettuale o dell'artista maledetto, vizioso, che non corregge eticamente per amore i suoi difetti ma li esalta, perché questo viene considerato "geniale", interessante. I suoi interessi solo predatori, sensoriali, meccanicistici, la sua etica non importante, le conoscenze superiori considerate inutili.
E tutta questa depravazione viene esaltata da decenni, come fosse un ideale da perseguire, indicando ai giovani e alla gente modelli perversi da seguire: il modello del super depravato che sostituisce il modello dell'essere umano superiore nella sua capacità di comprendere e amare incondizionatamente ed efficacemente.

Altro inquietante aspetto della influenza satanista è che vediamo ovunque, soprattutto in Occidente, il sorgere di una PEDAGOGIA orientata alla forzatura sensoriale sessuale, allo sminuire fino a farlo quasi scomparire l'elemento umano dell'Amore per il Bene vero dell'altro, escludendo sempre di più le indispensabili e formative conoscenze umanistiche. Ed esaltando gli elementi quasi solamente logici, meccanici, elettronici, utilitaristici, di preparazione dei giovani a diventare strumenti solo logici ed elettromeccanici del sistema. Compensati per altri versi con povere e meschine esaltazioni di esperienze sensoriali forzate o artificiose.

E il tutto in un ambiente meccanizzato ed elettromagnetizzato. Sempre più disumanizzato, e messo a disposizione delle più basse pulsioni umane, con la scusa di aumentare le nostre "possibilità" egoiche. Ma in effetti solo tendente ad aumentare la falsa libertà di uomo-macchina sempre più schiavo dei sensi e delle logiche del potere.

E di origine satanista è anche la tendenza della stessa MEDICINA a considerare l'essere umano come una macchina priva di anima da manipolare come fosse solo un insieme chimico-meccanico, sul quale è lecito compiere qualsiasi cosa senza tenere conto delle sue componenti superiori. Una scienza satanista che "fa ciò che vuole" senza amore, senza occuparsi del vero bene degli esseri umani. Senza la vera intelligenza: l'intelligenza della mente e del cuore.

sesso e satanismo

E poi la diffusione estesa e capillare di PRATICHE SESSUALI MAGICHE O ANCHE SOLO SENSORIALI.

Queste forzate pratiche sessuali solo sensoriali sono in effetti tutte pratiche magiche, anche quando non sembra, perché comunque attraggono torme di esseri larvali dai piani astrali inferiori, facendoli incarnare nelle persone eccessivamente trascinate dai sensi. Dagli esseri larvali comunque attratti dal sesso solo sensoriale, privo di amore vero per l'altro, fino a quelli evocati dal satanismo crowleyano con vere e proprie orge e deviazioni sessuali di ogni tipo.

E chi ci cade vede solo con gli occhi fisici e quindi non percepisce le orribili presenze astrali che lo circondano e gradualmente si impossessano di lui. Se vedesse quello che sta avvenendo in quelle situazioni, potrebbe rendersi conto di come sta rovinando la propria anima e la propria vita.

E nei circoli satanisti si arriva fino ad aberrazioni totali maniacali, frutto di vere e proprie potenti possessioni, come il tentativo fatto da Crowley di produrre la nascita di un superuomo perverso, il Golem, attraverso il sesso anale. Tentativo condotto nei primi anni Venti del secolo scorso nella sua casa siciliana denominata Abbazia di Thelema, a Corfù.

L'insistenza sull'elemento sessuale, soprattutto e solamente per aumentare le sensazioni di piacere egoico che se ne può estrarre e provare, tanto diffusa nella nostra epoca, è una chiara spinta di origine satanica e satanista. Una spinta a ingabbiare e bloccare l'evoluzione delle coscienze umane, una evoluzione che non vuole avvenire verso il basso sensoriale, ma verso l'alto spirituale. Che non vuole avvenire attraverso la ricerca solamente di piaceri inferiori mortali, ma attraverso l'uso di elementi ideali e di azioni amorose superiori capaci di produrre negli esseri umani la crescita delle parti spirituali superiori, *immortali.*

E quindi, come forza dell'ostacolo, altra attività delle centrali sataniste è quella di facilitare anche il proliferare di seminari e percorsi tantrici, una volta riservati ad antichi iniziati di livello superiore. Percorsi che ora vengono diffusi a livello di massa, ma che oltretutto non sono più adatti all'essere umano contemporaneo, e che diventano rapidamente vere e proprie trappole per l'anima e per il corpo. E vengono persino presentati con promesse del tutto false, con titoli del tipo "Spiritualità ed erotismo – il cammino della liberazione interiore attraverso il piacere". Corsi tenuti a volte direttamente da satanisti crowleyani.

Solo l'amore vero per l'altro sublima il sesso spiritualizzandolo. Ma quello che ora viene evidenziato e diffuso di tanti corsi di tantrismo moderno è l'esaltazione e la diffusione di una sorta di sessualità solo sensoriale, che spinge a una vera e propria depravazione dell'anima, e che attira nella propria aura pericolosi esseri parassitari astrali di tutti tipi Non di rado da questi percorsi possono svilupparsi anche veri e propri, gravi disturbi psichici.

Ed è inquietante notare come quelli che vengono riconosciuti come i principali studiosi del fenomeno satanista, ritenuti del tutto neutri e "indipendenti", siano talvolta essi stessi satanisti. Impegnati in effetti a camuffare e a nascondere la vera ampia portata del satanismo, riducendolo a fenomeno limitato e quasi folkloristico, a fantasia "intellettuale" di qualche estroso esoterista e di qualche gruppetto di stupidotti. Falsi studiosi, alcuni persino "cattolici", che parlano di Crowley come di un brillante intellettuale, in fondo sostanzialmente ateo, ma niente affatto connesso a forze oscure.

Ma fermiamoci ancora un momento a considerare un modello umano che il satanismo propone insistentemente nella nostra epoca: la produzione di una "BLACK STAR", di una stella nera. La produzione di un essere umano egoico, sensoriale e senza cuore, bloccato dalle proprie parti basse, che vengono esaltate ed ingabbiate. Un essere umano-ingranaggio nel quale la sensorialità è connessa a un pensiero attratto solo dall'egoismo, dall'ambizione materialista, dal piacere più basso e dalla logica della predazione del prossimo.
Non è questo in effetti il pensiero dominante nella nostra epoca? E non è che in questi termini apertamente ne cantava e ne parlava uno dei suoi profeti pop, David Bowie? Lo si può ancora vedere nei suoi ultimi video sulla BLACK STAR, intento a esaltare l'essere umano trasformato in una stella nera, non in una stella luminosa che diffonde il Bene, ma in una sorta di buco nero aspiratutto. Seguendo i precisi, non casuali dettami di quell'individuo allucinato ridotto ad atteggiarsi a pene.

l'attacco alla Bellezza

Una delle principali linee di azione del satanismo contemporaneo è l'attacco alla Bellezza. Attacco del quale ci occuperemo nel prossimo capitolo sulla programmata deviazione dell'Arte.

Per gli iniziati di tutti i tempi la Bellezza è l'espressione della Verità e del Bene. E quindi forze che attaccano la Verità e il Bene non potevano non voler distruggere la Bellezza. Una Bellezza delle opere umane e delle opere della natura che è conforto per le nostre anime e dimostrazione pratica del divino.
Bellezza che il satanismo, ormai diffuso ovunque nella nostra cultura e a livello istituzionale, è impegnato a distruggere spargendo ovunque la bruttezza: nell'arte, negli ambienti urbani, nella moda, nei gesti, perfino nel parlare. Ed esaltandola come qualcosa di positivo, qualcosa da imitare.

la risposta delle coscienze: la nostra risposta vincente.

In effetti la realtà vera, quella che vibra nei nostri cuori e nella nostra vita, è che

Lo Spirito Umano è una Stella,
un Sole luminoso
che vuole emettere Raggi d'Amore,
e solamente la sua più elevata e amorosa Coscienza
è veramente un'Anima Libera
e Sovrana di se stessa.

Che pena questo satanismo e che pena questi poveracci di satanisti, spesso convinti di essere superpotenti. E in effetti non hanno tutti i torti: sono veramente molto bravi e potenti nel creare ostacoli in fondo utili alla nostra crescita, e nel farsi del male diventando letteralmente schiavi posseduti da forze oscure e manipolatrici. E bravi e potenti, poveracci, nel creare un pesantissimo karma di sofferenza per loro stessi.

Ma non dobbiamo solo provare pena e compassione per loro.
E' un nostro dovere etico quello di riconoscere questo pericoloso incantamento, il maleficio diffuso nella società da queste forze. Dobbiamo svelarlo e combatterlo aiutandoci l'un l'altro. Mettendo nuovamente al centro delle nostre vite e della nostra cultura la crescita in un essere umano che diventa Graal, fonte amorosa che attraverso le nostre azioni sparge vera vita nella società umana. Come facevano gli antichi cavalieri.

Quella sarà, e lo sarà, la nostra vittoria. Perché proprio di fronte a questa onda nera, tante più persone accelerano il loro risveglio, coscienti che non si può vivere nella melma nutrendosi di melma. E sono sempre più ansiose di abbeverarsi alla vera fonte della Vita e dell'evoluzione: l'uso dell'Amore vero per il Bene di tutti.

7

LA DEVIAZIONE DELL'ARTE

La funzione dell'Arte.
Il ruolo dell'artista e di chi fruisce dell'Arte.
La Missione di un Artista.
Lo sviluppo operativo dell'attacco all'Arte.
Alcune forme pensiero e considerazioni sull'Arte.

L'Attacco all'Arte e alla Bellezza è una tappa fondamentale delle strategie anti-risveglio.
Prima di descriverlo nelle sue principali direttrici operative, dobbiamo fare ordine in una serie di concetti rivedendoli nel loro senso più autentico. Che ha a che fare, come tutto quello che riguarda il cosmo, la Terra e gli esseri umani, con le loro origini e i loro precisi fini spirituali. Un senso profondo che la nostra cultura ha completamente perso, proprio a seguito della strategia messa in atto negli ultimi secoli dai poteri antiumani. Una strategia che, come stiamo ossservando, ha ora raggiunto il suo acme.

la funzione dell'Arte, il ruolo dell'artista e di chi fruisce dell'Arte

L'Arte, nella migliore delle ipotesi, viene generalmente considerata una possibile piacevolezza, un passatempo, un investimento, uno sfoggio di «status» socioeconomico o culturale o un contributo culturale accessorio alla vita pratica.
Insomma un "optional". Spesso nient'altro.
E invece l'Arte è importante, a volte più di tanti altri elementi della nostra vita quotidiana. Talmente importante che il Cielo ci riserva un futuro nel quale non vorremo più fare nulla che non sia artistico, artisticamente curato, Vero, Buono e Bello. E quindi più utile e più nutriente per tutti.

Questo è più in generale il "Senso Artistico" da sviluppare nella vita: è la cura della qualità buona, amorosa di un gesto, di una parola, di un movimento, di un prodotto delle nostre mani o del nostro agire. Che sia Buono e Vero a tal punto da risultare per noi artisticamente "Bello".
Così come le forze del Cielo fanno ad esempio in modo innegabile con la Natura.

Ma se nulla avviene per caso, se tutto fa parte di un meraviglioso Piano Divino, quale è allora la funzione dell'Arte nel piano volto alla crescita umana?

Una funzione enorme:

«Contribuire a formare lo Spirito Divino Umano».
Uno Spirito immortale in crescita fatto di
pura Essenza di Amore.

> In ogni epoca l'Arte ha un compito adatto al particolare momento evolutivo. Nella nostra epoca questo compito è la formazione della coscienza, nella quale il cuore è finalmente coinvolto a usare il pensiero e le azioni solo per amore del bene di tutti.

E allora chi è l'"artista", qual è il suo ruolo in questo progetto?

Tutti hanno contemporaneamente un ruolo individuale e uno sociale. E quindi non è possibile che non esista un ruolo dell'artista, e che questo sia solo "manifestare se stesso, i proprio impulsi, i propri gusti, i propri problemi, i propri stati d'animo", come se fosse una monade isolata senza alcuna funzione nella rete umana. Nulla nel cosmo funziona così, nulla in natura funziona così.

E allora vediamo chi è veramente un artista. O come dovrebbe essere per assolvere il suo compito di vita nella Rete Umana.

L'Artista è un Missionario,

come dovrebbe essere ogni terapeuta. Come tutti in realtà dovremmo essere nella vita: in missione d'Amore. Solo che un vero Artista ha una responsabilità maggiore, perché ha a disposizione degli strumenti forti, più forti di quelli di una persona normale.

E perché ?
Perché è in grado di fare cose che possono far risuonare direttamente, e in modo più efficace del normale, le corde dell'Arpa della interiorità umana.
Sì, perché l'Arte non è qualcosa di neutro per l'interiorità umana, ma è un potente strumento creato proprio per suonare l'Arpa dell'Anima umana, e può farlo nel Bene e nel Male.

Gli artisti di oggi, in genere troppo materialisti e concentrati sul proprio Ego, non sanno che stanno comunque suonando l'Arpa della delicata Anima degli altri. Mentre i sublimi Artisti di gran parte della Storia passata, continuamente ispirati dal Cielo, sentivano dentro di sé un compito divino completamente al servizio dell'armoniosa evoluzione umana.

Noi non abbiamo solo un corpo fisico, ma una struttura sottile sulla quale l'Arte ha un effetto potente.
E ogni petalo di ogni chakra viene toccato e fatto risuonare, in modo positivo o negativo, da qualsiasi stimolo esterno; tanto più se viene stimolato da qualcosa appositamente creato per farlo in modo più risonante, come l'Arte. I petali della struttura eterico-astrale umana sono i terminali delle diverse qualità della nostra anima: sono le corde della nostra arpa interiore. E risentono di tutto quello che ci circonda, di tutte le esperienze che incontriamo. Che ogni volta in qualche modo "ci suonano".
Nel bene e nel male.

Un artista inconsapevole di questa realtà e della sua missione, un artista che è solo legato alla propria immatura anima che sente, all'effetto "sensoriale" o solo a quello intellettuale "concettuale" da raggiungere con la sua opera, è come un elefante in cristalleria. Da una parte rischia di fare danni alle anime dei fruitori, e dall'altra, nella nostra epoca materialista – se anche volesse - non sa bene come fare il Bene attraverso la sua arte. Perché non ha né le conoscenze né spesso le forze amorose per farlo, e poi nemmeno gli elementi percettivi oggettivi per verificare gli effetti interiori sugli altri del proprio lavoro.

Tranne rarissime eccezioni, nessuno glielo ha spiegato, nessuno lo ha introdotto, come si faceva sempre prima dei secoli del materialismo, a come far risuonare negli altri elementi spirituali superiori attraverso la sua arte.

lo sviluppo operativo dell'attacco all'Arte

Nella visione spirituale cosciente Bellezza, Verità e Bene sono tre aspetti indissolubili dell'Amore.
Un'Arte amorosa e cosciente, che possa essere nuovamente utile all'umanità, non può prescindere da nessuno di questi tre aspetti. Un'opera d'arte per svolgere il suo ruolo deve sempre esprimere una Verità Buona, positiva, utile per gli esseri umani rivestendola di Bellezza. Una Bellezza che funziona da indispensabile amplificatore degli effetti positivi dell'opera d'arte sulle anime dei fruitori.
La cultura pseudo-artistica contemporanea non lo sa e quindi non lo fa. E infatti nei capitoli precedenti abbiamo incluso l'attacco all'Arte tra le principali direttrici della strategia oscura contro i risvegli: LA DEVIAZIONE DELL'ARTE.
Un attacco pesante e devastante, del quale non si parla, come in una congiura del silenzio, ma che è ovunque intorno a noi.

Per inquadrarlo correttamente abbiamo dovuto prima necessariamente ridefinire spiritualmente cosa è l'Arte, cosa è la Bellezza, quale è la missione dell'Arte e degli artisti, e cosa sta accadendo. Conoscenze e concetti ideali ormai completamente perduti nella nostra cultura contemporanea, e che pure sono stati patrimonio degli iniziati che guidavano l'Arte almeno fino a metà del Rinascimento. Conoscenze poi progressivamente cancellate dal Materialismo, e che ora è quanto mai urgente riportare alla luce.

Abbiamo poi anche considerato in precedenza quali sono le forme pensiero diffuse appositamente per combattere l'Arte e la Bellezza. Nell'ambito di una guerra alla Verità, al Bene ed alla Bellezza, che è uno dei punti cardine delle operazioni di indebolimento e condizionamento della natura umana.

Sono quindi proprio questi gli aspetti che nella strategia delle forze oscure vengono perseguiti, uno per uno, nella nostra epoca:

- viene taciuta e negata la missione etica, sociale e individuale dell'Arte;
- i contenuti morali, ideali dell'Arte, benèfici per lo Spirito, per l'Anima e per il Corpo, vengono evitati e combattuti;
- l'Arte come spinta al Bene ed alla Verità attraverso lo strumento divino della Bellezza viene completamente decostruita: si separa il concetto e la pratica dell'Arte dalla ricerca del Bene, dalla adesione alla Verità e dallo strumento della Bellezza; la Bellezza stessa viene negata e rovesciata in bruttezza e orrido passati per nuovo ideale di bellezza; una vera e propria, satanica demolizione programmata dello strumento divino dell'Arte;
- l'arte inutile, negativa, dannosa, perfino satanista, viene osannata, sostenuta, finanziata, diffusa ovunque;
- la gente, i fruitori dell'Arte, vengono addormentati e desensibilizzati rispetto all'Arte vera e benefica, e condizionati ad apprezzare forme artistiche inutili o negative nei loro effetti reali sulla natura umana. Operando una sorta di condizionamento ipnotico pressoché totale della gente:
  - riempita di nozioni inutili, convinta forzosamente delle forme pensiero anti-arte, anti-bellezza e anti-verità, immersa in una cultura pseudoartistica fatta quasi solamente di date, nomi e conoscenze tecniche. Di astruse teorie di critici e storici dell'Arte completamente fasulli, ignoranti o deviati, dai quali emergono teorie e scelte spesso alterate dalle forzature condizionanti dei mercanti d'Arte;
  - imbevuta ogni giorno di una falsa cultura artistica che si occupa di tutto tranne che della sostanza di una opera d'arte: il suo significato profondo, il suo impatto – positivo o negativo - sull'anima del fruitore e come l'artista è stato in grado di ottenerlo.
- La figura dell'Artista viene stravolta e svuotata del senso nobile della sua ideale e utile missione d'Amore. Viene pervicacemente operata una vera e propria distruzione della funzione

dell'Artista. Che da missionario amoroso del Bene umano attraverso il proprio talento capace di produrre potenti e benefiche forme artistiche, è stato brutalmente depravato. Trasformato sempre più spesso in un piccolo e talvolta meschino essere umano, convinto di dover dare espressione solo alle parti più basse e sensoriali della propria psiche, preoccupato solo di se stesso, del proprio successo, del proprio denaro, delle proprie piccole pulsioni. Spesso destinato all'insoddisfazione e all'infelicità.

Un'Arte svuotata del suo senso, del suo scopo, della sua missione, deprivata della Bellezza e della Verità, ha un effetto disastroso: cessa di sostenere il risveglio delle coscienze umane, e ha per giunta la forza di ostacolarlo attivamente. Cessa di sostenere il diffondersi del Bene. Cessa di essere uno strumento privilegiato dell'Amore sulla Terra. E diventa strumento delle peggiori forze antiumane, interiori ed esteriori.

Di questa voluta deriva, di questo programmato svuotamento si sono fatti e si fanno portavoce alcuni famosi cosiddetti *maître a penser* del materialismo. Personaggi autorevoli, che negli ultimi secoli vengono rappresentati come modelli culturali da seguire. Modelli che "fanno cultura".

La diffusione di forme pensiero messa dai poteri oscuri nelle mani di presunti intellettuali ingiustamente osannati, è tuttora uno dei principali problemi. A una serie di individui di scarso valore, sia culturale che etico, è stato affidato il compito di operare una vera e propria castrazione spirituale e culturale dell'umanità, diffondendo forme pensiero negative. Individui e forme pensiero dai quali siamo circondati attraverso i Media, le Accademie, le Università, gli organi di governo, i centri e le manifestazioni culturali ed artistiche.

Vediamo ora come si articola ulteriormente la strategia di deviazione e svuotamento dell'arte.

Prima di tutto diciamo che di questo attacco, come degli altri filoni della strategia anti-risveglio di coscienza, si occupano attivamente complesse organizzazioni, direttamente dipendenti da livelli spirituali antiumani dei quali di occuperemo più avanti. Descrivendone gli scopi, l'articolazione, le modalità di funzionamento e i livelli gerarchici.

Per ora diciamo che da questi livelli spirituali oscuri la strategia anti-arte si sviluppa emanando forme pensiero e direttive precise, che poi passano attraverso ambienti di grande influenza mondiale e nazionale - come vedremo – non noti al pubblico. Per diventare interventi, decisioni ed orientamenti della finanza, dei media, delle istituzioni governative nazionali ed internazionali, delle università, dei centri culturali, dei mercati, dei media e delle organizzazioni artistiche. Ormai pressoché completamente condizionati e controllati dalle forze anti-coscienza.

Da questa complessa serie di tentacoli della piovra anti-arte e antibellezza dipendono la falsa rappresentazione e la deviata cultura contemporanea dell'Arte, i finanziamenti solo a determinati eventi artistici e alle grandi istituzioni che organizzano proprio certi eventi, mostre e musei, gli orientamenti del mercato dell'Arte, e l'organizzazione e le scelte dei programmi di istruzione sull'arte, dalle scuole primarie fino alle Accademie. Oltre a ben precisi messaggi e forme pensiero da far circolare sui media, da quelli elettronici alle tv, fino alla carta stampata.

> Dalle botteghe medievali e rinascimentali, illuminate da veri e propri iniziati ben consapevoli della propria missione, si è arrivati alle moderne istituzioni culturali, laiche e laide allo stesso tempo, con conseguente perdita del senso, degli strumenti e della missione dell'Arte.

Generazioni di artisti e di fruitori dell'arte sono stati volutamente lasciati privi di orientamento… Nel vuoto.
I contenuti coscienti da distribuire alle persone per migliorarne l'anima attraverso archetipi, forme e tecniche apposite, sono stati sostituiti da insegnamenti tecnici su come fare cose prive di ef-

fetti positivi sulle persone e vuote di contenuto. E spesso vengono invece esaltati artisti, opere, forme ed archetipi portatori di pesanti effetti negativi.
La Bellezza, la Verità e il Bene non vengono posti al centro, ma nemmeno inclusi come elemento accessorio: vengono più semplicemente ignorati ed esclusi.
Un attacco ben studiato, esercitato contro tutti gli effetti positivi delle varie forme artistiche e portato avanti da una piovra di istituzioni ed enti internazionali e locali al servizio dei poteri anticoscienza.
Non di rado nei vertici di queste istituzioni culturali, fino alle istituzioni scolastiche di istruzione artistica superiore, vengono nominati veri e propri satanisti praticanti..

Capisco che il quadro è sconfortante. Ma non abbattiamoci: non perdiamo di vista il fatto che queste sono solo risposte a un fenomeno ben più grande che è il risveglio di coscienza guidato dal Cielo. E proprio dalla nostra reazione cosciente a queste operazioni oscure emergeranno altri gradini di coscienza degli esseri umani.

E allora concentriamoci sull'essenziale: su cosa sta in effetti accadendo nel Piano Divino di risveglio umano e su cosa possiamo fare noi anche in questo ambito dell'Arte.

Possiamo allora dire che l'Arte è ormai veramente perduta?

Certamente lo è in gran parte nella situazione attuale l'arte che ci viene proposta e diffusa a livello istituzionale e di mercato. Ma il Cielo ha comunque fatto in modo che, anche durante i secoli del materialismo, alcune potenti personalità artistiche producessero forme d'Arte illuminate e portatrici di bene. In tutte le forme artistiche, e soprattutto nella Musica. Ma certo non nella stragrande maggioranza delle cosiddette forme artistiche dalle quali siamo circondati.
E poi bisogna rilevare che in effetti un fermento artistico esiste, e non è nelle "accademie" istituzionali, ma è nei cuori delle tante persone in risveglio. La vera arte del futuro si sta preparando ora

a partire dai cuori delle persone, che sempre più non accettano i messaggi di depravazione e svuotamento dell'Arte.
Proprio dal fermento di risveglio di coscienza, di voglia di capire, di rimettersi in contatto con i mondi spirituali e portare una coscienza cresciuta, amorosa e saggia a crescere e ad operare nel mondo... Proprio da questo fermento del risveglio che, come abbiamo visto, fa parte del grande Piano Divino per l'umanità contemporanea, proprio questo il terreno in grande evoluzione, in grande fermento, dal quale fiorirà un giorno non lontano un'Arte meravigliosa. Un'Arte dettata dal cuore umano e da talenti accresciuti dalla libertà interiore, dagli ideali, da forze d'amore evolute nel tempo.
Un'Arte meravigliosa che si svilupperà in forme ed espressioni non dettate da fuori, da accademie, da scuole, da canoni esterni o da mode, o dai mercati. Ma dagli ideali e dagli intenti di superiori coscienze umane, piene d'amore e desiderose di restituire all'Arte il grande ruolo di propulsore della crescita umana. E di restituire all'artista la propria nobile missione d'amore per i propri simili.

E da questo, proprio da questo, verrà fuori la più bella Arte che ci sia mai stata sulla Terra. Un'arte che creerà forme artistiche nuove, vibranti, geniali, bellissime, che riempirà del fiorire di una nuova vita anche le forme artistiche tradizionali. Un'Arte che con la propria bellezza si spargerà ovunque nelle attività, nelle parole e nei gesti degli esseri umani.
Tutto un giorno sarà fatto e detto in modo artisticamente bello.

Ma prima occorre che usiamo quest'epoca soprattutto per rendere artisticamente bella, buona, vera, forte e saggia la nostra interiorità. E proprio questa nostra epoca apparentemente così buia per l'Arte, sarà ricordata come

l'alba di un nuovo, incredibile Rinascimento

alcune forme pensiero e considerazioni sull'Arte

- Nelle forme artistiche la tecnica ha un senso solo se è al servizio dell'etica, non se è fine a se stessa, al servizio del proprio successo, del proprio ego, del denaro, del mercato, o di intenzioni negative.

- Occorre comprendere che l'estetica fine a se stessa non esiste. Che ogni pensiero, sentimento o azione, anche quella artistica, produce effetti nel mondo e su di noi. E di questi abbiamo responsabilità. La coscienza sa che l'estetica è sempre etica.

- L'opera d'arte è un atto d'amore.

- Un vero atto d'amore è sempre un'opera d'arte.

- L'opera d'arte nasce da un cuore pulito, forte, amante del bene e tecnicamente capace di introdurre le risonanze più elevate dell'amore nella materia. Lontano da ogni amor proprio o egoismo.

- Un cuore che cerca di parlare, di cantare, di suonare, di muoversi, di mostrare, di agire, di dipingere, scolpire, creare forme... solo per far risuonare e crescere la parte più elevata e immortale degli esseri umani.

- Per fare in modo che lo spirito umano si riconosca e si rafforzi in mezzo al marasma delle contrazioni egoistiche, delle passioni inconsce dell'anima che sente, o del vuoto intellettualismo.

- Nella sua azione volta ad aiutare il rafforzamento delle coscienze umane, l'Arte svolge non solo un ruolo individuale, ma anche un ruolo sociale.

- Le opere trasformative non si rivolgono solo a individui singoli, ma anche a un pubblico più ampio, perché a partire da individui migliori la vita sociale, la vita relazionale di ogni giorno diventi più amorosa, più vera, più giusta, più bella.

- E allora i veri grandi capolavori ai quali lavorerà la vera Arte saranno sempre di più lo splendore creativo dello Spirito umano e una meravigliosa, creativa, amorosa Società Spirituale.

8

LA MECCANIZZAZIONE DEL MONDO E DEGLI ESSERI UMANI

Dal riscaldamento climatico all'elettromagnetizzazione del mondo e degli esseri umani. La vera origine positiva del riscaldamento climatico. L'accelerazione COVID. Il Papato "Scientifico". Digitalizzazione e creazione della bestia binaria. L'Intelligenza Artificiale: un balzo indietro di millenni per l'anima umana. La presenza operativa dell'ANTICRISTO. Cosa possiamo fare di fronte a questa pesante aggressione.

Tra quelli delineati nel capitolo precedente, approfondiremo in questo capitolo il tema attualissimo di uno dei principali attacchi al risveglio umano mediante operazioni di indebolimento e condizionamento della natura umana e delle sue facoltà. E in particolare le tematiche di una grande operazione che vuole elettromagnetizzare e digitalizzare il mondo e gli esseri umani.
Una operazione malefica di enorme portata, che non a caso viene guidata nel mondo direttamente dal vertice delle piramidi oscure: Satana, in veste di Anticristo. Presente sulla Terra per condurre questa e tutte le altre operazioni antiumane che abbiamo delineato.

dal riscaldamento climatico all'elettromagnetizzazione del mondo e degli esseri umani.

Da decenni le istituzioni mondialiste, i governi e quasi tutti i media in coro ci parlano dell'origine umana, antropica, del riscaldamento climatico.

Molti scienziati seri e non condizionati affermano che proprio non è così. Che si tratta di cicli solari che si ripetono nella storia umana. E che l'intervento umano è capace solo molto marginalmente di produrre effetti sul clima. Non approfondiamo qui questo elemento che ognuno può, se vuole, verificare in una ampia letteratura scientifica che dissente dalle tesi ufficiali. [12]

---

[12] Per un approfondimento ulteriore dei vari argomenti di questo capitolo rinviamo al nostro seminario online "Dal Covid all'Aggressione Elettronica Digitale", nel quale studiamo a fondo questi temi dal punto di vista scientifico spirituale, per arrivare a comprenderne la vera portata ed il senso profondo, e per fornire gli strumenti più adatti e specifici per prevalere su queste aggressioni e uscirne vincitori. Assecondando in questo modo il disegno del Cielo che le consente solo per darci ulteriori opportunità di risveglio e di crescita. Trovate il seminario sul

L'ecologismo mondiale istituzionale è ormai tutto non solo infiltrato, ma letteralmente diretto dalle centrali oscure antiumane. Anche i grandi movimenti giovanili cosiddetti "spontanei" contro il riscaldamento climatico, sono stati creati ad arte dalle stesse centrali, replicando il modello di condizionamento giovanile dei movimenti ideologici e terroristi della strategia della tensione usato negli ultimi decenni del secolo scoro.

Sulla base di questo pesante condizionamento eterodiretto, l'ecologismo contemporaneo ha sposato questa tesi dell'origine umana del riscaldamento climatico, facendone la propria battaglia centrale. In base alla quale richiede con urgenza una enorme transizione energetica, che non significa altro che elettrificazione ed elettromagnetizzazione del mondo e degli stessi esseri umani.

Il mondo ecologista e istituzionale, da decenni ormai condizionato e guidato dalle forze anticoscienza, ha in questo modo compiuto un enorme tradimento dei propri ideali originari.

E lo ha fatto anche dimenticando o ponendo in secondo piano i veri problemi per l'ecosistema umano e della Terra: il devastante inquinamento chimico della terra, delle acque e dell'aria, l'invasione crescente delle plastiche, l'alimentazione chimica, i farmaci patologizzanti, l'enorme impatto dei campi elettromagnetici sulla salute umana e degli esseri della natura.

Obbedendo ciecamente alle parole d'ordine di un riscaldamento climatico di origine umana, sostiene a spada tratta una devastante elettrificazione ed elettromagnetizzazione mondiale dai pesantissimi effetti sull'ecosistema. Effetti dei quali assolutamente non si parla.

Ma perché non se ne parla? Perché il progetto anticristico delle piramidi oscure si fonda in questa delicata fase sull'attuazione di un vasto piano di meccanizzazione e digitalizzazione degli esseri umani e della Terra. Per il quale è indispensabile un enorme aumento della produzione di elettricità e di campi elettromagnetici.

---

sito della nostra Accademia di Coscienze in Rete, al seguente link: https://accademia.coscienzeinrete.net/

In base a questa oscura manovra gli esseri umani saranno sempre più legati a macchine digitali elettriche, con effetti nefasti su tutta la struttura umana, che si ritroverà rapidamente alterata ed indebolita, sia nel corpo fisico che in quello eterico e nella stessa anima. La dominazione anticristica dei poteri mondiali esige dai propri burattini umani che operino in tutti i modi in questa perversa operazione di "transizione energetica", che consentirà di alterare e bloccare le basi essenziali corporee e fisiche del risveglio umano appena iniziato.
Quando a Davos e in tutti gli ambienti mondialisti si parla di "Great Reset", si parla in effetti di come portare a temine questa operazione demoniaca. Che vede per la prima volta perfettamente d'accordo i grandi poteri istituzionali, finanziari e politici, con il mondo della contestazione ecologista. A riprova del totale tradimento dei suoi ideali.

Certamente i computer sono utili e comodi per tanti versi e facilitano la vita, ma sono una vera e propria mela avvelenata. Non a caso la mela morsa da Adamo ed Eva fu scelta dalla "Apple" per l'avvio della straordinaria diffusione dei personal computers a disposizione di tutti.
Vogliamo queste comodità? Bene prendiamole, diffondiamole, usiamole, ma si tratta solo di comodità sensoriali, pratiche, logiche, che si pagano con un aumento delle patologie fisiche, con una perdita di forze vitali e di pensiero - sempre più affidate all'intelligenza artificiale – e sempre meno usate e sviluppate dagli esseri umani. Chiusi notte e giorno in gabbie elettro-magnetiche mefitiche e pesantissime nelle nostre case e nelle nostre macchine elettriche, all'interno di un'atmosfera terrestre impregnata di molteplici pericolosi fasci di onde, e circondata da centinaia di migliaia di satelliti elettrici ed elettromagnetizzanti.
Proprio questa mela parzialmente avvelenata ci viene offerta da forze demoniache e noi la stiamo mangiando ogni giorno, spinti da una cultura e da istituzioni direttamente guidate da forze anticristiche, anti-amore.

Ma non perdiamo la fiducia: siamo immersi in un progetto divino che non è fatto per fallire, ma solamente per metterci alla prova. Anche se le prove della vita e dell'insieme delle vite sono dure, non siamo affatto soli in questa battaglia contro le forze anticristiche. La Piramide Bianca, le forze bianche del Cielo e della Terra lasciano fare il lavoro delle piramidi oscure, come abbiamo visto, solamente nel limite dell'utilità delle loro operazioni nel produrre una efficace reazione evolutiva di crescita da parte degli esseri umani. Nel frattempo fanno in modo che certi equilibri vengano comunque mantenuti per impedire alle forze anti-cristiche di annientarci e di produrre danni troppo gravi. E questa è la motivazione di fondo del periodo di riscaldamento climatico che stiamo vivendo.

la vera origine positiva del riscaldamento climatico.

Le forze vitali invisibili che costituiscono la struttura formativa e vitale della Terra e dei suoi esseri sono 4 eteri che provengono continuamente, in enormi flussi, dal Logos, dal Sole: l'etere della luce, l'etere chimico o del suono, l'etere del calore, l'etere della vita. Forze vitali e formative che sono alla base della vita sulla Terra, dei nostri corpi e dei nostri pensieri.

Durante la creazione del cosmo, per produrre la materia e i vari equilibri spirito-materia della nostra dimensione spirituale e materiale contemporaneamente, le forze divine creatrici attivarono anche una degradazione dei quattro eteri, in modo da produrre ovunque una realtà che fosse anche materiale, pesante, ma su base spirituale. In un equilibrio perfettamente bilanciato per risultare utile alla vita di esseri spirituali nella dimensione materiale. E quindi ogni etere venne anche degradato producendo dei "subeteri": elettricità, magnetismo, radioattività, energia atomica.

Alle forze oscure è stato consentito nell'ultimo secolo di impossessarsi sempre di più delle tecnologie subeteriche, ormai alla

base della nostra epoca materialista. Il Cielo lo ha consentito perché, posti di fronte alla minaccia e alla realtà perversa di una alterazione degli equilibri tra eteri superiori e inferiori, noi reagissimo con un salto di coscienza.
Ed ecco: ora siamo proprio di fronte a questa difficile fase, e se ne vedono gli effetti sula Terra e sui nostri corpi. Ma, evento importantissimo, per venirci incontro e aiutarci a sostenere questa offensiva delle forze oscure, le forze angeliche guidate dal Logos solare ci inviano una maggiore quantità di eteri superiori dal Sole. Il che alimenta una forte attività solare che genera anche il nostro riscaldamento climatico. E lo fa per equilibrare l'aumento subeterico, questo sì antropico, di origine umana, soprattutto di elettricità e campi elettromagnetici.

Questo tipo di intervento positivo solare si è già verificato nella Storia ogni volta che un maggiore flusso eterico avrebbe aiutato gli esseri umani dal punto di vista della crescita spirituale. Ad esempio, si sono avute temperature superiori alle attuali durante la vita di Gesù Cristo, durante il sorgere del monachesimo mistico, durante la stagione del Graal, durante l'epopea Templare, nel primo Rinascimento umanistico mediceo. Seguiti ogni volta da raffreddamenti climatici, quando nuovamente prevalevano le forze oscure ed il Cielo lasciava che - sempre per stimolarci a crescere – ci venissero incontro maggiori ostacoli prodotti dall'influenza delle forze anticoscienza.
E quindi freddo crescente durante i secoli del materialismo, e poi nuovo aumento dell'attività solare eterico-fisica per accompagnare il risveglio della coscienza umana a partire dagli anni 60-70 del secolo scorso.
Per un fine assolutamente positivo: difenderci dall'aggressione elettromagnetica delle forze oscure.

E' veramente singolare e significativo come invece le attuali forze umane anticristiche istituzionali e mediatiche presentino la situazione in modo esattamente contrario alla realtà. Secondo la loro "vulgata", diffusa come indiscutibile e "scientifica", all'ori-

gine del riscaldamento climatico ci siamo noi, e non il Sole. E quindi bisogna intervenire producendo molta più elettricità e molto maggiori e più pesanti campi elettromagnetici.
Perché quelli sì che sono "puliti". Quelli non fanno male...
Parola di "Scienza"...

Quando invece è proprio il contrario: è proprio l'Essere divino del Sole che sta inviando più eteri superiori, e quindi anche più calore, per riequilibrare i disastri elettromagnetici che i poteri terreni, guidati da forze oscure, stanno aumentando a dismisura fuori di noi e dentro di noi. Per farci vivere in gabbie elettro-magnetiche dannose per la nostra struttura e utilissime per contrastare il risveglio delle coscienze umane.
E infatti - guarda caso - qualche stramiliardario "nero" ha perfino proposto di immettere nell'atmosfera delle "cortine" che diminuiscano l'irraggiamento solare. Naturalmente si tratta di un tizio diventato stramiliardario proprio alimentando la rivoluzione del digitale "elettrico" per tutti: un vero, autentico, scrupoloso ed obbediente figlio di Satana.

Dal nostro più ampio e più sano punto di vista, in effetti, se proprio volessimo indurre il Sole a raffrescare il clima, dovremmo fare il contrario di quello che vogliono farci fare ora: dovremmo noi de-elettrificare e smagnetizzare il mondo.

l'accelerazione COVID

E su queste spinte, quella emergenziale del riscaldamento climatico e quella "di comodità" dell'uso dei computer, per dare un'ulteriore forte accelerazione al piano anti-risveglio, nel 2019 è partita una grande emergenza apparentemente solo sanitaria: la pandemia COVID. Creata in laboratorio, così come negli stessi laboratori sono stati creati i relativi vaccini.

Questa operazione ha avuto due scopi: indebolire i corpi fisici e sottili di tantissimi esseri umani, che avrebbero bisogno di piena salute per un buon risveglio di coscienza, e terrorizzare le maggioranze umane ipnotizzandole con la paura della morte. Spingendole così ad accettare qualsiasi cosa i governi e le istituzioni mondiali volessero fare pur di ritornare a una situazione di "normalità" e almeno apparente serenità.

Quindi, approfittando dell'artificioso clima emergenziale, non solo si sono avvelenati e indeboliti i corpi di miliardi di persone, ma si sono anche finanziati con somme enormi dei costosissimi piani specifici per il post Covid, per il dopo emergenza.

E tutti i poteri politici hanno accettato questi enormi esborsi senza fiatare, anche se è di tutta evidenza che questi grandi piani finanziari nazionali ed internazionali, messi in campo per motivi sanitari, non si occupano affatto di migliorare il comparto sanitario. Ma - riflettiamoci bene - sono rivolti soprattutto a tirare fuori enormi somme dalle nostre tasche per la transizione energetica, la elettromagnetizzazione e la digitalizzazione del mondo e degli esseri umani. Insomma, per favorire un grande passo in direzione di un Great Reset dalle origini e dagli scopi demoniaci anticristici e antiumani.

Un passo per giunta favorito dal fatto che miliardi di persone, chiuse in casa per il "periodo del terrore" imposto durante il COVID, hanno in grande misura aumentato l'uso del computer e degli smartphones, immergendosi in campi elettromagnetici sempre più forti e legandosi ancora di più a quelle macchine inabitate da larve oscure. E inoltre alimentando enormemente l'economia di rete basata sul web: lavoro, studi, ricerche, acquisti e interazioni sociali sono passati ancora di più, in modo del tutto abnorme, sui computer. Certo con grandi "vantaggi pratici", ma contemporaneamente con enormi veleni per la struttura umana e per il risveglio in corso.

il rafforzamento di un Papato "Scientifico"

Come abbiamo già visto, uno dei temi essenziali nel processo di risveglio delle coscienze è quello della fine progressiva dei principi di autorità esterni (capi politici, capi religiosi con i loro dogmi e comandamenti, capi spirituali, capi economici e finanziari, capi culturali, ecc.). Per produrre la crescita di una nostra individuale coscienza spirituale rivolta al vero Bene come unico e vero principio di autorità.

Questa volta non più esterno ma interiore.

Per facilitarci in questo processo, il Cielo ha lasciato progressivamente tutti i principi di autorità esterni nelle mani delle forze delle Armate Nere. Perché per noi, guardando e subendo i loro comportamenti, fosse sempre più evidente che nel cercare il Bene dobbiamo sfuggire alle loro manipolazioni e ipnosi, e orientarci finalmente, liberamente, da soli. Anche a costo di sbagliare.

Vecchi poteri, anche importanti, come il Papato romano, sono ormai chiaramente non più nelle mani del Cielo, e fortemente in crisi di credibilità. E allora, per predisporre questi tempi anticristici, i livelli alti delle piramidi oscure hanno creato la forma pensiero di un nuovo principio di autorità: l'autorità assoluta della Scienza. Di una Scienza *priva di dubbi.*
Il che è un assurdo, visto con menti libere, in quanto la Scienza è di per se dubbio costante che spinge alla ricerca continua di verità più profonde. E la prova evidente di questo è che la Scienza di un certo momento storico rivede e corregge ogni volta quasi completamente i risultati degli scienziati di anni, decenni o secoli prima. E questo accadrà ovviamente anche per la Scienza attuale.

Ma i vertici delle piramidi invece hanno trovato un sistema per dare forza a questa nuova forma di PAPATO SCIENTIFICO. Inventando, anche per questo papato, delle subdole forme "sinodali" o "conciliari", applicate alla Scienza e tratte proprio dalle forme papali religiose.

E lo hanno fatto creando dei "panels", dei gruppi istituzionalizzati di presunti scienziati esperti, scelti con cura nelle varie piramidi oscure professorali, che lavorano per conto dell'ONU, dell'OMS, e di tutte le principali organizzazioni mondiali e nazionali. Con la forza di gruppi di scienziati - non indipendenti e comunque condizionati – si affermano dall'alto "verità scientifiche" indiscutibili. Utili per la manipolazione delle masse. E tali da autorizzare governi e istituzioni a dare la caccia agli spiriti liberi – anche ai veri scienziati "svegli" e coscienti – bollandoli come "eretici", visionari, rimbecilliti. Il solito sistema già visto con le vicende di Galileo, Giordano Bruno e tanti altri.

La vicenda COVID, ma anche quella del riscaldamento climatico, ci hanno fornito e ci forniscono ogni giorno la prova del rafforzamento di questo pericoloso, manipolatorio Papato Scientifico e di questa feroce "caccia all'eretico".

Per fortuna il Cielo fa in modo che sempre più persone – quelle che si stanno svegliando – si accorgano in modo sempre più chiaro di queste manovre. E la stessa vicenda COVID ha mostrato a tante più persone in modo evidente come le istituzioni mondiali e governative, come tutte le forze partitiche e religiose istituzionali abbiano mentito assumendo posizioni anti-libertà e antiumane, proprio soggiacendo a questo falso papato scientifico. E questo è stato un durissimo colpo per la credibilità di queste istituzioni. Un durissimo colpo per i principi di autorità esterni. Che non verrà dimenticato da chi ha cominciato autonomamente e liberamente a capire come stanno le cose. E' questo un prezioso elemento di risveglio del quale vediamo e vedremo gli effetti positivi.

digitalizzazione e creazione della bestia binaria.

La digitalizzazione, la computerizzazione della nostra civiltà e degli stessi individui è una delle grandi operazioni anti-risveglio umano.

Da una parte perché queste bestie meccaniche che chiamiamo computers sono sempre inabitate da esseri larvali astrali e sub-eterici capaci di condizionarci fortemente. Come del resto aveva affermato cento anni fa lo stesso Rudolf Steiner:

"Non esiste una macchina solo materiale:
demoni arimanici si incarnano
nelle macchine che costruiamo"

E poi perché per usarli ci immergiamo in pesanti campi elettromagnetici a danno dei nostri eteri superiori, delle stesse nostre forze vitali e di pensiero e del nostro sistema immunitario.
E inoltre perché un po' alla volta ci "rubano" lo sviluppo di forze di pensiero autonome e rivolte a Bene.

C'è poi l'enorme problema del fatto che il modo di lavorare del computer è basato su un SISTEMA BINARIO. Mentre in realtà noi viviamo in un mondo che potremmo definire TERNARIO, nel senso che proviene da una coscienza universale trinitaria, fatta di pensare, sentire e agire, della quale siamo fatti anche noi.
E poi noi siamo in vari modi esseri ternari: fatti di corpo, anima e spirito. E per quanto riguarda la stessa anima, anch'essa è fatta di tre parti: un'*anima che sente* che raccoglie e sviluppa per reazione ai fatti della vita sensazioni e sentimenti, un'*anima che ragiona* che elabora i pensieri, e un'*anima cosciente* che elabora come mettere l'amore, la voglia di bene, nei pensieri, nei sentimenti e nelle azioni.

Quello che invece ora si diffonde in tutti i modi sono macchine, computers che adoperano una logica non ternaria, ma binaria, nella quale mancano vari elementi umani, ma soprattutto uno: la coscienza, la voglia di bene vero, l'Amore.
E quindi quelle che vengono diffuse ovunque sono una logica ed una funzionalità non rivolte di per sé al bene, ma che vengono messe solamente a disposizione dei sensi e di logiche prive di amore. In pratica messe a disposizione di tutto quello che in un

essere umano non è illuminato dalla voglia di vero bene per tutti e dall'intelligenza del cuore. Della quale le macchine e gli esseri dei computer sono del tutto privi.
Infatti la logica del computer, binaria, può essere adoperata per fare qualsiasi cosa. Il bene non fa parte della sua logica, a meno che un essere umano non ce lo voglia mettere consapevolmente. Ma siccome la maggior parte del genere umano è ancora poco mossa dall'amore e più dagli egoismi e dagli istinti predatori, ecco che il computer e tutto ciò che è digitalizzato tende a dare più forza, più potenza, più capacità alle immaturità umane. Una amplificazione di queste immaturità. Una maggiore capacità di fare e di farsi del male, fisicamente e psichicamente.

Tanto più che il computer, e anche un "semplice" smartphone, sono binari solamente in modo apparente. Adoperano una logica matematica binaria, ma sono governati da una presenza astrale satanica che è il loro elemento ternario nascosto. Che funziona sempre a nostro danno, a meno che la nostra coscienza non si imponga sempre volendo il Bene, anche usando un computer. Prevalendo così sull'elemento ternario larvale oscuro.

Quindi il computer di per sé, come macchina binaria, non è mai capace di comprendere la natura vera, comunque ternaria di ogni essere, situazione o evento della vita. La logica binaria non ci consente di percepire l'aspetto più importante delle cose, delle persone e degli eventi: quell'aspetto qualitativo, etico, che non è riproducibile con sequenze numeriche binarie.
L'etica è un fatto spirituale, che è del tutto estraneo al mondo dei computer. Quando un computer, o la cosiddetta Intelligenza Artificiale, pretende di sostituire la "coscienza" umana o di superarla con i suoi automatismi, non ne è capace, e fornisce risposte comunque sbagliate o parziali. Sbagliate o parziali rispetto alle leggi etiche di funzionamento della Grande Rete umana e del Mondo. Oppure può raggiungere dei risultati superiori, ma solo su indicazioni precise di un elemento superiore ternario, che è un essere umano, buono o cattivo, o un essere divino, buono o cattivo.

Ma comunque la sua natura di base è quella di essere normalmente *comunque inabitato* da un essere oscuro e antiumano. E quindi il Cielo lascia a noi il confronto con i demoni del computer e dell'Intelligenza Artificiale, che possono essere superati, sconfitti e soggiogati solamente con un uso del computer per scopi etici da parte della nostra componente spirituale superiore cosciente e amorosa.

l'Intelligenza Artificiale: un balzo indietro di millenni per l'anima umana.

L'introduzione dell'Intelligenza Artificiale (IA) è comunque un fatto malefico di portata notevolissima: un passo in più contro le coscienze, contro il risveglio, contro l'evoluzione umana e contro le nostre stesse facoltà.
Viene presentata come un qualcosa molto più intelligente di un essere umano, alla quale quindi affidare molti compiti fino ad ora solamente umani. Soprattutto pensare elementi complessi, pensare come organizzare e fare le cose, e dare disposizioni per farle sempre più spesso ad altri computers e robot.
Ma questa IA non ha una coscienza, non ha un cuore, non ha un elemento qualitativo etico, e quindi penserà e farà tutto in base ad una logica materialista funzionale utilitaristica.
Negli esseri umani poca o tanta etica c'è, e lo è in modo crescente nell'umanità in risveglio. Nella IA no, proprio non c'è.
I rischi sono enormi. Tanto più che in effetti una qualche etica c'è sempre nell'uso di un computer, anche nella IA, ma è quella di chi lo manovra. Nel caso di rinuncia degli esseri umani a guidare le catene logiche binarie della IA, è chiaro che a dominare ed indirizzare i processi logici della IA rimarrebbero indisturbati gli esseri demoniaci che comunque la inabitano. Senza alcun disturbo da parte delle coscienze umane.
Potrebbe così prevalere l'incubo di una sorta di megacomputer demoniaco, nemmeno neutro, capace di guidare le sorti dei popoli. Ed è chiaro che lo farebbe in senso antiumano. Visto che lo

scopo dell'Anticristo Satana è proprio quello di ridurre l'essere umano a una macchina bruta e solo sensoriale, abitante di un mondo meccanizzato e sempre più spoglio di vita vera.

Dal punto di vista evolutivo, in questa fase storica dal Rinascimento in poi, stiamo sviluppando la COSCIENZA, che significa mettere il cuore - la voglia di Bene vero per tutto e tutti - nei nostri pensieri, per produrre azioni benefiche. Questa evoluzione è alla base del nostro iniziale risveglio di questi tempi.
Nell'epoca precedente, a partire dall'ottavo secolo A.C. si era sviluppata quella parte dell'anima che si chiama anima che ragiona. Sviluppando in noi notevoli facoltà di pensiero - come risulta evidente nei secoli successivi nel mondo greco e romano - ma ancora sostanzialmente prive di vero amore.

L'introduzione della IA vuole spingerci non solo ad affidarci a una macchina senza cuore e senza coscienza. Ma anche a delegare a questa macchina le nostre facoltà pensanti, tornando un po' alla volta solo a essere solamente la parte più sensoriale, istintiva e selvaggia, priva di etica interiore, della nostra anima: l'anima che sente.
Questa enorme operazione anticristica vuole in effetti non solo bloccare il risveglio e l'evoluzione umana a dove siamo ora, ma addirittura riportarci indietro di migliaia di anni. Perfino a prima dello sviluppo delle forze del pensiero umano.

E' l'offerta anticristica di una nuova mela avvelenata all'umanità:

> "affidati completamente a questa meravigliosa, intelligentissima IA, e potrai dedicarti beatamente, senza pensare e senza la fatica della coscienza, al soddisfacimento dei tuoi più bassi istinti sensoriali e delle pulsioni del tuo egoismo. Del resto nella tua vita cosa altro c'è di più importante?"

la presenza operativa dell'Anticristo

In questi decenni il risveglio si trova di fronte a un importante gradino evolutivo da superare.
Questa vita e le prossime nostre vite saranno dedicate proprio a questo:

il superamento del Male.

E per superarlo ce lo dobbiamo trovare di fronte in tutta la sua nefasta potenza, in tutti i settori. Perché per sconfiggerlo dobbiamo averlo sperimentato a fondo, in tutti i suoi aspetti, e quindi conoscerlo bene.
Ma il Cielo vuole che questa volta contro il Male ci diamo da fare soprattutto noi esseri umani. E questo avverrà con l'aiuto del mondo spirituale bianco in collaborazione con il nostro indispensabile sforzo di presa di coscienza amorosa e di un conseguente nostro agire sempre più etico nel mondo.
Senza il nostro sforzo questo non avverrà, ma i segnali positivi di risveglio sono molto numerosi. E diventano sempre più numerosi proprio di fronte all'invadenza crescente delle operazioni delle forze oscure.

Perché tutto questo avviene proprio ora?
Perché una parte dell'umanità comincia finalmente a essere pronta, e lo sarà ancora di più affrontando le operazioni oscure che in questo momento delicatissimo sono, proprio sulla Terra, direttamente nelle mani della tanto attesa e temuta venuta di Satana, in veste di Anticristo. Ormai incarnato nel tentativo di bloccare il fiorire delle forze d'Amore volte al Bene che sono in fermento come non mai nei cuori di tante persone.

Lo stesso Rudolf Steiner, uno dei più grandi veggenti e iniziati degli ultimi secoli, aveva predetto con precisione che l'Anticristo si sarebbe incarnato subito dopo l'inizio di questo secolo. E che questo avrebbe portato enormi problemi per l'umanità, ma anche la possibilità concreta di salire un gradino evolutivo importantissimo, quello della VITTORIA DEFINITIVA SUL MALE, conseguita dagli esseri umani stessi.

Questo evento fondamentale è nelle fasi iniziali ed ora in pieno sviluppo. E si vede chiaramente come negli ultimi anni ci sia stata una improvvisa accelerazione delle sfide antiumane delle quali abbiamo scritto in precedenza. Si vede con chiarezza come questa società, a livello culturale, scientifico e di potere, venga letteralmente satanizzata a una velocità impressionante.
Ma questo vuole anche e soprattutto conseguire l'effetto di mostrare a noi con grande evidenza quello che dobbiamo combattere in noi e fuori di noi. E questo è sempre più chiaro per tante persone: le ultime crisi lo dimostrano molto bene.

E allora cosa fare di fronte alle più recenti minacce?

cosa fare di fronte a questa pesante aggressione

Siamo proprio destinati a soccombere di fronte a questa perversa strategia antiumana?
No, assolutamente no.

Abbiamo considerato in precedenza come le superiori Forze del Bene utilizzino le infernali forze del Male per svegliarci, e questo in una parte molto importante, anche se non ancora maggioritaria dell'umanità, sta già funzionando piuttosto bene.
Quello che il Cielo vuole si sviluppi in questa fase del progetto evolutivo che ci riguarda è acquisire il nostro personale, vero metro del Bene. Di questo abbiamo scritto in precedenza.

Per quanto riguarda "Cosa possiamo fare noi ora", rinvio alla lettura all'ultimo capitolo di questo libro. Quando avremo un quadro ancora più completo della situazione.

Ora vorrei dare dei suggerimenti che riguardano in particolare l'aggressione elettromagnetica e digitale, accelerata dalla crisi COVID, e l'uso del computer:

- Aumentare il numero e la qualità delle nostre azioni d'Amore incondizionato verso le persone e le situazioni intorno a noi. Sulla base di intense ricerche scientifico spirituali emerge che questo "attivismo amoroso" volto al bene vero delle persone – non a compiacere i loro egoismi e le loro pretese – crea un enorme rafforzamento. Sia della nostra struttura animica, che di quelle eterica e fisica. Ed è in grado di renderci progressivamente immuni all'aggressione elettromagnetica.
- Stare il più possibile fuori da campi elettromagnetici di ogni tipo. Non tenere il wi-fi acceso in casa, per quanto possibile. L'essere del computer è comunque in grado di operare contro di noi se il computer è acceso, anche in stand by. Questo vale anche per gli smartphones.
- Adoperiamo il computer, come tutte le azioni umane, con un intento di Bene, nostro e degli altri. Non per diletto o come passatempo. In questi casi l'essere del computer prende facilmente il sopravvento su di noi. E noi ne rimaniamo sedotti ed ipnotizzati, ingabbiati in direzioni anti-coscienza.
- Consideratelo sempre come un delicato "portale", capace di portare nella nostra dimensione esseri dal basso astrale, di varie gradazioni, un portale da tenere ben chiuso il più possibile. Un vero e proprio VASO DI PANDORA.
- Adoperare gli strumenti elettronici il meno possibile, ma comunque sempre con un animo pulito e profondamente etico; solo per amore del Bene, per fini positivi.
- Fermarsi quando vediamo che il nostro lato oscuro in combutta con l'essere del computer vuole sedurci con elementi egoici o sensuali, o stuzzicarci con la stizza, la voglia di litigare, il rancore, il vedere gli altri "sbagliati", o con la semplice curiosità di vedere ancora, di curiosare ancora, anche se non è vera-

mente necessario. Di andare a sentire che dice quello, che fa quell'altro... in un modo che non è strettamente funzionale a fare qualcosa di positivo. L'essere del computer e il Doppio ci danno una sorta di piacere nel farlo per minuti, per ore, e questo un po' alla volta ci espone alla loro opera di risucchio morale, eterico e di energie fisiche.

- ❖ Evitiamo qualsiasi polemica, l'esercizio di qualsiasi cattivo sentimento nelle varie chat e nei social, che vengono amplificate dal Doppio rafforzato dall'essere astrale del computer o dello smartphone.
- ❖ Attenti ai cali di intenzione amorosa e positiva, ai cali di consapevolezza che vengono subito sfruttati contro di noi.
- ❖ L'uso per divertimento o l'uso da svago o per cose futili o solo sensoriali è sempre delicato: se l'io amoroso non è in funzione consapevolmente e molla, si distrae, il serpente computer comunque colpisce. O c'è presente il nostro forte spirito amoroso, oppure c'è l'essere astrale che ci indebolisce fisicamente e psichicamente in collaborazione col Doppio. Non c'è il vuoto in alternativa a queste due presenze.
- ❖ Chiaramente se lo usiamo molto, spesso anche per lavoro, non riusciamo a mantenere sempre una totale presenza di spirito, e appena abbassiamo la guardia – il che succede naturalmente – il risucchio e l'abbassamento partono subito. Dobbiamo rendercene conto e stare in guardia.
- ❖ Ma anche la sola presenza di una fonte elettro-magnetica è il rafforzamento di forze di morte dentro di noi, quindi di forze antivitali. Comunque con il tempo, anche se spiritualmente ci teniamo su e non cadiamo nei tranelli animici del Doppio e del suo compare computer. Quindi il computer va usato comunque quanto basta, mai più di quanto strettamente utile in direzione del Bene.
- ❖ Cosa contrasta la forza negativa del computer? L'uso amoroso che se ne può fare: adoperandolo con attenzione, con la

giusta intenzione e non troppo, si può rivelare come un importante e positivo strumento di diffusione del Bene.

Se dalla vita siamo costretti a stare all'interno di campi elettromagnetici, a lavorare continuamente al computer, a stare spesso al telefonino, ricordiamoci una cosa:

basterà aumentare il numero e la qualità
delle nostre azioni d'Amore
per recuperare le forze perdute.

Ma non bisogna dimenticarsi di farlo... quotidianamente, usando ogni opportunità.

Dipende solo da noi.

9

LE ARMATE NERE

Quali sono le forze oscure, come si organizzano e come operano

Strumenti e coperture di strategie più vaste. L'Egregora dell'Impero. I misteri dell'Impero Romano, di ieri e di oggi. Roma: il destino in un nome. Una sola piramide oscura? I sette livelli operativi delle Armate Nere. Il funzionamento e le caratteristiche delle piramidi oscure: forma e colore – strutture di manipolazione e di menzogna – le lotte intestine – "tutti sono sacrificabili" – il mercato delle anime. Il principio di autorità. Democrazie a libertà condizionata. Il senso spirituale della globalizzazione e delle varie centralizzazioni. Una strategia della tensione che è contemporaneamente nazionale ed internazionale. Chi non piace alle strutture dei poteri oscuri? I limiti e i punti deboli delle forze oscure.

strumenti e coperture di strategie più vaste

Immagino che il quadro che abbiamo delineato fino ad ora possa far dire: "Ma cosa c'entrano tutti questi sproloqui su questioni spirituali, anima, vitalità del corpo, modi di pensare, ispirazioni, contro-ispirazioni ecc. con la situazione internazionale? Perché non parlare di cose molto più solide – economiche, politiche e militari - dei poteri oscuri, dei nomi degli uomini e dei gruppi, e di come intervengono nelle situazioni internazionali?"
Certo, approfondire tutti questi aspetti è molto importante per capire, ma proprio non basta.
La risposta a questa domanda è del tutto estranea al modo di pensare comune, a quello che si sente o si legge nei mass media.
La realtà, ben più profonda e significativa di quella apparente, è un'altra: tutto l'apparato di potere mondiale, tutte le strategie di controllo dei singoli Paesi e delle varie situazioni mondiali, tutte le dinamiche di conflitto e di crisi, sono originate da un movente più ampio e preciso:

ostacolare l'evoluzione spirituale dell'Umanità.

E se non si parte da questa origine dei problemi della situazione internazionale, non si capisce veramente quello che succede.
Tutti i grandi apparati di potere, anche se si occupano di finanza, di politica, di religione, di farmaci, di droga, di mass media, di industria, di armi o di petrolio, di cultura e di scienza… in effetti lo fanno perché il potere che detengono serve alle forze oscure come strumento e come copertura delle loro strategie di attacco alla natura umana, nelle sue varie componenti fisiche, psichiche e spirituali.

Il vero motivo per cui esseri umani condizionati da determinate fratellanze oscure vengono messi a fare il presidente degli Stati Uniti o il segretario di una forza politica importante, il direttore della Organizzazione Mondiale della Sanità o della Banca Mondiale, il capo di una grande religione o di un impero mediatico o finanziario, non è solo per detenere il potere in un certo settore. Ma per usare questo potere operativo mettendolo a disposizione di più ampie strategie oscure.[13]

Se si pensa che operino solamente in funzione delle dinamiche interne al loro settore, non si riesce mai a capire cosa fanno veramente. E certe loro decisioni appaiono del tutto illogiche e inspiegabili, perfino contrarie agli apparenti interessi loro personali e delle organizzazioni che dirigono.
Ma questo si spiega sapendo che devono spesso il loro posto alle grandi forze spirituali negative che si muovono nel mondo, e quindi non possono fare a meno di eseguire i loro ordini. Anche se in determinate situazioni vanno contro i loro interessi apparenti, quelli delle loro organizzazioni o dei loro Paesi.
Questo è un punto molto importante.

Cerchiamo ora di capire meglio quali sono le forze, gli uomini che fanno parte delle "armate nere": le schiere di individualità che eseguono le strategie contrarie alla crescita dell'umanità. Perché lo fanno, come lo fanno, e come funziona il meccanismo operativo delle forze dell'ostacolo nella situazione internazionale.

l'"Egregora dell'Impero"

Partiamo da una considerazione di base relativa alla Storia spirituale dell'umanità:

le forze del Mondo Spirituale
hanno da parecchio tempo lasciato
che i "poteri terreni"
fossero nelle mani di forze oscure.

---

[13] Questo non significa che *tutti* coloro che svolgono o hanno svolto queste ed altre funzioni in grandi organizzazioni siano stati messi in quei posti dalle forze oscure.
Ma molti sì...

Lo hanno fatto per garantire un buon livello di ostacolo generale alla crescita umana. Un livello esteriore, che raccordandosi ai livelli interiori di ognuno, fornisse alle coscienze sufficienti ostacoli per crescere. Nell'antichità c'erano re e imperatori appartenenti alle forze del Male, ed altri che invece erano anche capi spirituali illuminati, in contatto costante con il mondo spirituale positivo. Erano una specie di messaggeri degli dèi in terra, Che facevano da ponte tra il Cielo e gli esseri umani, ancora troppo bisognosi di guide positive forti e indiscutibili.

Ma poi l'umanità ha cominciato a crescere, a sviluppare le sue capacità di pensiero[14], e allora è stata messa davanti a ostacoli più forti. Già al tempo di Gesù la geografia del potere era cambiata.
Citerò un episodio archetipico molto significativo, che riassume questa situazione.
Quando il Cristo, dopo il battesimo del Giordano, si reca nel deserto, compare Satana per tentarlo. Una delle tentazioni è quella di mostrargli tutti i regni della Terra e dirgli: "Tutte queste cose io te le darò, se prostrato a terra mi adorerai" [15]
Cosa c'è alla base di questa affermazione? Che il diavolo stava offrendo qualcosa che era già completamente nelle sue mani. Affidata a lui per svolgere la sua funzione di mettere ostacoli sul cammino umano. E in quel caso cercava di usare il suo potere sui "regni" per cominciare subito a tentare di ostacolare il cammino umano del Cristo.

La situazione da allora non si è sostanzialmente modificata. Si è anzi vieppiù organizzata e ramificata in sistemi sempre più centralizzati che fanno capo a una forma specifica di controllo del potere, che si chiama "IMPERO".

Questa forma di potere è una vera e propria enorme entità spirituale originata da uno specifico sentimento umano: il desiderio di potere, di dominio sugli altri uomini. Le sue attuali, mostruose di-

---

[14] Basti pensare, in occidente, al sorgere nello stesso periodo della filosofia greca, della geometria, della storia, ecc...
[15] Matteo, 4,9.

mensioni sono dovute alla sommatoria nei secoli dei pensieri, dei sentimenti e delle azioni di ogni singolo individuo, volte a controllare e usare altri esseri umani per i propri fini egoistici. E si basa su un vero e proprio, perverso godimento interiore per il potere esercitato su un altro. Oltre che, naturalmente, per i vantaggi egoistici, materiali e sensoriali che se ne possono ricavare.
Questa è la base dell'enorme "Egregora[16] dell'Impero", che ormai domina la scena politica internazionale pressoché incontrastata.

Questo non significa che esiste una sola, grande organizzazione terrena del potere, ma che la forza oscura che c'è dietro, che ispira e fornisce forze e intuizioni negative a differenti sistemi "imperiali" terreni, è la stessa, grande "egregora". Una enorme entità oscura, un grande vampiro che succhia le migliori forze e qualità dell'umanità per bloccarne la crescita. È il frutto, la somma di tutti gli impulsi individuali a dominare, a controllare un altro essere umano. Un mostro che negli anni è cresciuto in modo esponenziale, affondando i propri tentacoli ovunque. Ovunque ci fosse nell'animo umano la voglia di dominare un altro politicamente, economicamente, militarmente, ideologicamente, spiritualmente, moralmente. Perfino nei rapporti di lavoro, tra amici, genitori, figli, partners. I mattoni con i quali è stata costruita sono questi: le nostre singole mancanze di amore, la nostra voglia di imporci per prendere qualcosa dagli altri. E usarlo a nostro piacimento.
E il sangue succhiato all'umanità dalla grande egregora dell'impero viene distribuito alle schiere di mercenari, per lo più inconsapevoli, che fanno parte delle sue strutture.

Una volta questi imperi erano evidenti, poi l'evoluzione umana ha fatto in modo che assumessero progressivamente altre forme: grandi religioni organizzate, nazioni imperiali, sistemi di controllo trasversale della politica e dell'economia, colonialismo e neocolonialismo, finanza, multinazionali, globalizzazione.

---

[16] Una "egregora" è una entità spirituale intelligente che cresce nutrendosi di un insieme di pensieri e sentimenti umani.

La forma è l'Impero, ma le strutture "imperiali" che si scontrano o si alleano sono diverse, si modificano ed evolvono nel tempo. La loro stessa diversità e competizione consente all'Egregora dell'Impero di dominare usando i loro conflitti come strumento privilegiato dei suoi fini. È il notissimo concetto del "DIVIDE ED IMPERA", tipico dell'Impero Romano, che proviene da una profonda e basilare ispirazione delle forze oscure.
Queste forze spingono i loro imperi a usare questo criterio, ma poi loro stesse giocano sul "divide ed impera" tra i loro imperi e all'interno di ogni singola organizzazione imperiale. È una modalità perversa che consente sia un migliore controllo delle strutture e degli uomini, sia la diffusione delle aree oscure nella rete e nel cuore degli esseri umani.

i misteri dell'Impero Romano, di ieri e di oggi.

Ebbene sì: siamo arrivati a pronunciare un nome fondamentale nelle modalità di controllo del mondo della nostra epoca: l'IMPERO ROMANO.
Qualcuno dirà: "Ma questo qui, che parla di Impero Romano ai nostri tempi, è un visionario... È uscito fuori di testa!".
Chi lo sa... forse ha ragione. Ma ai nostri tempi, per cercare delle risposte, in qualche modo bisogna comunque uscire dal solito modo di far funzionare la testa, dalla solita "visione" materialista comune, che fa tanto comodo ai poteri oscuri.

Nei secoli precedenti la fondazione di Roma, l'Italia centrale era dominata da una forma di potere ancora collegata direttamente alle forze del Bene: i re-sacerdoti, come gli illuminati *lucumoni* etruschi. Come avveniva in molte altre zone del Mondo. Sia pure con alterne vicende, le città etrusche in genere non erano sostanzialmente espansive, non imponevano il loro potere ad altri. L'Egregora dell'Impero era ancora debole presso di loro. Ma gli illuminati etruschi molto probabilmente sapevano che il mondo spirituale, per favorire l'evoluzione, si stava ritirando dal potere. E che avrebbe consentito alle forze oscure di organizzare e gestire

il sorgere progressivo di una grande formazione imperiale. Che sarebbe stata il modello operativo negativo, ma evolutivamente necessario, di un lungo arco di secoli, nella parte della Terra destinata a diventare per un certo periodo la più avanzata, la guida del Mondo: quella Occidentale. E per di più sapevano che sarebbe sorta proprio nei loro territori.
A loro il compito di seguire questo delicato passaggio.
E gli etruschi certamente parteciparono ai riti sacri e misteriosi per la fondazione di Roma, e poi si occuparono in prima persona delle fasi iniziali del Governo della città. Diversi re etruschi e tantissimi funzionari, consiglieri, costruttori, sacerdoti.
Ma la nuova formazione terrena aveva un indirizzo differente dalle città etrusche. Doveva basare in modo forte il nuovo corso sul dominio, sul potere dell'uomo sull'uomo. Doveva contribuire alla crescita organizzata dell'Egregora "Impero". E infatti Roma cominciò subito a usare tutte le sue energie per espandersi, per imporre il proprio *dominio di uomini sugli uomini*.

Gli antichi sapevano bene che alla base del potere politico c'è sempre un potere spirituale, e infatti a Roma il potere vero, fin dall'inizio, è stato gestito da un collegio di sacerdoti, i "Pontefici", guidati da un PONTEFICE MASSIMO, che presiedevano alla religione e ad altri aspetti fondamentali del governo. Costruttori di ponti sul Tevere, ma soprattutto dei ponti tra Roma ed il mondo spirituale, bianco o nero. I re, e poi il senato repubblicano, erano in fondo solo gli amministratori laici di questo potere superiore. È chiaro che la trasformazione dal modo di governare etrusco - non imperiale - a quello fortemente imperiale, è passata per una evoluzione che ha attraversato anche il collegio dei Pontefici. È proprio lì che probabilmente le forze "bianche" hanno ceduto progressivamente il posto alle forze oscure. Fino ad arrivare al momento in cui, dopo alterne e misteriose vicende che riguardano la nomina di Giulio Cesare a Pontefice Massimo, e quindi il suo assassinio e la guerra civile, emerge infine la figura di Ottaviano Augusto. E' il primo Imperatore, una posizione che

è dominante in quanto riassume in sé le due cariche di capo politico e di Pontefice Massimo.
L'Egregora oscura dell'Impero, la forma di dominio ideale sull'uomo, ha ora la sua concretizzazione piena sulla Terra.

E le forze "bianche" che facevano? Guardavano e basta?

No, tutt'altro: il Piano Divino è sempre il piano prevalente, quello che include le strategie negative. L'Impero Romano era l'ostacolo evolutivo massimo predisposto per mettere alla prova le forze nuove che stava inviando sulla Terra: le grandi forze dell'Amore personificate dal Cristo, l'essere solare dell'Amore.
E il destino dell'Impero Romano sarebbe stato quello - in una lunga fase storica non ancora conclusa - di farsi da una parte ostacolo, ma dall'altra – per motivi utilitaristici - anche portatore, diffusore, amplificatore dell'impulso cristico, dell'impulso dell'Amore nel mondo.

Si tratta di un fenomeno molto complesso, difficile da riassumere in poche righe. Ma è già importante porre l'attenzione su questo diverso modo di guardare a certi avvenimenti e a certi sviluppi.

L'Impero quindi ha combattuto il diffondersi del cristianesimo nelle prime fasi, e gli Imperatori-Pontefici hanno svolto una funzione importante nel farlo. Poi, man mano che l'impulso cristiano cresceva e diventava incontenibile, lo hanno inglobato per trarne forza e per strumentalizzarlo, fino a renderlo religione di Stato all'epoca di Costantino. Successivamente, quando le spinte vigorose e distruttive delle invasioni barbariche hanno messo in seria crisi il potere politico e militare imperiale, l'Impero ha deciso di cambiare pelle. Come la muta di un serpente.
I pontefici hanno dismesso l'abito politico imperiale formale – ormai insostenibile - e, per mantenere il potere imperiale effettivo, quello di derivazione spirituale, hanno assunto il controllo sostanziale della religione cristiana. Sovrapponendo proressivamente il ruolo ed il portato dei poteri "misterici" del "*Pontifex Maximus*" a quello di capo assoluto della comunità dei cristiani.

Membri delle famiglie elitarie hanno cominciato a diventare Vescovo di Roma e ad assumere cariche di rilievo nella struttura religiosa. E questa si è articolata territorialmente e gerarchicamente sul modello della burocrazia imperiale. Enormi sforzi - coronati da successo - sono stati fatti negli anni per convertire e controllare i re barbari che ora amministravano il potere politico. E la Chiesa di Roma ha iniziato una forte lotta per imporre la propria supremazia alle altre Chiese cristiane, da quelle sparse per il bacino del Mediterraneo fino alla Chiesa cristiana Celtica del centro-nordeuropeo. Fino a riuscire a imporre il Vescovo di Roma come unico Pontefice Massimo della Cristianità, unico detentore delle chiavi del Cielo. Indiscusso e indiscutibile.
Il Senato ha mantenuto la porpora nei propri abiti, si è trasformato in collegio dei cardinali, e il vecchio collegio dei Pontefici ha continuato a elaborare e aggiornare le strategie operative internazionali ispirate dall'Egregora Impero e dai vertici delle piramidi oscure.

La Storia ha poi visto alterne vicende e la formazione, sempre su ispirazione dell'egregora centrale imperiale, di altri imperi, in associazione o in competizione con l'Impero Romano. Ma lo schema di dominio è rimasto fondamentalmente lo stesso. Sono sorti imperi ovunque, fuori dall'orbita occidentale e al suo interno, in un gioco delle parti terribile, coinvolgente e complesso. Punteggiato di guerre, di stragi, di abusi e di grandi sofferenze per l'Umanità.

Nuove ispirazioni, emerse in modo sotterraneo nel Medio Evo, hanno poi favorito il sorgere progressivo di altri poteri, come le grandi organizzazioni trasversali massoniche. Spesso nate proprio dall'impulso di libertà, e per reazione al potere dell'Impero di derivazione romana. Questo impulso ha tratto importanti forze spirituali da antiche e profonde conoscenze esoteriche, ed ha prodotto, soprattutto a partire dal XVIII secolo, fondamentali sviluppi nel progresso umano: le libertà civili, i diritti umani, le più avanzate forme di Stato e di Governo, ecc.

Ma l'egregora dell'impero ha preso rapidamente il sopravvento, facendo diventare "imperi" - questa volta trasversali alle nazioni - anche le principali organizzazioni massoniche; facendo prevalere anche al loro interno le ottiche del potere e del dominio. E poi favorendo strane commistioni tra i vari imperi, nuovi e vecchi, confondendoli al loro interno. Alleanze ed infiltrazioni reciproche tra massonerie e vecchi imperi hanno dominato la scena del XIX secolo e poi soprattutto del ventesimo. Fino ad arrivare alla situazione attuale, nella quale vari fronti trasversali attraversano sia le religioni organizzate che i poteri laici, ovunque. Fronti di diversi orientamenti, in lotta tra loro: conservatori o progressisti, atei o religiosi, religiosi retrivi o religiosi aperturisti, religiosi massoni o antimassoni, massoni filo-Roma e massoni anti-Roma, mondialisti o sovranisti.

Un intreccio complesso e difficile da districare. Ma spesso tutti figli della stessa madre: l'Egregora dell'Impero.

E non è difficile distinguere di chi sono figlie queste strutture: i loro capi sono ispirati dal bene dell'uomo, o soprattutto dalla loro ambizione, dal loro bene personale o di gruppo? Da quello che possono ricevere nelle posizioni che occupano? Nelle strutture domina la libertà totale o il principio di autorità? La manipolazione o la chiarezza di intenti? La ricerca, individuale o di gruppo, di potere sugli altri o l'Amore?

Questi i criteri di valutazione da adoperare tuttora per capire con chi abbiamo a che fare.

Roma: il destino in un nome

In alcuni casi il potere sostanziale - quello delle maggiori forze imperiali - è rimasto senza apprezzabili soluzioni di continuità nelle mani degli stessi gruppi: chi esercita un certo ruolo di grande funzionario dell'impero oggi, ha preso "le consegne", direttamente da un precedente funzionario, che le ha a sua volta ricevute da un altro ancora. Risalendo indietro nel tempo fino a migliaia di anni fa, come nel caso del Pontifex Maximus. Di mano in mano fino ad oggi l'ininterrotto fluire di un grande patrimonio di raffinate e solide conoscenze su come dirigere, espandere o mantenere un Impero, basandosi sulla somma delle debolezze e delle più basse aspirazioni umane. E mantenendo un costante e solido contatto con i vertici spirituali oscuri.

Ma per fare tutto ciò, per sopravvivere per millenni, i vari poteri hanno dovuto comunque adeguarsi agli impulsi umani in evoluzione. Nel caso dell'Impero Romano, che è il modello principale di riferimento, ha dovuto a un certo punto abbracciare la religione dell'Amore ormai in espansione. *Per sopravvivere* ha dovuto diffondere gli enormi impulsi positivi evolutivi del cristianesimo. E poi al suo interno si sono moltiplicate le figure di mistici, di santi, di grandi pensatori "bianchi". Non ha potuto fare a meno di alimentare un circuito virtuoso tra reali bisogni umani di spiritualità e di amore e una organizzazione che, pur essendo "nera", almeno parzialmente li favorisse.
Per i suoi bisogni di potere si è articolato in enormi strutture centralizzate, regolate da una ferrea obbedienza, sottoposte a un granitico principio di autorità. Ha formato e accolto schiere numerosissime, veri e propri eserciti di preti, frati, monache e monaci - condizionati e spesso inconsapevoli - allo scopo di tenere sotto controllo la spiritualità e farne una base fondamentale del proprio dominio sugli esseri umani.

Ma non ha potuto impedire che nei propri ranghi ci fosse nei secoli anche una grande presenza di persone dotate di genuina spinta verso il Bene, verso l'Amore, e che quindi proprio questo diffondessero con animo puro. Anzi, a determinate condizioni l'ha anche favorita, perché la presenza di santi uomini, soprattutto se non mettono in dubbio il *principio di autorità* del pontifex, ha sempre fornito la principale credibilità morale all'intera struttura. Queste grandi luci da una parte hanno veramente illuminato il mondo, e dall'altra sono state usate dal potere per cementare ulteriormente le basi dell'autorità imperiale.

Ma anche la stessa funzione di ostacolo alla libertà di crescita spirituale, esercitata tante volte in modo ferreo, crudele e persino sanguinario, ha avuto un ruolo importantissimo nell'evoluzione: nel corso della Storia ha risvegliato per reazione grandi forze di libertà e di coscienza in tanti gruppi ed individui. Basti pensare al vivace fermento spirituale del Medio Evo, sia quello "eretico" che quello ispirato a Gioacchino da Fiore, o a Francesco, o ai Templari; basti pensare alla Riforma, e alle lotte per le libertà civili degli ultimi tre secoli.

Un grande e strano compito quello dell'Impero Romano che è diventato organizzazione religiosa: essere contemporaneamente portatore di scarsissime luci e di tante ombre nei gangli centrali del suo potere. Ma anche veicolo di grandi impulsi, e "casa" di numerose personalità illuminate nei ranghi orizzontali dei suoi religiosi e dei suoi fedeli.

Essere contemporaneamente *portatore dell'Amore e del suo contrario*. Essere portatore di stimoli per l'evoluzione della coscienza umana e contemporaneamente dei principali ostacoli per bloccarla.

Non a caso i grandi iniziati che hanno presieduto alla fondazione della città con un tale destino, l'hanno chiamata con un nome misterioso: ROMA, l'esatto *opposto* di AMOR, l'amore in Latino.

L'Amore è la forza vitale, evolutiva, creativa per eccellenza...

E Roma? [17]

Le forze del mondo spirituale "bianco" hanno in passato operato in modo efficace per mantenere comunque nella forma-impero romana il massimo di luce, anche talvolta negli alti livelli, sia pure in mezzo a tante ombre. Ma hanno ormai da tempo deciso di ridurre i propri interventi. E infatti le forze più oscure si stanno impossessando progressivamente e completamente dei vertici e dei gangli vitali dell'antica struttura. Ormai la funzione di veicolo di

---

[17] Naturalmente il riferimento è alla funzione evolutiva di certi poteri che attraversano dalla sua fondazione questa città. Che è per altri versi affascinante. Ma anche, indubbiamente, infestata da atmosfere psichiche e spirituali estremamente "pesanti". Sempre più pesanti.

espansione dell'Amore si è pressoché esaurita, e le forze spirituali "bianche" sono da diversi anni in rotta di separazione da Roma. E quindi le presenze "bianche" sono sempre minori nei ranghi dell'Impero Romano rivestito da organizzazione religiosa. Quasi scomparse. Questo ne sta incrinando a tal punto l'autorità spirituale e morale, da avvicinare a grandi passi la sua fine fisiologica, ineluttabile.

una sola piramide oscura?

Cerchiamo ora di capire come si articola la struttura delle forze oscure.

Spesso, anche in libri interessanti e ben fatti sull'argomento dei poteri oscuri, si parla di una piramide di poteri occulti diretta da un forte governo segreto centrale, che per fini di potere e di denaro esercita e rafforza il proprio controllo e lo sfruttamento dell'Umanità.

Abbiamo considerato che il fine delle forze oscure non è all'origine il denaro o il potere, ma il tentativo di ostacolare in tutti i modi la crescita umana, e nella nostra fase *i risvegli* di coscienza. Anche se poi il denaro ed il potere sono degli *strumenti* fortissimi di questa strategia.

Ma questa piramide esiste?

Abbiamo visto che la modalità operativa principale sulla scena internazionale, tuttora in piena funzione, è l'*egregora dell'impero*. E che questa ispira la creazione di molte forme-impero umane, che nella loro evoluzione si modificano, e per le quali adotta la tecnica del "divide et impera". Le mette costantemente l'una contro l'altra, in competizione.

E' quindi come se esistesse un impulso negativo che poi, proprio per realizzarsi, deve dare luogo a una serie di piramidi di potere, sul modello dell'impero. In lotta o in alleanza tra di loro, infiltrate l'una nell'altra. Le generali contro-ispirazioni di cui si fanno strumento, e che abbiamo considerato in precedenza, sono accompa-

gnate da una costante dinamica conflittuale. Sia fra piramidi, che al loro interno.
Il contrasto tra di loro, con tutti i vortici di sentimenti e pensieri negativi, di violenze e di dolore, è una delle principali modalità per la creazione di ostacoli sulla scena internazionale e privata dell'umanità.

Vediamo di conoscere meglio e di seguire questi impulsi dall'origine. Ma per farlo in una visione spirituale degli avvenimenti, non possiamo partire dagli esseri umani, dalle organizzazioni umane: dobbiamo risalire più in alto, alla dimensione spirituale. E' lì il primo livello delle strutture del Male, il livello di comando delle Armate Nere.
Nel corso dell'evoluzione si è formata una serie di scalini, che non sono rigidamente gerarchici, ma che corrispondono soprattutto a diversi livelli di coscienza nella partecipazione alle strategie del Male, a differenti gradi di omissione delle proprie caratteristiche di esseri d'amore.
Parleremo di livelli per fare riferimento a una classificazione che nella realtà - che è ben più complessa - non esiste. E' solo per avere a disposizione uno schema di riferimento.

il primo livello: gli esseri spirituali del Male

Come abbiamo visto in precedenza, nelle dimensioni spirituali esistono degli spiriti "ritardatari" che si sono assunti il compito di esercitare la funzione importante di porre ostacoli sul nostro cammino, in vari modi, per stimolare la nostra crescita. Sono rimasti indietro nella loro evoluzione, che precede la nostra, e cercano di far rimanere indietro anche noi. Secondo Rudolf Steiner queste spiritualità, questi "angeli" dell'ostacolo, hanno diversi orientamenti e differenti caratteristiche.
In relazione agli esseri umani emergono in particolare due forti entità: una viene definita Lucifero e l'altra Arimane, o Satana. Alle quali si collegano schiere di entità minori, direttamente connesse ai nostri lati oscuri interiori. Il loro intento è sempre quello

di ostacolare o deviare la nostra evoluzione, ma lo fanno in modi diversi: Lucifero cerca di convincerci del fatto che la materia, che il mondo è da respingere, perché con la materia oscura non c'è nulla da fare. Bisogna invece crearsi un mondo interiore, luminoso ed accogliente, che allontani da noi il dolore e le preoccupazioni. Un mondo bello, artistico, luminoso, del tutto spirituale. Lucifero cerca di spingerci, lavorando nella nostra interiorità, nella direzione di una realtà illusoria. Nella quale le seduzioni *luciferiche* risplendono e dominano, e l'uomo, abbagliato da tanta pace o da tanta bellezza, non evolve più. Non evolve perché il cammino scelto per noi, come abbiamo visto, passa per la libertà di scoprire il mondo spirituale e la creatività del nostro amore proprio attraverso la materia e gli eventi della vita. Proprio attraverso il lavoro nella vita quotidiana per come non casualmente ci viene incontro e partendo da come siamo fatti. Non sfuggendole, ma cercando di sforzarsi anche proprio nelle difficoltà della vita per diventare costantemente migliori con l'uso cosciente di azioni amorose.

La classica "tentazione luciferica" è una improvvisa accelerazione della vita spirituale, non accompagnata da una adeguata trasformazione, graduale e cosciente, dei propri pensieri, dei propri sentimenti e della proprie azioni quotidiane. In genere è *una ricerca di luce sbilanciata, egoistica, che prevale sull'amore per gli altri.*

Arimane Satana è invece il padrone della scena materiale: vuole convincerci del fatto che non abbiamo uno Spirito immortale fatto di pura essenza d'Amore, ma che siamo solo degli animali un po' evoluti. E per di più fa di tutto per meccanizzarci, per legarci a vite prive di amore, abbacinate dal denaro, dai piaceri fisici, dal potere sugli altri. E lo fa sia lavorando direttamente nella nostra interiorità attraverso il Doppio, il nostro lato oscuro, che predisponendo le linee guida della "egregora dell'Impero", che dipende da Lui, e che è un vero e proprio essere arimanico.

Il suo intento è quello di fare in modo che non cogliamo l'opportunità della nostra epoca di cominciare a "spiritualizzare" la vita

sulla Terra con la nostra creatività e il nostro pensiero amoroso. Vuole invece che il mondo, attraverso i nostri egoismi, le nostre contrazioni crescenti, diventi una rete oscura, spenta, mineralizzata, meccanizzata, priva di vita spirituale, priva di amore e di luce. Nella quale rimanere immobili ed incatenati.
In questo momento, attraverso la sua incarnazione anticristica, è pienamente all'opera per dare una accelerazione in questa direzione. Molto chiara ed evidente per chi si sta risvegliando: basta osservare come pressoché tutti i poteri istituzionali mondiali seguano i suoi ordini con antiumana ferocia. Ricoperta da mille falsità manipolatorie delle masse. E come la nostra cultura sia stata letteralmente, abbondantemente "satanizzata"

In genere, nella Storia dell'Umanità, le individualità e i gruppi ispirati da Lucifero o da Arimane sono sempre stati in lotta tra di loro. E la stessa lotta tra i due impulsi si svolge normalmente nella nostra interiorità.
Il Bene dell'uomo è la ricerca della via di mezzo, quella indicata dal Buddha, e poi rafforzata e sostanziata dal Cristo. L'esercizio dell'amore luminoso *nel mondo* della materia e degli eventi umani è la via mediana della nostra crescita: né troppa luce né troppa ombra. Ma una crescente *circolazione della luce nell'ombra*, voluta e portata avanti coscientemente da un numero di coscienze umane in espansione.

In certe situazioni le due entità collaborano nel portare avanti determinate operazioni di ostacolo. Nella nostra epoca, nella quale sono entrambi in emergenza a causa dei risvegli, collaborano molto spesso. Le forze luciferiche sono molto attive nello spingere chi ha l'impulso a risvegliarsi verso vie di crescita deviate e irrealistiche, che non hanno molto a che fare con l'Amore vero o con il lavoro di coscienza nel mondo. E le forze arimaniche, ad esempio, stanno cominciando a mettere a disposizione degli impulsi luciferici le loro notevoli organizzazioni - vecchie e nuove - basate sul principio di autorità. Alcune fra queste strutture hanno tutte le intenzioni di sfruttare i risvegli per aumentare il loro potere. E per portare poi più persone possibile verso la deviazione o la delusione del cammino spirituale; per essere quindi pronte a ripresentarsi con le tradizionali seduzioni della materia e dei sensi.

Spiriti del Male differenti, spesso storicamente in competizione ed in lotta. Quindi in qualche modo si può dire che, per fini positivi, il Creatore stesso è stato il primo ad adottare la tecnica del "divide et impera". Non ha lasciato che si formasse una solida e compatta ispirazione al Male, ma due contrastanti. E il Bene impera quando l'uomo impara a gestirle e a trovare con amore ed intelligenza, e per amore, una via di mezzo nelle proprie azioni.

Già nel mondo spirituale oscuro non si trova quindi la cima di una sola piramide, ma almeno due. Nella nostra epoca si ha invece l'impressione di una piramide compatta per vari motivi:

- *Un primo motivo* è perché le forze oscure hanno interesse a non farci capire come stanno le cose, e vogliono annichilirci e concentrare la nostra attenzione su una mostruosa formazione che si occupa solo di potere materiale. Allora le informazioni che arrivano a chi vuole, anche con passione, capire e approfondire i vari aspetti della situazione, sono spesso manipolate, tirate fuori con una accurata scelta dei tempi e dei modi. Chi vuole ricostruire "la piramide del potere" la trova in varie versioni, frutto di sottili manipolazioni. Costruite con elementi messi in circolazione con astuzia. Per confondere con un abile gioco nel quale il vero viene mischiato al falso, ma soprattutto tacendo alcuni elementi fondamentali. Alcuni attori importanti della scena imperiale scompaiono del tutto o quasi. E l'importanza di altri viene enormemente accresciuta. Se seguiamo questa impostazione della piramide univoca non solo non ne ricaviamo un quadro veritiero, ma non ci accorgiamo del fatto che è la nostra interiorità ad essere in gioco, e la nostra evoluzione. E che, come vedremo, abbiamo a disposizione molti strumenti per trasformare, per utilizzare il Male a fini di Bene. Se invece accettiamo l'idea della grande piramide nera, ci troviamo di fronte alla visione virtuale di una granitica e potentissima organizzazione fatta di enormi mezzi

materiali, in un gioco delle parti dove solo il potere ed il denaro contano, e non c'è altro. E allora noi cosa possiamo fare? Possiamo cercare di adoperare gli stessi mezzi per ribaltare la situazione.
Ma dove li troviamo? E quando li dovessimo trovare, questo servirebbe poi veramente a concludere qualcosa? Oppure possiamo cercare di entrare nella piramide per averne i "benefici". Oppure ancora decidiamo che è meglio lasciar perdere, farsi i fatti propri e dedicarsi ai piaceri dei sensi, all'effimero.

Questo tipo di reazioni vanno bene ai poteri oscuri: servono in ogni caso i loro propositi. E nascondono il fatto che invece noi i mezzi per intervenire li abbiamo veramente: delle armi bianche ben più potenti di quelle oscure. L'immagine della grande piramide, del grande e onnipotente governo segreto, tende a nasconderci le profonde debolezze degli imperi oscuri. Tende a impedirci di capire che già abbiamo i mezzi per abbatterli. Per dissolverli, prima di tutto dentro di noi.
Qualcuno potrebbe dire: "Ma no, qui servono cose più concrete: prendiamo le armi, oppure facciamo rivoluzioni economiche o monetarie; cambiamo i sistemi politici o sociali; adottiamo degli equilibri nuovi, accurati e bilanciati, dei poteri mondiali e locali; creiamo istituzioni nuove ben controllate e con fini elevati; rafforziamo decisamente la democrazia e le libertà civili..."
Sì, tutto si può fare, ma solo se dietro a ogni iniziativa c'è una genuina spinta spirituale. Se l'umanità non cresce interiormente e non trova metodi radicalmente nuovi, basati sull'amore cosciente, finiremo per ricreare costantemente nuove strutture di potere sul modello imperiale. Come è sempre successo nella storia delle rivoluzioni umane.
Significa inseguire il sogno *luciferico* di riforme, di trasformazioni apparenti e superficiali, che finisce inevitabilmente per favorire la formazione di nuove strutture *arimaniche.*
Basta illusioni, che sostanzialmente non cambiano le cose e spesso finiscono nel dolore e nel sangue !

- *Un secondo motivo* che rafforza l'impressione della piramide è il fatto che, sempre secondo Steiner, intorno agli anni trenta del secolo scorso, è riemersa con forza sulla Terra una spiritualità *arimanica satanica* particolarmente distruttiva, chiamata SORAT. La Bestia dell'Apocalisse, il mitico 666.
Che significa? Che, in previsione ed in coincidenza con la grande operazione "risvegli", è sorta una determinata forza dell'ostacolo che ha aumentato il livello di attacco agli esseri umani. E che utilizza ai propri fini entrambe le "corna" del Male, sia quella luciferica che quella arimanica.
Siccome in questa epoca avremmo avuto a disposizione, come abbiamo visto, forze nuove per i risvegli, basate sul nostro fisico, sulla nostra vitalità e sulla nostra psiche, questa entità ha deciso di spingere determinati uomini, determinate strutture di potere, a una strategia nuova.
Non più solamente le tradizionali strategie "seduttive", luciferiche o arimaniche, nelle quali si inducono al male le anime delle persone in cambio di qualche finto vantaggio o finto bene. Ma una aggressione diretta e brutale a tutta la struttura umana, nel tentativo di renderla impossibilitata al risveglio.
Le varie piramidi sono state quindi coordinate per portare un attacco generalizzato all'essere umano in quanto tale, per indebolire, per intaccare la sua struttura fisica, vitale e psichica e quella della Terra.
E questa ispirazione distruttiva è arrivata persino alla creazione di vortici di bestialità nei quali gli esseri umani giungono a compiere enormi stragi. Ad accorciare brutalmente la vita di decine di milioni di persone, e quindi ridurne le possibilità evolutive in questa epoca. Togliendo loro o alterando le strutture corporee che fanno da base per il cammino di evoluzione dello Spirito sulla Terra.
A questo scopo determinati uomini e gruppi, formati da personalità che nel corso dell'evoluzione hanno amato molto poco, in modo del tutto insufficiente creando in loro enormi spazi

vuoti, sono stati in qualche modo letteralmente *posseduti* da entità arimaniche.

Le grandi stragi della Prima Guerra Mondiale, l'enorme Secondo Conflitto Mondiale, i genocidi di ispirazione nazista e stalinista, i bombardamenti indiscriminati americani e inglesi, le bombe atomiche americane esplose in Giappone, e poi le stragi cambogiane, i tanti genocidi africani, i desaparecidos e le torture nell'America Latina, i massacri nell'ex Jugoslavia, le vicende palestinesi, la ferocia settaria dell'ISIS, ecc… sono tutte manifestazioni del sorgere di questa Bestia nel cuore degli esseri umani.

E quindi i vari gruppi di potere dei singoli imperi, normalmente in conflitto tra loro, sono tutti stati chiamati a favorire questi sviluppi in vari modi: finanziari, logistici, culturali, a livello di mass media. In certi casi rimanendo neutrali e lasciando fare. In altri contrapponendosi tra loro, con la scusa di fini di giustizia e di libertà, per contribuire alla creazione dei vortici di guerra e di odio necessari. E per lasciare alle forze oscure l'iniziativa e il controllo su entrambi i fronti.

La manipolazione delle informazioni e il momentaneo coordinamento tra le forze spirituali oscure, dovuto all'"allarme rosso" dei risvegli, ha contribuito a dare l'impressione di una struttura monolitica delle forze del Male sulla Terra. Ma in effetti il Male viene servito meglio da più strutture, sia pure grandi, ramificate e potenti.

Occorre infatti considerare che l'esistenza di una sola struttura imperiale monolitica, o l'assenza di conflittualità all'interno di una qualsiasi struttura imperiale, determinerebbero il loro indebolimento e la loro fine. La presenza di una continua conflittualità, tra strutture diverse e al loro interno, garantisce un elevato attivismo dei vari membri, una continua situazione di emergenza che impedisce loro di pensare in modo adeguato, e quindi di far maturare la coscienza. La competitività interna coagula i gruppi sul tema del nemico, interno o esterno, sull'ansia di difendersi o di attaccare, e consolida bassi livelli di coscienza nei gruppi coinvolti.

Gli *uomini del potere* vengono lanciati in grandi e piccole, continue lotte esterne o intestine che li annebbiano e impediscono loro di sentire gli impulsi del loro stesso cuore. Il frazionamento in più piramidi, in più forme-impero, e le lotte al loro interno, assicurano il clima di tensione adatto a manipolare e tenere in piedi queste strutture, che altrimenti crollerebbero dal didentro.
Le forze del Male, già divise tra loro, non si possono permettere di non usare il "divide et impera", dalla cima alla base delle diverse piramidi.
Sono forti, ma meno di quello che pensiamo. Certamente meno dello Spirito, della fiammella originaria, divina di ognuno di noi. Possono cercare di ostacolarne la crescita, ma se noi non vogliamo non possono spegnerla.

il secondo livello: i "maghi neri"

Questo livello è essenziale per le forze spirituali negative. Infatti non possono assolutamente agire sulle vicende umane se non attraverso l'interiorità e le azioni di esseri umani. Devono per forza comprare, sedurre o annebbiare qualcuno, altrimenti sono fuori dalle nostre vicende. A livello individuale i nostri lati oscuri sono costantemente all'opera per ostacolarci e per indurci a creare ostacoli alle persone che vivono intorno a noi. A livello collettivo, per la elaborazione e il coordinamento di strategie internazionali, gli angeli del Male hanno bisogno di uomini dotati di grandi capacità di spargere ostacoli con le loro azioni. Vale a dire di individui che abbiano contemporaneamente forti intelligenze egoistiche ed una grande predisposizione a portare a compimento strategie negative. Pochissimi esseri umani, ormai parzialmente disumanizzati, che formano un delicatissimo ed importante anello di collegamento tra le forze oscure soprasensibili e quelle umane.
Personalità che per un qualche motivo si sono evolute nella Storia votandosi al Male. Certamente anche loro vittime di una qualche forma di raffinata seduzione. Di una qualche ben costruita illusione.

Hanno ricevuto grandissimi poteri terreni. Lunghi e ripetuti rituali, contro-iniziazioni ricevute nel corso della Storia, li hanno resi particolarmente acuti, di una intelligenza fredda e metallica. Priva di cuore, che è stato trasformato in un organo glaciale, capace di godere enormemente per il potere esercitato su grandi porzioni dell'Umanità. Disprezzano il Bene e la Libertà. Disprezzano l'Umanità, che per loro è solo uno strumento. Rispettano solamente i loro padroni oscuri e considerano che le loro ispirazioni e le loro istruzioni sono comunque qualcosa da eseguire senza alcun possibile dissenso.

Le forze spirituali bianche sono nemici assoluti, per loro incomprensibili, da aggirare in tutti i modi. Non sentono e non capiscono l'Amore. Non provano alcun rimorso, alcuna esitazione nel decidere strategie di distruzione o di dolore su vasta scala. Abilissimi a concepire e organizzare piani oscuri multi-funzionali in stretta aderenza con le intenzioni dei loro signori. Sagaci nel dividere gli uomini e nello sfruttare tutte le loro debolezze. Maestri nell'usare antiche sapienze rituali capaci di alterare le anime umane. Esperti nell'arte della manipolazione e nel comprare anime. Con varie "specializzazioni", in contatto con differenti angeli dell'ostacolo, con caratteristiche diverse. Alcuni di orientamento luciferico. Altri, ora in maggioranza, di orientamento satanico. I loro campi di azione sono il controllo e la manipolazione a distanza delle organizzazioni religiose, delle massonerie, delle ricchezze, del potere, delle istituzioni, della scienza, della cultura e dei mass media, dell'industria, della finanza, della malavita organizzata.

Non sono in genere impegnati direttamente in nessuno di questi settori. Un alone di spessa segretezza li copre nel modo più assoluto: nessuno ne conosce o ne sospetta il ruolo, tranne una ristrettissima cerchia di assistenti, di discepoli delle loro arti oscure.

Vengono definiti "maghi neri".

Collaborano fra di loro in determinate situazioni, altrimenti dipendono direttamente dalle forze spirituali oscure e sono gli ispiratori di particolari fratellanze nere, o grigie, che costituiscono il cuore delle principali organizzazioni imperiali.

Quanti sono? Pochissimi, più o meno una dozzina.
Quale è la loro principale attività? L'elaborazione di "forme pensiero", delle ondate di contro-ispirazioni delle quali ci siamo occupati in precedenza. Da diffondere ovunque attraverso i loro terminali di potere diffuso.
In realtà, una volta create per noi delle "gabbie di pensieri" materialisti, egoici, casualisti, sensoriali, aggressivi o indifferenti del prossimo, e avere indotto gran parte dell'umanità a entrarci e viverci dentro inconsapevolmente, per loro è già svolta gran parte della loro malefica missione.

terzo livello: i "discepoli"

Di questo livello fanno parte i discepoli, gli assistenti dei Maghi neri. Aiutano nella elaborazione e nella organizzazione delle strategie. Sono l'anello di collegamento, la cinghia di trasmissione tra il livello supersegreto dei maghi neri e le organizzazioni oscure. Quelle che vengono definite "fratellanze", grigie o nere. Sono loro a comparire in queste ristrette organizzazioni, e ad esercitare in esse un potere pressoché assoluto. Anche loro vengono da una evoluzione che ne ha svuotato le forze d'amore e aumentato quelle dell'intelligenza fredda ed intellettuale. Anche loro sono stati oggetto di rituali di contro-iniziazione, che ne hanno oscurato gli impulsi positivi. Sono sulla stessa strada dei loro Maestri, ma meno avanzati nel cammino della disumanizzazione, e nelle capacità operative oscure.

quarto livello: le fratellanze oscure

Queste ristrette organizzazioni non sono normalmente note, e praticano ritualità oscure, che li aiutano a partecipare alla elaborazione delle tattiche del Male e alla messa in opera di tutta la serie delle contro-ispirazioni. Si occupano di vari settori dell'attività umana, con parziali specializzazioni, in base alle caratteristiche e alle indicazioni indirette dei loro maestri occulti. A volte compiono delle operazioni che superano i confini della dimensione terrestre, e arrivano al mondo dei defunti, per trarne particolari vantaggi e conoscenze, con l'uso intensivo di medium. Per i loro fini, oltre a tutti i mezzi materiali, dalla manipolazione agli omicidi, praticano attivamente la magia nera per colpire i loro nemici, le guide umane del risveglio, e gli esseri umani che si frappongono come ostacolo alle loro trame. Un certo numero di maghi oscuri di livello inferiore, esperti in questo tipo di pratiche, si mette a loro disposizione.

I partecipanti a questi livelli sono stati accuratamente selezionati nei livelli inferiori. In genere quando erano giovani, tenendo conto della provenienza familiare, o di particolari doti di intelligenza, e certamente di una passata evoluzione nella quale le forze del cuore sono rimaste abbastanza inattive. I giovani scelti vengono sottoposti a una serie di riti – anche di sesso depravato e di ferocia sanguinaria - che producono vere e proprie possessioni demoniache e alterazioni della personalità. Viene spenta ulteriormente la forza dell'amore e vengono accentuate particolari doti di intelligenza o di obbedienza. Ma anche particolari vizi, depravazioni e lati oscuri.

Questi giovani vengono poi lanciati in carriere fulminanti. Di frequente, ma non sempre, come consiglieri più o meno occulti di qualche eminente personalità. Sempre di più, negli ultimi anni, anche in prima persona in alcuni incarichi apicali.

Il lavoro rituale fatto su di loro lascia spesso tracce esteriori visibili negli occhi, che acquistano una apparenza strana, priva di calore, o vitrea. O comunque dotati di una luce inquietante.

Gli occhi, specchio dell'anima...

Si tratta probabilmente di qualche decina di organizzazioni segrete. Presenti e attive ovunque nelle strutture del potere laico e di quello religioso. Sono queste organizzazioni che predispongono e dirigono gli uomini che portano avanti in modo piuttosto consapevole le più forti operazioni di condizionamento dell'umanità. Le contro-ispirazioni, gli attacchi alla natura umana, le guerre, le pandemie...

quinto livello: i membri delle organizzazioni trasversali

Le fratellanze del livello precedente formano anche i nuclei ristretti e segreti di controllo e di guida di un altro livello, quello delle grandi organizzazioni trasversali. Costituite da gruppi religiosi particolari, da certe logge massoniche, gruppi di famiglie reali, gruppi di antiche famiglie nobili, famiglie e gruppi di banchieri, sette di varia obbedienza, vecchi e nuovi ordini cavallereschi deviati. E ultimamente, da alcune decine di anni, tutta una serie di particolari "gruppi di studio" sulle strategie internazionali. Istituzioni, gruppi di lavoro, in tutto l'occidente ma soprattutto anglosassoni, che fanno parte di un circuito di esperti incaricati di elaborare determinate strategie applicative delle contro-ispirazioni del Male. Soprattutto sugli scenari internazionali.

Si occupano in particolare della "organizzazione delle emergenze", di quei conflitti e di quelle crisi che creano zone oscure di violenza e di blocco dell'Amore in vaste zone della Rete umana. Formulano teorie, lanciano parole d'ordine ai mass media e ai politici. Hanno lavorato egregiamente nella strategia della tensione Est-Ovest della seconda metà dello scorso secolo. E ora sono da tempo estremamente attive nel condurre l'attuale scontro di civiltà e culture. A loro il comando e la manipolazione delle grandi tempeste economiche dovute alla finanza, che i vertici oscuri dominano in modo incontrastato. Come strumento privilegiato del loro dominio operativo sugli altri livelli.

Normalmente, nei testi "complottisti" più diffusi, le organizzazioni di questo livello vengono poste ai vertici di una sola piramide di potere mondiale. E si parla con abbondanza di dettagli della Trilaterale, del CFR (Council on Foreign Relations), del RIIS (Royal Institute of International Affairs) di Londra, del Bilderberg, dell'Aspen Institute, del Club di Roma, dei Rotschild, di Goldman Sachs, del Forum di Davos, di certi gruppi massonici, dei Gesuiti o dell'Opus Dei, dei Fratelli Musulmani sunniti o dell'Hojattieh sciita, del B'nai B'rith ebraico, ecc.

Conoscendo con maggiore profondità le Armate Nere non solo si scopre che non esiste una sola piramide oscura ma più piramidi in competizione tra loro. Ma anche che queste organizzazioni, misteriose ma note, sono solo al quinto livello della scala del potere oscuro, abbastanza in basso: meri esecutori ben compensati per i loro servigi con soldi e potere. Proprio non sono loro a elaborare le grandi strategie, ma sono solamente propagatori ed esecutori di tattiche del Male, spesso senza nemmeno comprenderne i reali scopi anticoscienza.

Che vengano diffusi tanti particolari su questi gruppi e che vengano indicati come ai vertici della piramide, non solo mostra l'ingenuità di chi diffonde certe visioni, ma è funzionale a mantenere il segreto sui livelli superiori, che normalmente non sono noti, e che non si mostrano alle masse.

I gruppi di questo livello sono quelle parti delle varie piramidi in più aperta e chiara competizione tra loro per il controllo del denaro e del potere politico-economico. Questi sono i loro obiettivi: ricevono il potere dalle cerchie ristrette precedenti, che spesso ne determinano i capi e le condizionano pesantemente; e in cambio del potere e delle ricchezze si prestano come strumenti, eseguendo senza discutere quanto gli viene chiesto. Ognuna portando a termine una parte delle grandi strategie del Male. Difficilmente sono in grado di rendersi conto del quadro e della portata esatta di quello che fanno per conto dei loro padroni. Il coordinamento delle loro azioni settoriali viene garantito dai livelli superiori, che motivano e manipolano le strutture di questo livello.

Sono alcune centinaia di famiglie e organizzazioni.

I loro membri ricevono spesso incarichi dirigenziali importanti nei principali settori del potere economico, politico, militare, religioso, culturale, scientifico, mediatico e malavitoso. Rispondono fedelmente agli uomini delle cerchie ristrette e ricevono istruzioni dettagliate dal livello superiore. Normalmente non discutono gli ordini, in quanto devono a chi glieli dà l'acquisizione e il mantenimento delle loro posizioni di potere. Sono molte migliaia, in tutte le organizzazioni di potere mondiali, in tutti i settori. Capi e

dirigenti importanti delle organizzazioni multinazionali fondamentali, come l'ONU, la Banca Mondiale ed il Fondo Monetario Internazionale, l'Organizzazione Mondiale del Commercio o quella della Sanità, e altre. Fra di loro anche la maggior parte dei capi religiosi, dei Capi di Stato e di Governo. Dei capi e dei principali dirigenti dei gruppi politici. Ma anche dei capi delle multinazionali, dei grandi circuiti bancari e finanziari, e degli imperi dei mass media. Della maggior parte dei servizi segreti e delle forze armate. Dei principali ordini religiosi e di settori delle grandi organizzazioni religiose. Dei principali gruppi di malaffare e di malavita organizzata. Vicino a loro c'è sempre almeno un emissario della cerchia ristretta, della fratellanza, da cui dipende il loro gruppo. Al quale non si può dire di no… mai.
Nemmeno un Presidente degli Stati Uniti può dire di no ad un certo assistente o collaboratore, mai. I gangli esecutivi di questo livello obbediscono, anche se spesso non capiscono cosa sono obbligati a fare e perché. E anche se di frequente quello che fanno va chiaramente contro i fini istituzionali, o gli interessi, delle organizzazioni o dei Paesi che dirigono. Il loro compito è eseguire e coprire le trame perché l'opinione pubblica non capisca cosa accade veramente nelle manovre contro gli esseri umani.
Sono strumenti operativi importantissimi delle strategie oscure, della protezione e dell'alimentazione del sistema di potere delle varie piramidi imperiali. In cambio ricevono ricche porzioni di potere materiale. Questo finché sono ancora capaci di rendersi utili e "convincenti" in queste loro funzioni esecutive e di "copertura" nei confronti dell'opinione pubblica. Quando non lo sono più vengono senza alcuna pietà fatti cadere, come dei "fazzolettini usa e getta". E sostituiti con nuovi e più adatti "esecutori".

sesto livello: i mercenari

Gli uomini che fanno parte di questo livello non sono membri delle potenti organizzazioni traversali. Sono uomini che per i loro particolari talenti o per la loro particolare predisposizione ad obbedire ed eseguire senza fare troppe domande, vengono scelti dal livello precedente e incaricati di ruoli dipendenti dagli uomini delle fratellanze. Si tratta speso di dirigenti di medio livello delle stesse organizzazioni, nazionali ed internazionali citate nel livello precedente. Sono i collaboratori servili ed inconsci di quel livello. Spesso non sono particolarmente brillanti, in quanto l'obbedienza senza domande fa premio sulle reali capacità. Ma tanto devono solamente essere dei fedeli esecutori: non importa se fanno qualche danno agli interessi delle strutture nelle quali svolgono le loro funzioni. Sono di fondamentale aiuto per fare in modo che le loro organizzazioni diventino operativamente funzionali per i livelli superiori. Lo fanno spesso per posizioni di prestigio e ben pagate. Sono tantissimi, sparsi in tutte le strutture.

settimo livello: il resto degli uomini

Sì, questa forse è una sorpresa e non ce l'aspettavamo: tutti facciamo parte delle strutture delle piramidi del Male. Se non ci fossimo noi, con i nostri attuali comportamenti, a fare da base a ognuna di queste piramidi, di queste forme-impero, queste non esisterebbero. Tutti gli spazi della nostra vita non occupati dalla nostra coscienza, dalle nostre azioni e dai nostri pensieri vigili in direzione del Bene, in direzione della crescita della coscienza nostra e degli altri intorno a noi, sono il campo di manovra delle forze oscure.

Ogni mancanza di amore e di coscienza da parte nostra è un mattone delle piramidi del Male, che approfittano immediatamente delle nostre omissioni. Delle nostre assenze, dei nostri egoismi, delle nostre mancate verifiche. Del fatto che spesso ci accontentiamo di quello che il potere ci dice. Che accettiamo di farci gestire. Che deleghiamo proprio ai poteri oscuri l'organizzazione e il coordinamento di parti importanti della nostra vita, del nostro lavoro, delle nostre scelte politiche ed economiche, del nostro stesso tempo. Il loro potere deriva dal sangue che ci succhiano, che sono le nostre forze economiche, fisiche, vitali e psichiche. Ma

siamo sempre noi che porgiamo il collo inconsciamente a queste vere e proprie piramidi di vampiri.
Le varie forme-impero, la grande egregora imperiale, tutte le strutture oscure e gli stessi spiriti dell'ostacolo, ricevono alimento dalle nostre mancanze di luce e di amore nella vita quotidiana. E la somma di queste mancanze è proprio la forza che utilizzano per cercare di bloccare la nostra coscienza e i nostri risvegli.
Ribaltare la situazione è nelle nostre mani. Ma bisogna cominciare a prendere seriamente fiducia nella nostra capacità di risvegliarci e di amare.

il funzionamento e le caratteristiche delle piramidi oscure

forma e colore

I livelli delle forme-impero sono disposti in modo particolare: le basi dei vari gruppi di piramidi sono in genere quasi le stesse, fatte dagli stessi, grandissimi gruppi umani. Poi, man mano che si sale nei livelli, le piramidi si staccano: dalla base in su tendono a separarsi. Nei livelli superiori gli uomini e le organizzazioni tendono a separarsi in modo competitivo.
Il colore delle piramidi non è compatto. La base è grigia: un misto di poche coscienze abbastanza deste, moltissime coscienze addormentate ed un certo numero oscure. Man mano che si sale si passa dal grigio chiaro al grigio scuro, fino al nero della cima. Alla base, dove le piramidi sono ancora abbastanza unite tra loro, la luce è ancora presente in modo consistente. Cominciano a separarsi dove la luce diventa minoritaria e nei cuori domina l'ombra.
E' così in ogni organizzazione di potere, spesso anche in quelle dove noi lavoriamo: i livelli più bassi sono grigi, fatti di vari tipi di coscienze con differenti gradi di maturazione; mentre la quantità di luce della coscienza e di amore tende percentualmente a diminuire nei livelli dirigenziali, man mano che si sale nella scala gerarchica.

Facciamo l'esempio di un esercito, di un servizio segreto, di una multinazionale, di uno "strano" ordine religioso o di un impero mediatico: i soldati, gli agenti, i religiosi, i giornalisti, gli impiegati e gli operai che sono alla base pensano spesso di fare un lavoro giusto, per il loro stipendio, per considerazioni di tipo positivo, perché "sicuramente" quello che fanno è per il Bene del Paese, del Mondo, della società nella quale lavorano, o quanto meno della loro famiglia. Le loro coscienze sono spesso manipolate, addormentate, ma fondamentalmente innocenti. Di solito non comprendono la portata negativa vera di certe cose che la struttura gli chiede di fare. Man mano che si sale di livello aumenta la possibilità di accorgersi del fatto che quello che viene richiesto è almeno in parte oscuro, non rivolto al Bene, contrario agli interessi dell'Umanità: allora è più facile che per resistere in certi posti, o per fare carriera, occorra oscurare molto di più la propria coscienza. In modo passivo, per non guardare... O in modo attivo, per partecipare alle azioni oscure in modo consenziente e conveniente ai propri egoismi.

In fondo i vari livelli esprimono *crescenti gradi di partecipazione cosciente ai disegni oscuri*. E quindi un crescente "oscuramento" della coscienza.

Tutti sanno che gli ambienti maggiormente densi di pensieri, sentimenti e azioni negative sono quelli vicini ai grandi poteri. Perché questi, per esercitarsi, hanno bisogno di individui molto più disponibili al Male.

strutture di manipolazione e di menzogna

Le piramidi sono strutture di manipolazione e di menzogna. Fin dal primo livello, quello che viene comunicato al secondo è il frutto di manipolazioni. E lo stesso avviene a scendere da un livello all'altro. In genere i fini veri del livello superiore vengono nascosti, e si adoperano certi strumenti per manipolare gli uomini del livello inferiore. Questi strumenti diventano i fini del livello inferiore. Se per esempio il fine di un certo livello è fare una guerra per creare un vortice di odio nella rete, al livello inferiore viene strumentalmente comunicato il fine che preferisce: la conquista del potere in un paese, in una certa area, mettere le mani sui pozzi di petrolio, sui diamanti, sull'uranio o sull'oro; e poi ancora le possibilità di affari, di guadagno, o quelle di carriera. Oppure semplicemente un alto stipendio difficile da ottenere in modo diverso.

Quello che viene richiesto di fare viene motivato nascondendo i moventi originari. Perché nessuno accetterebbe di fare il Male assoluto per intero, senza sapere che quello che fa possa avere un risultato buono, positivo, almeno per se stessi. Forse nemmeno i maghi neri.
E quindi ogni livello, per portare a termine la sua missione oscura, deve fornire una diversa verità, una diversa motivazione al livello inferiore. Che per gli uomini di quel livello sia accettabile.
Una catena di mistificazioni e di bugie, che arriva fino a noi.

Nelle organizzazioni-impero tutti sfruttano il livello inferiore, ma tutti sono contemporaneamente vittime dei livelli superiori.

Nell'usare la forma-impero, i poteri spirituali oscuri non perseguono il disegno del dominio di per sé. La loro azione è volta a bloccare la crescita, i risvegli. Il dominio dell'uomo sull'uomo viene perseguito e alimentato perché tanti individui hanno questa ambizione, perché i loro egoismi godono di questa ebbrezza. Allora quegli uomini che vendono l'anima per avere il potere, per poter dominare, secondo lo schema dell'impero in cambio di questo potere si prestano alle strategie di blocco dell'evoluzione, della crescita. Normalmente senza saperlo o senza porsi il problema. Gli interessi del resto coincidono. Infatti, se le persone crescono, poi vogliono anche scrollarsi di dosso il potere di qualcun altro su di loro. La non crescita, il non risveglio, è l'indispensabile puntello di ogni potere.

le lotte intestine

Le piramidi sono piene di spaccature verticali al loro interno, che attraversano più strati.
La competizione e l'emergenza interna continua, la creazione di "cordate", è tipica dell'animo umano, e favorita dal potere oscuro, in quanto annebbia le coscienze e le rende più docili alla manipolazione. Più facilmente strumentalizzabili.
Più si è attaccati dai nemici interni, più si ha bisogno di protezione da qualcuno del livello superiore, e quindi si diventa maggiormente dipendenti. Si crede di combattere con i nemici, ed invece si partecipa a una spirale di odio che rende più malleabile, più agile, obbediente e operativa la piramide oscura.
La piramide per funzionare ha bisogno di distribuire prebende e contemporaneamente di tenere in costante tensione i suoi membri. Il "bastone e la carota".

Chi partecipa al sistema non sta mai tranquillo: gliene capitano di tutti i colori. Viene bastonato in vari modi dalla mattina alla sera, spesso con vite impossibili e agitate, e questo serve – dal punto di vista delle sue guide divine - a dare anche a lui una opportunità di capire che ha scelto di vivere all'inferno, e che può sempre cambiare strada. Il problema è che spesso non se ne accorge, abbagliato dalle prebende dei soldi, dei lussi, delle posizioni di prestigio, del potere sugli altri.
Ma comunque non c'è niente da fare: più ci si sporca l'anima, più quell'anima fa male: solo un'anima pulita, cosciente e luminosa, piena d'amore per gli altri, è anche piena di gioia di vivere.
Quindi, man mano che si sale nei livelli delle piramidi, non solo si oscura il colore medio della coscienza, ma si vive peggio e si allargano le ferite dell'anima.

Chiunque sia stato all'interno o a contatto dei circuiti di potere politico, finanziario, religioso o altro, ha potuto toccare con mano l'evidenza che in certi ambienti l'occupazione principale è quella di difendersi dai nemici, soprattutto quelli interni alle stesse organizzazioni di cui si fa parte. Un'ansia e una lotta continua

che tiene svegli la notte, che agita lunghissimi e faticosi giorni pieni di lavoro, di incontri, di riunioni, sempre più privi di momenti di riflessione, di riposo, di pace, di vera gioia. Il piacere principale, quando riesce, è di avercela fatta ad accaparrare benefici per sé o per il proprio gruppo.
Oppure, ancora meglio, a "fregare" gli avversari.
Quella oscura energia che compensa apparentemente la fatica e lo stress, quella vera e propria droga che in questi ambienti si conosce molto bene: *l'adrenalina del potere e del denaro*.

Nelle varie battaglie interne si è poi costantemente alla ricerca di aiuto, di alleanze importanti, ed ecco che allora gli emissari dei livelli più alti sono lì, pronti a sfruttare la situazione e rendere i loro burattini ancora più schiavi: sempre più fedeli esecutori di strategie oscure in gran parte anche a loro. Sempre più disposti a vendere un altro pezzo della loro anima.

"tutti sono sacrificabili"

Un'altra caratteristica delle piramidi è che al loro interno *tutti sono sacrificabili*, se questo è funzionale all'obiettivo antiumano di bloccare la crescita. Anche persone che hanno occupato posti di rilievo nei gradi alti della piramide, se non più utili o necessari, vengono messi da parte, anche brutalmente. Questo spiega certi rovesci di fortuna di importanti leaders, tirati giù improvvisamente dai loro troni, e spesso da quegli stessi gruppi oscuri che ce li avevano messi: Capi di Stato e di governo, dittatori, re, leaders di imperi finanziari o mediatici, perfino Papi. Eppure avevano spesso servito bene, anche loro in mezzo alla nebbia di una enorme manipolazione. Ma ora non servivano più, non erano più funzionali, non erano più utili. Anzi, la loro fine favoriva nuove imprese del Male.

Bisogna poi considerare che i membri di una piramide oscura sono le prime vittime delle forze dell'ostacolo. Più hanno accettato di salire nella scala del potere, "vendendo parti crescenti di anima", più si allontanano dalla sana evoluzione della coscienza, e in particolare dalla grande occasione offerta dall'età dei risvegli. Sono i primi obiettivi dei loro stessi padroni. E più salgono nella luccicante scala del potere, più sono destinati a enormi sofferenze karmiche per recuperare quelle parti di sé che hanno ceduto in cambio di momentanei, apparenti successi.

Questa idea che "tutti sono sacrificabili" è una forma pensiero elaborata dai maghi neri, che è stata diffusa in modo capillare in tutti gli strati allo scopo di aiutare i livelli superiori delle piramidi nella manipolazione. Quante volte abbiamo sentito dire che "nessuno è indispensabile", che si può sacrificare qualcuno per un fine "superiore". Si può allora far soffrire qualcuno, o gruppi interi di esseri umani, perfino mandarli a morire o ucciderli, con la scusa manipolatoria del "bene" di Dio, di Allah, di una ideologia, della democrazia, dello Stato, di una certa organizzazione.
Mentre nel nostro vero mondo, il Mondo dello Spirito, *nessuno è sacrificabile*, ma proprio nessuno per nessun motivo. Perché l'unico vero bene dell'uomo è l'uomo stesso, ogni uomo, donna o bambino della Terra, non le sue organizzazioni o i suoi falsi ideali.

il mercato delle anime

Una delle caratteristiche principali del gioco tra i livelli, è che al suo interno si svolge un enorme, continuo "mercato delle anime". I livelli superiori comprano i servigi dei livelli inferiori. Anzi, spesso sono i livelli inferiori che premono per essere comprati!

Ma come ci si ritrova nella condizione di essere comprati?

Se nella nostra evoluzione a lungo non abbiamo esercitato l'amore, e lo abbiamo diretto solo verso di noi e la nostra cerchia, in noi si allarga il vuoto, lo spazio per le influenze negative, che ci condizionano sempre di più. Se il nostro fine è sempre di più ricevere, predare invece che dare, le forze oscure sono lì pronte a soddisfarci. E così aumenta la nostra dipendenza da loro, da quello che

ci danno e che a noi sembra un bene. E un po' alla volta i lati oscuri, esteriori e interiori, prendono il controllo: veniamo ricambiati con una spinta sempre più forte ad apprezzare i beni materiali o il piacere dei sensi, delle parti più basse dell'anima. Aumenta il perverso "godimento" per il potere sugli altri. A volte la nostra intelligenza diventa più mirata, più acuta, più fredda.
Ma questo non avviene in modo gratuito. Abbiamo ceduto qualcosa di importante: parti delle nostre potenzialità di esseri luminosi, amorosi e coscienti. Abbiamo progressivamente oscurato in noi la forza del nostro sole interiore, quello che riconosce il Bene dal Male. Abbiamo perso il senso del Vero, del Bello e del Buono.
E allora cominciamo seriamente a scambiare per vero, bello e buono solamente quello che ci viene messo davanti come piacere dai livelli superiori della piramide. E che il nostro lato oscuro è pronto ad accogliere e amplificare dentro di noi.
In questa situazione non riconosciamo il senso del piano divino, il senso vero della realtà, della vita e degli avvenimenti.

Più si vende l'anima,
più si sale nella scala del potere oscuro,
più ci si allontana dalla realtà.

E' veramente una cosa strana: quando si sta a contatto con persone di grande potere, si percepisce chiaramente che loro invece pensano di saperne di più, di conoscere meglio di tutti come vanno le cose, di essere al corrente dei veri segreti del mondo e della vita. E non si rendono conto che è l'esatto contrario: più si sale nella piramide oscura, più si è al buio, più si è estranei alla realtà.

Un'altra caratteristica è che le proprie pulsioni bestiali aumentano. Perché la fiammella divina è fortemente oscurata.
Chi è stato a contatto o negli ambienti di potere, sa quante perversioni li infettano, quante droghe circolano in questi ambienti, e quante innominabili, sfrenate tendenze a soddisfare meccanicamente ed in modo eccessivo le accresciute esigenze dei sensi.

Quando il sole interiore si affievolisce, determinati lati oscuri, avvalendosi dei sensi, prendono il sopravvento. In forme spesso esagerate, a volte patologiche.
Negli ultimi decenni questa tendenza alla sensualità depravata ha coinvolto molti livelli delle piramidi oscure, e soprattutto i livelli umani più alti. E ha condotto alla enorme crescita di importanza di alcune congreghe oscure internazionali dedite a culti satanici, di magia sessuale sanguinaria e pedofila. Ormai dominanti in potenti obbedienze massoniche e religiose e nei principali apparati di potere internazionali.

il principio di autorità

In genere nelle strutture oscure vige un principio ferreo: il principio di autorità. Questo deriva dall'antica figura del re sacerdote, o del pontefice massimo. Importante, forse necessario quando nell'antichità l'umanità non aveva ancora mezzi propri per comunicare coscientemente con il mondo spirituale. E allora servivano dei tramiti "illuminati". L'esercizio del principio di autorità è poi diventato col tempo sempre di più un ostacolo alla evoluzione delle coscienze. Un ostacolo che spesso, ma per reazione, ha contribuito alla nostra crescita.
Ormai il principio di autorità - esercitato ormai spessissimo da falsi illuminati, da false autorità che sono in realtà solamente "funzionari" delle piramidi oscure - è uno dei principali ostacoli ai risvegli.
Affidarsi all'autorità di un "superiore" quando si è ormai adulti, significa non affidarsi alla propria. Significa non sviluppare la propria coscienza, la capacità di ascoltare il proprio cuore, la propria mente. I poteri oscuri, che sempre di più si sono impossessati abusivamente delle posizioni di autorità, assolutamente non vogliono che esercitiamo il nostro giudizio, la nostra coscienza. Perché altrimenti le loro possibilità di manipolarci, di inviarci controispirazioni, di indebolirci, di farci partecipare ai vortici oscuri di

odio e di violenza, svanirebbero. Tutti i loro sforzi di millenni andrebbero sprecati.
Il principio di autorità vuole tenerci addormentati e contratti: per questo i grandi poteri possono essere a volte malleabili su molte cose, ma raramente su questo. Il processo manipolatorio è poi talmente delicato tra un livello e l'altro che, se dal mercato delle anime e dalla manipolazione non si ottiene obbedienza cieca e la "disobbedienza" dilaga, il sistema si blocca, smette di funzionare. Diventa difficile continuare a perseguire i fini oscuri originari. E inoltre non sempre è così facile e possibile organizzare e influenzare anche le coscienze in risveglio.
Il potere, per portare avanti le sue manovre innominabili, non solo ha bisogno di continue manipolazioni, ma che la gente si faccia e faccia poche domande: occorre che si fidi ciecamente.
Questa una delle motivazioni principali della sostituzione dei leaders politici: quando si rivelano incapaci di continuare a manipolare le persone perché hanno perso credibilità, hanno perso "autorevolezza". E allora li sostituiscono con personaggi costruiti per attrarre la fiducia della persone. Finché è possibile.
In epoca di risvegli queste manovre diventano sempre più difficili. Perché porzioni ancora minoritarie ma crescenti dell'opinione pubblica più facilmente si accorgono dei giochi manipolatori del potere.

Nelle varie organizzazioni della forma-impero viene elaborata la creazione di una *morale interna* particolare, adatta all'ambiente, al particolare tipo di persone, a nasconderne i fini veri.
Se si fa parte di un servizio segreto, perfino della CIA, oppure di una forza armata, di un partito o di una multinazionale, o di una struttura religiosa, vige una morale interna. A volte scritta a volte no. Si sa che quello che si fa, in base a quello che decidono i superiori, non sempre si può valutare in pieno, dalla propria visuale limitata. Però "certamente" corrisponde ad un bene, del quale certi dirigenti e certi colleghi si fanno "sacerdoti": il bene dello Stato, o il bene del partito, che è "migliore" degli altri, o l'esportazione della "democrazia" e la difesa della "libertà", o il bene di Dio, o

di Allah, o i guadagni dell'azienda, che "fa il bene di tutti", impiegati, operai e consumatori. Perfino i mafiosi sono convinti di fare il bene della propria "famiglia" contro i nemici, che vengono presentati sempre come molto, "molto peggio di noi".

Dal punto di vista politico, di controllo delle masse, una volta era sufficiente il potere regale, o imperiale, o religioso, per tenere tutti abbastanza buoni ed obbedienti. Le fughe dal principio di autorità venivano represse nel sangue, e dopo un po' la cosa rientrava. Ma l'evoluzione degli individui ha reso la cosa sempre più difficile.

Il potere, per mantenere l'autorità, ha dovuto studiare ed elaborare delle forme diverse.

La massoneria originaria si fece portatrice di questi impulsi di rinnovamento, mentre le forme-impero precedenti resistevano in tutti i modi. Poi tutti un po' alla volta, sia pure a malincuore, si sono adeguati a nuove formule, a nuovi modi di manipolare.

Le strutture più antiche, come quelle di derivazione religiosa, hanno mantenuto al loro interno un ferreo principio di autorità, ed ora, nell'epoca dei risvegli, soprattutto la forma-impero romana sta compiendo ulteriori arroccamenti: una libera discussione interna potrebbe esserle fatale. Per questo vede nel "relativismo religioso" il suo principale nemico. Forte è in questa struttura anche una recente tendenza a spogliarsi di orpelli, ori e ricchezze apparenti. Ma questo viene fatto solo per non cedere il potere vero, il principio di autorità. Sarebbe piuttosto una tattica per rafforzarlo, mediante una possibile ripresa del consenso da parte di un popolo di fedeli finora disgustato dalla corruzione della struttura. Un finto ritorno al francescanesimo. Finto, perché Francesco d'Assisi si spogliò non solo degli abiti e degli ori, ma anche del principio di autorità e di qualsiasi potere. Non volle nemmeno essere sacerdote. E ora chiaramente non è questo il caso, perché l'impero non può rinunciare al principio di autorità che è la base della propria esistenza.

Le forme-impero che si occupano dei sistemi politici hanno gradualmente applicato nuovi sistemi di manipolazione, man ma-

no che nei vari paesi, nelle varie aree geografiche, questo si rendeva utile o necessario.
Laddove nel mondo la coscienza media di intere popolazioni rimaneva bassa, hanno mantenuto poteri assoluti, dittatoriali, anche se a volte dotati di istituzioni democratiche finte. Dove invece il livello di crescita della coscienza è stato maggiore, come in Occidente, sono state costrette a concedere maggiori margini di libertà individuale. E ad adottare forme di manipolazione più sofisticate.

La quantità di ombra che gli angeli neri dell'ostacolo proiettano sul mondo
è sempre inversamente proporzionale
alla quantità di luce, di risveglio
delle coscienze degli esseri umani.

democrazie a libertà condizionata

I sistemi politici occidentali sono un raffinato modello del più recente e avanzato schema di potere.
In queste democrazie gli spazi della nostra libertà dipendono solo dalla nostra voglia e maturità di esercitarli: quanto più siamo vigili, svegli, quanto meno deleghiamo a forze non chiare, tanto più siamo liberi. Nel mondo, nei vari Paesi, a parità di sistemi democratici, a parità di istituzioni e di princìpi costituzionali, ci sono livelli di libertà molto differenti, dovuti esclusivamente a diversi tassi di coscienza delle popolazioni. Non necessariamente a diversi sistemi politici. Perché comunque, a prescindere dai sistemi

il potere prende tutti gli spazi
che noi non ci prendiamo.

Più le nostre coscienze pretendono di vedere, verificare, capire, condividere, minori sono gli spazi della sopraffazione dell'uomo sull'uomo. Minori gli spazi per le forme-impero.

Negli ultimi decenni il potere ha compreso che doveva darci l'impressione che la nostra libertà fosse totale. Perché questo quasi tutti gli esseri umani ormai sentono e vogliono con forza, in occidente più che altrove. Altrimenti si ribellano, diventano incontenibili, ingovernabili, e quindi non più sfruttabili per i fini del potere.
E allora la strada maestra della manipolazione è quella di fissare un quadro formale complesso di libertà, di garanzie, di partecipazione. E poi di concedere a livello locale libertà relativamente maggiori: più si va verso la periferia dell'apparato, verso il basso della piramide, più il potere vero lascia degli spazi.
E' anche vero che, in molti casi, tante vicende periferiche rimangono nelle mani di giochi di potere locali, che traggono comunque forza e protezione dai livelli più alti delle piramidi. Ma molte manovre locali sono più visibili, più evidenti per le coscienze più deste, e possono più facilmente dare luogo a movimenti di opinione collegati a interessi genuini di settori della popolazione.
In questo modo il potere centrale si assicura un duplice risultato: da una parte lascia maggiori spazi, sfoghi alla voglia di libertà in gangli che non considera vitali. E dall'altro maschera i fini originari, per i quali lavorano in modo spesso inconscio anche i propri uomini nelle situazioni locali. E allora alle persone appare un quadro fatto di cose che, se non vanno, è perché si tratta "solamente" dei risultati di lotte e manovre di uomini locali dovute ad ambizioni personali, per il potere o per i soldi.

E' senz'altro vero che costoro si muovono per questi fini, ma si tratta del loro compenso per far parte di una struttura manipolatoria più ampia che, come abbiamo visto, persegue altri obiettivi. Il quadro di storture che ci si presenta a livello periferico è solo la parte superficiale, una copertura che devia la nostra attenzione dal quadro vero, che ha piuttosto a che fare con gli enormi attacchi alla nostra interiorità e ai nostri corpi.

A livello centrale i giochi del potere sono più oscuri: intere classi politiche agiscono in base a ondate di impulsi e di parole d'ordine che non comprendono. Si trovano invischiati in campa-

gne e contro-campagne di lotte interne, in iniziative che non si sa bene da dove partano, Ma che "bisogna portare avanti".
Se poi un "esterno" ai gruppi di potere, già in lotta tra loro, si azzarda a interferire con l'oscuro modo di gestire alcuni santuari del potere, come i servizi segreti, le forze di sicurezza, le Forze Armate o il sistema finanziario o la grande industria, o le grandi organizzazioni religiose, viene immediatamente "bruciato".

In effetti questo sistema svolge la funzione di guardiano, di protettore delle strategie di blocco della crescita: e guardandoci intorno possiamo vedere che i governi e le grandi istituzioni svolgono piuttosto bene questo compito. Che la macchina dell'impero continua a essere lo strumento che copre, protegge e quando serve fornisce i pretoriani necessari per i poteri anti-evoluzione. Il politico che pensa di essere "saggio", in sistemi democratici come i nostri, è spesso una persona che ha deciso di non farsi domande, di legarsi a una cordata dell'Impero ed eseguire fedelmente. Oppure, se non è particolarmente indirizzato e protetto, si muove nei ristretti spazi di libertà concessi e si guarda bene dal mettere piede in campi minati, nelle "riserve di caccia e di operazioni" dei poteri anti-coscienza.

Nelle democrazie occidentali il gioco della politica è una enorme cortina fumogena. E un grande, raffinato strumento di repressione della crescita.
La stragrande maggioranza di chi ne fa parte non lo sa, ma forse nemmeno lo vuole sapere. Perché si sta godendo troppo il "tozzo di pane", grande o piccolo, che i poteri oscuri veri gli hanno dato in cambio dell'obbedienza. Ed è troppo impegnato a difenderlo dagli altri cani da caccia lanciati dagli stessi poteri sulle stesse prede: anche loro vogliono lo stesso tozzo di pane. Ci sono anche – vere e proprie mosche bianche - alcuni politici realmente indipendenti e che svolgono il loro lavoro con passione per il bene del prossimo. Ma il potere trova il modo di strumentalizzare indirettamente anche loro: da una parte non concede mai proprio a loro una posizione di potere reale, strategica. E poi la loro presenza e le loro iniziative di libertà rendono in qualche modo maggior-

mente credibile il sistema: aiutano a dare l'impressione che siamo veramente, totalmente liberi.
Da una parte aiutano a presentare come rispettabile il sistema, ma è anche vero che sono delle indubbie e importanti luci nelle nebbie. Purtroppo sempre di meno: delle vere rarità in estinzione…

Nell'attuale situazione il politico "illuminato" sarebbe quello che, perfettamente al corrente delle trappole seminate ovunque intorno e dentro di lui, cercasse comunque di evitare al massimo le perdite di coscienza, le manipolazioni, le parole d'ordine, e in ogni modo tenesse come punto di riferimento non la sua ambizione, ma il bene del prossimo. Il bene materiale e soprattutto il bene delle coscienze: la libertà dai condizionamenti.
Un lavoro difficilissimo, ma assolutamente necessario per il futuro. E che ancora non è visibile nelle classi politiche.

In genere l'atteggiamento dei poteri oscuri, delle fratellanze trasversali, nei confronti di un sistema politico democratico, è quello di osservare, manipolare e sfruttare le naturali propensioni dell'elettorato. Una volta che il sistema dei condizionamenti, attuato ora in gran parte attraverso i media, fornisce come effetto la maturazione di differenti orientamenti da parte dell'opinione pubblica, gli uomini del potere lavorano accuratamente su queste tendenze:

> "La gente vuole in maggioranza la libertà? Diamogliela! Limitata, manipolata, apparente, ma diamogliela! Una certa percentuale di persone soffre di quella speciale contrattura egoistica che assume le colorazioni della destra fascistoide o sovranista? Un'altra percentuale vuole solo che lo Stato renda loro la vita facile, che gli consenta di non pagare le tasse, di fare abusi edilizi, di frodare gli altri? C'è ancora una porzione di benpensanti laici di destra o di sinistra? Certi gruppi massonici vogliono un partitino tutto per loro, da gestire? I cattolici, di destra o di sinistra, vogliono far sentire la loro voce, far pesare la loro morale? Ci sono ancora persone attratte dal comunismo? I verdi vogliono un ruolo nelle

scelte ambientali? L'odio per la casta politica tende a organizzarsi in partito?
Bene, *non ci dobbiamo opporre*. Lasciamoli liberi di creare le loro organizzazioni. Oppure, ancora meglio, creiamone noi di apposite per i vari orientamenti. E poi utilizziamo i nostri vecchi e collaudati sistemi di infiltrazione per controllarli il più possibile. Infine lasciamo che si scontrino in una continua, controllata competizione tra loro. E poi di volta in volta facciamo in modo che solo quelli veramente fedeli a noi facciano parte dei nuclei di governo effettivi. Se le cose non vanno per il verso giusto, possiamo tranquillamente utilizzare tutti i mezzi che vogliamo, con le buone o con le cattive - scandali, rapimenti, omicidi, bombe, crisi economiche - per indirizzare le cose come ci serve."

"Il gioco è fatto: la democrazia è servita! L'importante, in questa partita truccata, è che ci teniamo in mano tutte le carte principali del mazzo..."

Man mano che si sale di livello, nelle strutture politiche nazionali o internazionali, la presa del potere oscuro sugli individui e sulle istituzioni diventa più forte. I principali responsabili del governo degli Stati sanno poco o niente di quello che vogliono veramente i padroni che li hanno messi dove sono, e spesso hanno fermamente deciso di non chiederselo. Sanno solamente che devono eseguire determinate istruzioni, devono proteggere proprio certe persone e certi ambienti e combattere determinate idee, persone e gruppi. E basta...
In relazione ai fini dei livelli superiori sono completamente ciechi: auto-accecati in cambio del potere.

Crediamo che coloro che siedono all'ONU, a Bruxelles, a Palazzo Chigi, all'Eliseo, a Downing Street. alla Casa Bianca o al Cremlino sappiano veramente cosa stanno facendo? Chi e quali strategie oscure reali stanno supportando?

No, sanno solo che la loro sfrenata ambizione viene premiata da certi poteri intoccabili che possono tutto. E che li proteggono da grandi nemici, spesso fumosi. E che intorno a loro c'è un particolare individuo - o al massimo due o tre - che è il loro anello di comunicazione con questi poteri superiori indiscutibili. Ma sono uomini tenuti sostanzialmente "al buio". Quando i grandi poteri decidono di sostituirli perché non più adatti ai loro fini, loro veramente non capiscono perché questo è avvenuto. E se la prendono con dei nemici, veri o presunti, interni ed esterni alla loro organizzazione, che spesso non sono all'origine delle loro sfortune.

Le stanze dei bottoni delle grandi decisioni che hanno a che vedere con la libertà e l'evoluzione umana, non sono nei palazzi del potere statale o politico: palazzi vuoti di anima, di cuore, di amore, di coscienza. Freddi simulacri dell'Impero popolati soprattutto da una folla di povere creature in lotta perenne fra di loro. Chissà se un giorno uomini liberi e coscienti riusciranno a portare luce e vita in quelle sale...

Una cosa singolare, alla quale difficilmente si pensa, è questa: non è che le strutture del potere intermedio, le logge, le correnti politiche o finanziare trasversali, stiano lì buone buone e vengano poi con difficoltà convinte e comprate dai poteri oscuri. No, proprio non è così! C'è invece una vera e propria corsa, una vera e propria ressa, una lotta al coltello per compiacere questi poteri.
E' la perenne competizione delle varie correnti politiche, economiche, religiose, militari, malavitose, per accreditarsi.

La corsa a dimostrare:

> "Io faccio i tuoi interessi, carissimo potere oscuro, molto meglio dei miei concorrenti. Loro non sono così efficienti, loro non controllano così bene i mass media, certi settori operativi o altri organi e poteri dello Stato, loro non supportano così bene le tue schiere, non sono bravi come me a portare alla vostra causa il sostegno dei gruppi economici e delle maggioranze popolari. Che io poi vi metto a disposizione senza fiatare. Basta che appoggiate la mia scalata alle po-

sizioni che contano, e io sarò un bravissimo e fidato esecutore di tutto quello che voi volete farmi fare"

E allora è tutto un chiedere udienza, un fare anticamera in strani luoghi che all'apparenza non dovrebbero avere nulla a che fare con le istituzioni di cui si sta trattando: lo studio di un professore o di un professionista non particolarmente noto, maestosi e antichi palazzi romani, ma anche asettici uffici di Ginevra, di Londra, di Washington, di Parigi, di Pechino o di New York. O la stanza di un convento...
Colloqui oscuri, con individui potenti che istituzionalmente non avrebbero nulla a che fare con le questioni di cui si decide. Oscuri come i fini che li muovono, come il coagulo di ambizioni e di intenzioni segrete che li provocano. Un mondo di relazioni sotterranee, reale ed oscuro, del quale il teatrino della politica e di quanto viene pubblicato sui giornali è solamente una pallida, falsa manifestazione esteriore.
Anche questo un gioco di specchi.

Un'altra caratteristica di questi nostri sistemi "a democrazia condizionata" è che le istituzioni dello Stato non hanno il controllo effettivo del cuore di certi appartati e di certi settori, che pure ufficialmente sarebbero sottoposti alla loro catena gerarchica. Sono apparati che vengono controllati direttamente da uomini infiltrati dai livelli superiori a quelli politici, ed a questi rispondono. Sono i settori veramente delicati, quelli che fanno da strumento e da copertura a molte operazioni importanti e segrete. Sono alcune porzioni dell'apparato giudiziario, dei servizi segreti, dei corpi di sicurezza e di quelli armati, i ristretti circoli che contano veramente nell'economia, nella finanza, nella scienza, nella cultura, nella scuola, nei mass media.
Diciamo che il compito fondamentale dei politici coinvolti è da una parte quello di supportare e proteggere questo sistema di trame extra-istituzionali, e dall'altra di garantire che le masse siano comunque in gran parte convinte di vivere in un sistema democratico che, se anche non è proprio perfetto, è tuttavia accettabile.

Le classi politiche arruolate nelle armate nere devono assicurare al potere che le loro facce, i loro discorsi e le loro azioni siano sufficienti a mantenere la copertura del potere vero. E chi, per un qualsiasi motivo, perde il "gradimento", chi non garantisce più questa funzione di copertura, di manipolazione dell'elettorato, viene rapidamente eliminato dalla scena. Gettato via come un fazzolettino usato.
Ognuno può trovare da sé numerosi casi del genere.

il senso spirituale della globalizzazione e delle varie centralizzazioni

Nell'epoca dei risvegli è sempre più difficile mantenere la manipolazione e il principio di autorità. E allora da anni le forze oscure hanno attuato delle apposite strategie.

Da una parte il *rafforzamento, l'accorciamento e la semplificazione delle linee di comando* e di manipolazione. Perché sempre di meno siano gli indipendenti che ci possano "mettere il naso", e perché sia più facile controllare i vari livelli delle differenti piramidi. In estrema sintesi, attraverso crisi e aggiustamenti per nulla indolori, si è fatto in modo che i sistemi politici diventassero sempre più bipolari, e che determinate forze oscure potessero essere più facilmente condizionanti. In entrambi gli schieramenti.

E poi si è avviata una enorme, mondiale *campagna di concentrazioni e fusioni* delle organizzazioni nei vari settori: nell'industria, nel commercio, nella finanza, nei mass media, nelle strutture militari, e anche nelle strutture istituzionali, che da nazionali tendono a diventare regionali e mondiali.
Tutto quello che ha a che fare con la globalizzazione sembra dovuto a motivazioni di tipo economico. Ma questo è il fine degli uomini che la portano avanti. Mentre il fine di chi li ispira è invece quello di accorciare e semplificare le linee di comando della manipolazione. Per fare in modo che le strategie del Male siano meno dispersive e più sotto controllo.

Un grande impulso all'arroccamento, alla formazione di enormi fortezze "nere", nel tentativo di resistere alla forte offensiva della ondata di risvegli.
E nel globalizzare si cerca anche di standardizzare ed appiattire la gamma delle scelte umane, la libertà e la bellezza che è insita nella molteplicità, nelle differenze, nei diversi talenti. Tutte le diverse ricchezze umane che sono il tessuto su cui si costruisce e si alimenta l'ondata dei risvegli.
Una vera e propria struttura multiforme fatta di organizzazioni ONU, agenzie, club mondialisti, massonerie, ordini religiosi e perfino qualche corrente new age, lavora attivamente per sostenere una vera e propria corsa verso la costruzione di uno stato mondiale centrale. Più fortemente nelle mani dei poteri oscuri e più difficilmente infiltrabile dall'onda del risveglio.

una strategia della tensione che è contemporaneamente nazionale ed internazionale

Un'altra strategia è quella di aumentare il livello di emergenza, sia a livello nazionale che planetario. Per distogliere la mente delle masse, caricandola di odio, di paura, di ansia, di egoismo.
Si aumenta il ritmo dei conflitti, degli scontri, che vengono predisposti e creati dal nulla. Il *conflitto di culture* è l'ultimo ritrovato, pesantissimo negli effetti e raffinatissimo nella concezione multifunzionale. A questo scenario di tensione è stato aggiunto in certe fasi quello di devastanti crisi finanziarie ed economiche, o pandemiche, fabbricate ad arte. Per ottenere una strategia della tensione che è contemporaneamente nazionale ed internazionale.
Il livello di emergenza, attraverso le guerre, il terrorismo, le ripercussioni economiche e sociali di queste operazioni, diventa un'arma di pressione contemporaneamente sia sugli scenari mondiali che su quelli interni. Manovrabile a piacimento. Ovunque, senza limiti di tempo o territoriali. Capace di indurre gli uomini a sopportare un potere imperiale che vuole tornare a diventare sempre più avvolgente e limitante, che tende anche a gettare alle ortiche

le stesse maschere libertarie che ha usato fino ad ora, e che nell'epoca dei risvegli possono rivelarsi pericolose.
La tensione internazionale oscura le nostre coscienze, e il potere tende a riprendersi quegli spazi di libertà, sia pure condizionati, che l'umanità si è faticosamente guadagnati.
E poi la tensione internazionale, i vortici di odio, di pensieri e di sentimenti negativi nutrono direttamente le grandi egregore oscure che operano il Male nel mondo. Il blocco delle correnti di amore sollecitato dalle situazioni di conflitto e di crisi genera aree morte della Rete, e alimenta tutte le forze di opposizione all'età della coscienza.

chi non piace alle strutture dei poteri oscuri?

Chi pensa con la sua mente e contemporaneamente ascolta il suo cuore. Chi non si sottopone ad un qualsiasi principio di autorità che lo vuole manipolare. Chi non si accontenta delle strane "morali interne" alle organizzazioni. Chi innalza il vessillo della Verità, sia pure quella porzione di verità imperfetta, ma genuina, che con il suo cuore e con la mente lui stesso ha riconosciuto e verificato.
Questi sono i nemici mortali dei poteri che basano la propria sopravvivenza sulla falsità e la manipolazione.
Sì, il relativismo è il vero nemico di questi poteri, il fatto che ognuno trovi individualmente la sua strada in un nuovo genuino rapporto con gli altri esseri umani e con il mondo spirituale. E che non si sottoponga più al dogma e alla manipolazione dei princìpi, religiosi o laici che siano.
Uno dei modi per riconoscere certi pretoriani dell'Impero, molto vicini ai poteri oscuri, è proprio la loro lotta manifesta contro il "relativismo religioso", contro la libertà di pensiero. La loro ansia evidente di mantenere il principio di autorità, la vera spina dorsale sulla quale l'egregora dell'impero si è sempre retta.
Per fare in modo che gli individui continuino a cedere la loro libertà, materiale e spirituale, al potere di altri uomini.

i limiti e i punti deboli delle forze oscure

Ma allora le forze oscure fanno proprio tutto quello che gli pare?

No, tutt'altro: hanno dei limiti e delle debolezze enormi e ben precisi, e le forze spirituali bianche non stanno affatto ferme nei loro confronti. Diciamo anzi che in epoca di risvegli sono ben più attive di quelle oscure, e che queste sono sulla difensiva.
Ricordiamoci sempre, per mantenerci lucidi, realistici e positivi, che il Piano Divino è superiore, e ingloba i piani oscuri, in quanto servono da ostacolo indispensabile della crescita.
Quindi le forze "bianche", molto più potenti di quelle "nere", fanno in modo che le caselle occupate dai poteri oscuri siano ben precise, limitate a quanto è strettamente necessario per farci trovare di fronte a delle prove, a delle opportunità che siamo in grado di utilizzare positivamente, se vogliamo.

Il livello di penetrazione delle forze oscure non è mai totale. Questo non viene permesso. Deve arrivare solamente al limite della nostra capacità di reazione, per metterla alla prova al massimo. Non per distruggerla o annichilirla. Quindi tante delle iniziative delle armate nere, studiate con cura e con grande dispendio di mezzi, falliscono miseramente. Oppure, se hanno successo, determinano importanti reazioni di crescita.
Nella nostra epoca tutto questo dispiegamento del Male, evidente e fragoroso, è l'ostacolo giusto, sufficientemente robusto, per mettere alla prova le grandissime forze di coscienza che si stanno risvegliando.

Il mondo spirituale bianco mette luci dovunque, anche nelle strutture più oscure. Anche nelle antiche famiglie del potere nasce quando serve una ispirazione positiva ed insopprimibile, nascono un figlio o una figlia diversi, illuminati da una evoluzione spirituale avanzata. A volte determinati dolori, malattie, rovesci di fortuna pongono gli uomini dell'Impero di fronte a profonde crisi di coscienza. Uomini indipendenti e liberi, portatori di luce, vengono in determinati casi protetti e ispirati fino ad assumere posizioni di grande rilievo, persino nelle organizzazioni più oscure. Ed allora spargono una luce che le forze dell'ostacolo mal sopportano.

La più grande debolezza del sistema delle piramidi oscure è quella di dover adoperare la menzogna, la falsità.
Abbiamo visto che per conseguire i propri fini, i vari livelli devono manipolarsi l'uno con l'altro, fin dall'inizio della catena. Devono mentire, perché gli esseri umani vogliono naturalmente un Bene. Anche se lo hanno capito male, anche se non sanno cosa è il Bene, devono sempre pensare che quello che fanno sia la cosa buona, la migliore possibile, per sé o per gli altri. E' questo un impulso insopprimibile, immesso nella nostra anima dalla forza cosmica dell'Amore.
In genere il problema è quando questo impulso lo deviamo in egoismo, invece di farlo scorrere verso gli altri. Le forze oscure manipolano la Verità, ai vali livelli, per fare in modo di presentare i loro fini inconfessabili come "il bene" delle persone con cui hanno a che fare. Se queste sapessero quali sono i fini veri, quelli di fare il loro vero male, oltre a quello degli altri, non si farebbero strumentalizzare.
Se sapessero la Verità, uscirebbero dalle piramidi oscure.
Quindi *è proprio la Verità il principale nemico delle forme-impero*, delle egregore oscure che si agitano nella Rete. Quel tipo di Verità che, con la forza spirituale dei risvegli, ognuno è in grado di sviluppare autonomamente e di trasmettere agli altri.
Poche coscienze che si sviluppano all'interno di certe organizzazioni, parlando e diffondendo le loro osservazioni ed i loro pensieri, mettendo a confronto la luce della Verità con il buio della menzogna e dell'imbroglio, possono essere capaci di contagiare rapidamente molte persone. Questo temono le forze oscure: che poche luci nelle loro strutture possano in breve portarle al crollo.
E questo prima o poi avverrà, grazie all'epoca dei risvegli.

Piccole masse critiche positive di individualità libere e illuminate saranno in grado di far cadere, solamente con l'arma luminosa del loro Amore e della loro Verità, interi castelli di menzogne, antichissime forme-impero che hanno retto a millenni di storia. Anche se il processo è appena agli inizi, il pericolo per le egregore imperiali è più imminente di quanto non sembri. Sicuramente le forze oscure considerano questa situazione con molta maggiore lucidità della gran parte della gente, che non se ne è nemmeno accorta. E le loro strutture stanno facendo di tutto perché continui a non accorgersene.

Un'altra debolezza delle organizzazioni oscure è che i beni che distribuiscono per "comprare le anime", a confronto di quelli messi a disposizione dell'età dei risvegli, sono poca cosa. Una coscienza nuova mette a disposizione una vita piena di significato, della gioia di comprendere sé stessi e gli eventi, della felicità di scoprire come migliorare sé stessi e gli altri, di godere veramente della natura e della compagnia degli altri in quanto esseri spirituali, di sapere come scambiarsi il meglio nelle comunità umane. Invece i beni materiali, le ricchezze, i posti di potere distribuiti dalle forme-impero sono superficialmente luccicanti, ma ben presto non danno alcuna felicità. Danno invece l'ossessione di averne di più o di non perderli, sollecitano la miseria interiore e il distacco dagli altri, che vengono sempre di più considerati solamente ostacoli, pericoli o proprie pedine. Precipitano in mondi pieni di ansia, di competizione e di nevrosi:

in veri e propri inferni.

Cosa succederà il giorno in cui i tanti mercenari inconsci dei vari imperi si renderanno conto che quello che gli viene distribuito è solo, ancora dopo duemila anni..."Panem et Circenses"? Benefici effimeri, intrisi di sofferenze e di infelicità? E che in tal modo gli viene sottratto e taciuto il modo vero di avere una vita piena e soddisfacente?

Succederà che abbandoneranno i loro padroni e cercheranno qualcosa di meglio. E in parte, a livello iniziale ma crescente, questo sta già succedendo.

La grande paura delle organizzazioni oscure è che, nel confronto con la Vita e con la Verità, i loro grandi palazzi, le loro grandi cattedrali si svuotino. Stanno resistendo in tutti i modi, ma per alcune strutture imperiali sta già succedendo.

Più coscienze si svegliano, e più il potere è costretto a strategie sofisticate, ad arroccarsi, a schiacciarsi verso l'alto, a rinchiudersi in élites supersegrete. A nuove e sempre più difficili manipolazioni per bloccare, imbrigliare, legare la libertà con condizionamenti continuamente rinnovati.

Una rincorsa a tentare di contenere

una sostanza spirituale
che sempre di più sfugge,
scappa da mille falle non controllabili
e scorre sui canali della Rete d'Amore,
da un essere umano all'altro.

10

L'ARMATA BIANCA

Una grande armata silenziosa e invisibile.
Esiste una piramide del Bene?
Il Logos, la Sofia. gli Angeli, i nostri Cari
e gli Spiriti Elementari
Michele
Le schiere bianche umane
all'opera nella Rete.

una grande armata silenziosa e invisibile

In precedenza abbiamo cercato di descrivere le grandi direttrici, le grandi strategie dell'operazione risvegli e di alcuni suoi importanti protagonisti. Ora vediamo di gettare uno sguardo sul complesso della organizzazione spirituale che si occupa di promuovere il Bene sulla Terra, che è l'evoluzione umana e degli altri esseri. E che ora in particolare è impegnata nell'affascinante e rivoluzionaria campagna di risveglio delle coscienze.
Non è affatto facile farlo, perché questa enorme "armata bianca" si muove invisibile e in silenzio, al contrario del fracasso prodotto delle armate nere. Fa quanto possibile per non essere invasiva, per lasciarci tutti gli spazi di libertà necessari a trovare da soli le strade della nostra crescita. Perché il risveglio deve partire da noi per essere vero e produttivo di una coscienza autonoma, individualmente capace di creare il Bene con l'Amore intelligente. Il chiasso insopportabile, i colpi di scena, le esplosioni, le musiche assordanti, le immagini forti e sconvolgenti, le luci accecanti delle Armate Nere vogliono impressionarci, vogliono condizionare la nostra Libertà. Mentre il silenzio operoso degli Angeli vuole favorirla.

E' molto importante rendersi conto dell'importanza di questo aspetto del silenzio, degli eventi importanti e positivi che accadono e che possono accadere lontano dal rumore.
Solo nel silenzio il pensiero trova il modo di unirsi al cuore e di salire in nuove dimensioni; nel chiasso, nel fragore, pensiero e cuore non si riconoscono, si perdono in un vortice di reazioni impulsive che ci tengono appiccicati ai sensi inferiori, schiacciati sulla materia.
Anche da questo punto di vista, rispetto agli enormi poteri bianchi e alle strategie positive in campo, che passano per i ricchissimi silenzi dell'anima e che arrivano perfino a includere la funzione del Male, le strategie oscure appaiono ben poca cosa. Sono fragorose, minacciose, dolorose, ma sono pur sempre ben poca cosa, condotte da povere creature rimaste indietro o annebbiate, e che

solo con grande dolore usciranno fuori dal vicolo cieco nel quale si sono infilate.
Dipende solamente da noi se farci impressionare o meno dal grande fracasso. Oppure se guardare alle forze umane a noi contrarie con serenità e senza odio mentre compiono, consapevolmente o meno, il duro compito di ostacolo che si sono assunte. Chissà, forse un giorno riusciremo perfino a guardarle con tenerezza, come si guarda a un fratello o a un figlio malato che ancora non trova le forze per guarire.
Sì, in effetti sono proprio loro i nostri fratelli che hanno il maggiore bisogno di aiuto.
A noi tutti il compito di mantenere la fiaccola dell'Amore e della Verità più alta possibile, perché stia lì, pronta a fare luce penetrando nelle incrinature, nelle fratture delle loro e delle nostre apparentemente impenetrabili armature. Fatte di potere sugli altri, di soldi facili, di lusso, di armi, di protervia, di boria... Che armano, proteggono e compiacciono, ma anche accecano, comprimono e rischiano di soffocare. Armature fatte in fondo di nulla, perché nel nostro mondo la materia è la vera illusione. E al di là della materia la nostra anima è nuda, fatta solo di quello che ha costruito di buono nella sua evoluzione.
Il resto sono solo fantasmi, rumorosi e accecanti fantasmi.

A ben guardare l'Armata Bianca è tutt'altro che invisibile, e lascia moltissime tracce della sua attività. Anzi, più la nostra coscienza cresce, più si rende conto che tutto quello che ci circonda è proprio manifestazione del Mondo Spirituale. E che quindi l'Armata Bianca, nei suoi effetti, è visibilissima. Non solo, ma non è muta: nel silenzio operoso della nostra mente e del nostro cuore, non appena li apriamo in modo sufficiente, parla in modo intenso e inequivocabile, attraverso frasi, pensieri, immagini, intuizioni, suoni di un'altra dimensione.
Ma questo aspetto è parte integrante del grande piano: nella nostra epoca di risvegli la nostra coscienza cresce proprio scoprendo un po' alla volta come le Armate Bianche siano all'opera ovunque intorno a noi e dentro di noi, dietro le apparenze della materia, de-

gli avvenimenti e dietro le pulsioni dei sensi. E poi cercando di imitare il loro modo, amoroso e creativo, di operare nella realtà.
In questa epoca le forze spirituali positive ci mandano tanti stimoli ad avviarci nella loro direzione, ma il dialogo cosciente con loro comincia solo se noi lo vogliamo e lo ricerchiamo con le nostre forze. Non ci spintonano, non ci attraggono con forti seduzioni, non ci urlano nelle orecchie dalla mattina alla sera come fanno le forze oscure.
Ma siamo noi chiamati a scoprire ovunque con occhi nuovi le loro meravigliose forme e i loro splendidi colori. A sentire con un nuovo udito le melodie celestiali delle loro ispirazioni, delle loro creazioni, del pulsare della vita in noi e nel cosmo.

La musica delle sfere...

Non è facile restringere in poche parole un disegno così sublime, difficile da afferrare nella sua grandezza e complessità.
Per tentare di descrivere le forze positive faremo riferimento alle esperienze di vita e alla osservazione spirituale della realtà, e poi alle migliori tradizioni spirituali.

esiste una piramide del Bene?

Abbiamo visto che nel caso del Male non c'è una sola piramide, ma diverse organizzazioni piramidali imperiali, in contrasto tra loro, basate sul principio di autorità e sulla manipolazione. E abbiamo scoperto che questa suddivisione è necessaria per le dinamiche oscure.
Naturalmente, quello che avviene nel campo Bianco è esattamente il contrario: esiste *una sola, grande organizzazione del bene*, perfettamente, "divinamente" organizzata in varie gerarchie, corrispondenti ai vari livelli di coscienza. In una scala che va da noi al Creatore.

A seconda del livello di coscienza, le entità spirituali che ne fanno parte hanno una particolare capacità creativa, maggiore o minore.

Queste differenti capacità creative - miliardi e miliardi di esseri - lavorano tutte insieme, armoniosamente, per l'evoluzione del cosmo e di tutti gli esseri che ne fanno parte. Chi è su un gradino più alto aiuta a crescere chi è meno evoluto, e così facendo rafforza la propria coscienza e le proprie capacità creative.
Questa struttura luminosa si basa sulla *partecipazione consapevole* alle dinamiche del Bene e dell'Amore, che permea tutte le sue attività.

Tutto quello che i suoi membri fanno è trasparente, pulito: è nella luce della Verità del Piano Divino, e non nell'ombra della manipolazione, che tutti questi spiriti si riconoscono e si ritrovano. La manipolazione, la menzogna e il principio di autorità non esistono, ma solo consapevolezza e partecipazione armoniosa. Questo il regno delle Armate Bianche, quello che stanno cercando di estendere agli esseri umani.

Ognuno di noi entra a far parte delle Armate Bianche quando comincia ad essere cosciente del Piano Divino, e cerca di parteciparvi con amorevole consapevolezza e in armonia con gli altri esseri. In libertà, senza manipolazione e senza l'esercizio di alcun potere. Altrimenti, coscienti o no, si fa parte di una piramide oscura. Si dà forza a una egregora imperiale.

Ogni nostra consapevolezza
è una adesione alla struttura del Bene, mentre ogni vuoto di coscienza
è una partecipazione, sia pure inconscia,
alle Armate Nere.

La manipolazione oscura tende a irreggimentarci in forme di asservimento, di sfruttamento reciproco, tali da bloccare il fluire dell'Amore nella Rete, creando dei percorsi oscuri standardizzati, ben delineati. Mettendoci in caselle, in gabbie robuste e definite.

Il modo di muoversi delle Armate Bianche è invece quello di offrirci di entrare in una organizzazione in cui *il Bene e la Verità sono unici*, ma *i percorsi* per partecipare al Piano Divino sono *liberi ed infiniti*.

Nella porzione umana della grande struttura luminosa viene favorita in tutti i modi la libertà di crescere in tantissimi modi differenti. Per fare in modo che emergano spiriti dotati di creatività infinitamente diverse, capaci di arricchirsi l'uno con l'altro. Capaci di creare società ed ambienti infinitamente migliori. E di arrivare un giorno, in un lontano futuro, ad arricchire la Terra e il cosmo intero con una enorme, molteplice, libera ed amorosa fantasia creativa.

il Logos, la Sofia, gli Angeli, i nostri Cari e gli Spiriti Elementari

Tutte le grandi tradizioni spirituali hanno sempre considerato un dato di fatto l'esistenza di spiriti più evoluti di noi, che aiutavano ed assistevano il creatore a realizzare i suoi piani in vari modi. Nelle tradizioni occidentali si chiamano Angeli. E ci sono Angeli di tante "categorie", corrispondenti a livelli di coscienza, e quindi di creatività, differenti.
Enormi e potenti forze operative del mondo spirituale sono ora impegnate sulla Terra nella grande operazione risvegli.

Partiamo dalla cima della piramide. Da chi fornisce l'impulso principale, che poi passa per i rami delle varie gerarchie ed arriva a noi.
Sulla cima c'è quella particolare modalità operativa, creativa di Dio, che tutte le tradizioni spirituali conoscono bene e chiamano in vari modi, e che la tradizione cristiana chiama il Figlio, o il Cristo, o il Logos del vangelo di Giovanni.
All'interno del grande Piano Divino della Coscienza Universale, è proprio questo particolare aspetto del Creatore che ha fornito

l'impulso e la guida per la creazione e per il percorso di crescita umano, fin dall'inizio, e lo segue passo dopo passo.
E' chiaro che è lui il "comandante in capo" della operazione risvegli. Che infatti corrisponde al risvegliare in noi quelle qualità di coscienza che sono come le sue: quella fiammella di logos, di Figlio del Creatore, di pura Essenza di Amore, che è in tutti noi, e che ora preme per attivarsi sul serio.

Come abbiamo visto in precedenza, l'impulso divino si articola in due principi, uno maschile e uno femminile, e questo crea la necessaria dinamica e le forze di base per lo sviluppo della evoluzione. Sia a livello cosmico che nell'interiorità di ognuno di noi: tutto quello che di divino viene da fuori di noi lo fa per mettere in risonanza, in co-vibrazione le stesse forze dentro di noi, perché si risveglino e si sviluppino.
In questo momento la dinamica e le forze di base per l'operazione risvegli sono assicurate da una presenza particolarmente forte nella nostra dimensione sia del principio maschile, creatore del nuovo, che di quello femminile, la "Sofia", Maria, l'antica Pallade Atena o Iside, che predispone la sapienza e le conoscenze necessarie.
In questo quadro di forze dinamiche messe a disposizione dell'evoluzione umana, gli esseri delle gerarchie spirituali si occupano di portare a compimento le varie direttrici del piano di risvegli delineato in precedenza.
Spiriti particolarmente potenti, molto prossimi al Creatore, si occupano delle operazioni sulla modifica delle condizioni di base dell'ambiente cosmico e della Terra, e delle operazioni sulla conformazione della natura umana e delle nostre facoltà.
Altri esseri seguono le vicende ed organizzano le trame e i flussi degli eventi dell'umanità nel suo insieme, dei vari popoli, dei vari gruppi umani, fino alle famiglie ed alle coppie. Per fare in modo che le interazioni tra queste formazioni umane facilitino al massimo i risvegli. Aiutati in questo fondamentale compito dalle nostre guide spirituali personali, quelle che la tradizione chiama Angeli Custodi. E insieme svolgono il lavoro di trasferire a noi, di-

rettamente nella nostra interiorità, tutta una serie di impulsi che stimolano la nostra crescita. [18]

Quella parte di umanità che in questo momento non è sulla Terra, ma nel mondo spirituale tra una vita è l'altra, partecipa attivamente, come forza operativa importantissima, a molte fasi delle operazioni "bianche" che ci riguardano. Ed anche nella predisposizione delle trame dei flussi non casuali degli eventi della nostra vita. E inoltre nelle ispirazioni e nei pensieri che ci sorgono dentro quando siamo rivolti al Bene. Sono quei *nostri Cari* che momentaneamente non vediamo, ma che sono costantemente intorno a noi e dentro di noi, per aiutarci nel risveglio.

E poi ci sono miriadi di esseri invisibili, che gli antichi percepivano direttamente, e che noi normalmente non riusciamo più a vedere. Sono quelli che si chiamano *esseri elementari.* Esseri direttamente collegati a elevate spiritualità angeliche, che si occupano costantemente di dare forma e funzionalità agli elementi della Terra. E si prendono cura di tutto il mondo minerale e vegetale, e di quelli dell'acqua, dell'aria e del calore. Il loro lavoro, in costante collaborazione con il mondo spirituale superiore, e con enormi entità cosmiche e telluriche, è indispensabile per la formazione e il mantenimento di tutte le differenti forme e qualità della vita sulla Terra. Sono gli Esseri della Natura, che la nostra cultura non considera affatto, ma senza i quali non sarebbe possibile la vita.

Nella nostra epoca dei risvegli, collaborano intensamente con gli spiriti superiori per trasferire nella sfera materiale terrestre i numerosi impulsi necessari a creare migliori condizioni per la nostra crescita. In particolare, negli ultimi decenni sono chiamati a una sorta di superlavoro, in quanto, oltre a svolgere la routine diciamo "normale", devono accorrere ovunque a risistemare gli enormi squilibri prodotti dalle tecnologie umane, quelle inconsapevoli e quelle ispirate dai poteri oscuri. Ed anche questo fanno secondo

---

[18] Un approfondimento sul tema nel seminario online: "ANGELI – la loro presenza nella nostra vita.", al sito: https://accademia.coscienzeinrete.net/

istruzioni superiori, secondo quelle direttive che comunque dicono di “non riparare tutto”, ma di lasciar correre una parte dei danni, in modo che diventino salutari lezioni ed opportunità di crescita per gli uomini che “ancora non capiscono”, che ancora non si risvegliano.

L’Armata spirituale Bianca è una schiera enorme, poderosa, luminosa, avvolgente, fatta di miliardi, miliardi e miliardi di esseri. Che in ogni attimo della nostra vita compiono un’opera incredibilmente complessa, per noi inimmaginabile. Pensiamo solamente a quale poderoso lavoro di coordinamento è indispensabile tra tutti gli spiriti che si occupano dei molteplici aspetti delle varie strategie. Tutto deve tornare, tutto deve essere positivamente utile, e allora le forze della Natura e quelle che si occupano dei percorsi individuali e di quelli collettivi, devono lavorare con una sintonia enorme.

E nella nostra epoca il lavoro aumenta in modo esponenziale, perché il mondo spirituale ci lascia molto più liberi di decidere il nostro destino. E allora, ogni volta che decidiamo liberamente qualcosa di diverso dai piani generali predisposti per le nostre vite, questo obbliga le guide a un enorme lavoro di risistemazione del flusso degli eventi, di adattamento delle trame degli incontri, di adeguamento delle risposte della vita di ognuno di noi, perché corrispondano ad un dialogo sempre più aperto, serrato e utile tra esseri umani e angeli.

E pensiamo inoltre che ogni nostra libera azione singola comporta effetti a catena su tutta la Rete dell’umanità.
Un lavoro enorme, incredibile, che solo degli esseri divini, dotati di coscienze elevatissime e di portentose capacità operative possono portare a compimento.

Nella nostra epoca tutto questo viene fatto per noi, per fornirci gli stimoli e le condizioni giuste, gli equilibri indispensabili e delicati, tutto quanto è necessario per la nostra crescita.

Intorno a ognuno di noi si muovono numerosissime entità, senza farsi notare, per consentire alla nostra coscienza di evolvere e di trovare le proprie strade liberamente.

Michele

Nell'epoca dei risvegli il comandante in capo, il Logos, e la Sapienza Divina, la Sofia, dispongono di una grande spiritualità, particolarmente incaricata di guidare e di coordinare tutte le operazioni dell'Armata Bianca. E' il generale a capo delle operazioni sul campo. Ed è questo essere luminoso che coordina gli impulsi positivi, le "ispirazioni" tipiche dell'operazione "risvegli".
Questo grande spirito del nostro tempo, che anche in altri periodi dell'evoluzione umana ha avuto un ruolo fondamentale di primo piano, nella tradizione cristiana si chiama Michele. Compare anche nelle tradizioni ebraiche e islamiche. Lo si rappresenta in modi simili ai nostri anche nel buddismo ed in altre antiche tradizioni. Per gli egiziani era il grande dio Toth. Per i greci Hermes.
Ed è straordinario come proprio nella nostra epoca ci sia una grande ripresa dell'interesse per questa figura spirituale. E come addirittura Michele entri nella vita di molte persone, certe volte anche con grande evidenza ed un po' di prepotenza, per spingerle all'azione. Soprattutto se erano venute qui sulla Terra per partecipare all'operazione risvegli con un ruolo particolarmente attivo e magari faticano a ricordarselo.
Tutto quanto abbiamo cercato di descrivere in precedenza sulla operazione "risvegli" fa parte della complessa e profonda ispirazione "micheliana", che tende a dare un deciso impulso alla crescita della coscienza: una crescita da conseguire mediante la conquista della libertà da tutti i condizionamenti, esterni e interiori, attraverso la scoperta del Piano Divino nei fatti e nelle realtà che ci circondano, e con lo sviluppo di azioni amorose e intelligenti.

Michele viene raffigurato tradizionalmente come un guerriero alato armato di spada e di scudo. Che tiene a bada, con la sua arma e calpestandolo, il drago del Male. E' molto bella ed evocativa l'immagine del quadro di Raffaelo esposto al Louvre[19] che abbiamo riportato in copertina. Sullo sfondo le figure mostruose delle Armate del Male e una città in fiamme, che ricorda le tante città in fiamme della Storia e della nostra epoca. Ma Michele è lì, tiene fermo il drago, non lo uccide, ma nemmeno gli consente una totale libertà di movimento. Lo lascia vivo quel tanto che basta per porre ostacoli proporzionati al nostro livello di coscienza. Libero, ma in modo condizionato, di usare le sue due corna, i due impulsi fondamentali del Male.
E nella sua posizione, negli strumenti che adopera, Michele ci mostra quello che si aspetta da ogni essere umano.
Con lo scudo si difende dagli attacchi del Male, dagli attacchi della oscurità e della manipolazione, sia esteriori che interiori. Lo scudo rappresenta il divino femminile: è la conoscenza del mondo spirituale nei fatti della vita: è la Sofia, è Iside, è Maria… "ianua coeli", la porta del cielo. Quella consapevolezza che più di ogni cosa ci protegge dalle lusinghe, dagli imbrogli e dalle seduzioni delle forze oscure.
Lo SCUDO, con dipinta sopra la croce rossa della materia usata per amore, è la conoscenza del mondo spirituale all'opera nella materia, il riconoscere il piano divino negli eventi, nelle persone e nella natura intorno a noi. E questa conoscenza luminosa ci protegge dalle paure, dalle ansie, dalle oscurità, dalle manipolazioni e dai condizionamenti prodotti dalle armate nere. E' il nostro scudo.
E la SPADA?
La spada che tiene a bada il drago scatenato nel mondo e dentro di noi, rappresenta le nostre azioni, quando sono illuminate e pro-

---

[19] E' un quadro di piccole dimensioni (31cm. per 27), dipinto nel 1505 su commissione di Giovanna Feltria della Rovere.

tette dalla coscienza e spinte dalla forza dell'Amore. E' l'azione creativa del divino maschile attraverso di noi.
In questa figura c'è quello che Michele fa e che noi siamo chiamati a fare in questa epoca.
Se riusciremo a procedere su questa strada, questa risveglierà in noi forze nuove e luminose: il nostro Sole interiore. E allora, come suggerisce Steiner, anche la raffigurazione di Michele si modificherà: verrà riesumata la vecchia tradizione che vuole che il Sole sia, nella sua manifestazione visibile, Michele, il "volto di Dio". Capace di abbracciare il Male perché ha la forza di trasformarlo in Bene.
Quando in noi si sarà sufficientemente sviluppata la qualità solare, questa non solo terrà a bada l'ombra, ma la illuminerà, trasformandola. Cambierà la qualità degli esseri del Male, dissolverà gradualmente le forze dell'ombra, le Armate Nere, illuminandole con la luce della Verità e sciogliendole al calore dell'Amore.

le schiere bianche umane all'opera nella Rete

Così come per le armate nere, anche sulla Terra c'è una presenza delle armate bianche attraverso gli esseri umani. E in vari livelli.
Nella ferrea organizzazione delle egregore imperiali i livelli sono determinati dal grado di partecipazione cosciente ai disegni oscuri. Nel campo bianco è il livello di evoluzione della coscienza superiore, quella spirituale, che determina, in un contesto di assoluta indipendenza e libertà, la partecipazione armoniosa ai disegni divini.
L'anello di congiunzione è un certo numero di "maghi bianchi", di spiriti umani molto elevati, che colloquiano direttamente con il mondo spirituale e ne trasferiscono le ispirazioni in potenti azioni di riequilibrio delle atmosfere psichiche, di lavoro sui punti sensibili della Rete. Sono a capo di quelle che possiamo chiamare "fratellanze bianche", che sono gruppi di coscienze elevate che vivono in entrambe le dimensioni, sia nel mondo terrestre che in quel-

lo spirituale. Sono gruppi di iniziati che vedono direttamente, in vari gradi, lo Spirito all'opera nella materia, e che hanno l'incarico di ispirare numerosissime coscienze umane. Di partecipare alla elaborazione delle strategie dei risvegli, e di portarle a compimento comunicandole agli altri dall'interno della dimensione umana. Incaricati soprattutto di aiutare a creare determinate condizioni esterne, particolarmente luminose, con le quali gli uomini possano incontrarsi nel corso della vita. Di favorire l'introduzione di elementi spirituali superiori in tutti i campi dello scibile umano. Sono famiglie spirituali che operano in perfetta consonanza con il mondo spirituale. E quindi si muovono nel silenzio e in modo da lanciare impulsi senza imporre nulla. Sono dei grandi sollecitatori dall'interno della rete umana, dei catalizzatori di energie positive, dei creatori di opportunità, capaci di produrre situazioni che siano tappe luminose nella vita di sempre più persone.

Alcuni di loro compaiono direttamente sulla scena a parlare apertamente agli esseri umani, a elaborare nuove filosofie, nuove forme di scienza, a fondare scuole di spiritualità. Nella nostra epoca e nel futuro sempre meno scuole di tipo esoterico, e sempre più scuole aperte a tutti, per la diffusione massima delle vere conoscenze. E gruppi di azione nei vari campi della vita quotidiana, per introdurre ovunque la conoscenza dello Spirito, la luce della Verità e la forza dell'Amore.

Subito dopo, non necessariamente in contatto terreno cosciente con le fratellanze bianche, anzi spesso in solitudine o quasi, sono seminati ovunque i "volontari", ai quali abbiamo accennato in precedenza. Incarnati in quest'epoca per "dare una mano" nella complessa "operazione risvegli"

Proprio per le caratteristiche dell'epoca dei risvegli, dell'epoca micheliana, la maggior parte di quelli che fanno parte delle armate bianche non sanno di esserlo. Molti di loro lo scoprono nel corso della vita. Anche loro attraverso errori, sofferenze, alterne vicende. A volte non solo arrivano già sulla Terra con doti e conoscenze profonde impresse dentro di loro, ma in pochi anni - con una serie di esperienze abbreviate - ripercorrono, riepilogano il loro

cammino evolutivo di millenni, di più esistenze terrene. E poi nel corso della vita gli eventi li portano spesso a ritrovarsi, a riconnettersi per riformare quelle reti luminose - che esistono nella dimensione spirituale, ma che qui non sono immediatamente percepibili con i sensi - che hanno costruito insieme nel corso dell'evoluzione. Sono rapporti che attraversano la Storia, in un intreccio affascinante di più vite vissute in epoche e contesti differenti, nei quali piccoli gruppi sono riusciti a maturare un po' prima, per poi essere in grado di aiutare gli altri.
E nella nostra epoca si ritrovano, si riconoscono, sia pure nelle nebbie della materia e attraverso la grevità dei corpi umani dei nostri tempi.

Un vero e proprio esercito in crescita. Ancora piccolo, se paragonato alla massa dell'Umanità. Ma sono proprio loro in questo momento che, sparsi ovunque, forniscono forse le maggiori opportunità di nuovi risvegli. Perché sono fratelli di tutti gli altri esseri umani, posti sullo stesso piano, e il loro cammino terreno è molto umano. Pieno di luci, ma anche di errori. Capace di far entrare in sintonia con loro grandi numeri di uomini. Ed è un lavoro che non viene svolto in cerchie ristrette, o in scuole particolari. Ma nella vita quotidiana, nelle famiglie, nelle scuole, nei posti di lavoro. A contatto diretto con parenti, figli, genitori, fratelli, amici, colleghi, estranei. E' un bellissimo lavoro quotidiano fatto di portare luce partendo ogni volta da condizioni personali di ombra e di sofferenza del tutto uguali a quelle di quei fratelli che sono intorno a loro e che ancora non hanno cominciato a risvegliarsi.
Sono le "prime linee" delle armate bianche, quelle a contatto diretto con gli altri fratelli e sottoposte al confronto quotidiano con le forze oscure, con le tentazioni della materia, con il dolore fisico e quello psichico.
Vista dalla dimensione spirituale una condizione tale da presentare grandi possibilità di crescita e grandi possibilità di aiutare gli altri a crescere. Per questo gli Angeli non faticano troppo a convincere schiere di volontari a venire sulla Terra in numero crescente in questa epoca.

Queste luci sono sparse dappertutto, in modo "scientifico" dal mondo spirituale, per diffondere ovunque opportunità di risveglio, per offrire continue possibilità di redenzione, di cambio di rotta. Spesso sono dei familiari, i figli, o la moglie, o un fratello, una mamma, un papà, una sorella, che appartengono a un'altra frequenza spirituale, e che evidenziano la dissonanza tra Male e Bene. Ma anche in tutte le organizzazioni. Vicino a un cardinale, vicino al Papa, vicino a un Capo di Stato, vicino al segretario dell'ONU, vicino al direttore delle operazioni della CIA, o vicino al killer di una delle tante logge oscure, per offrire comunque a tutti una qualche opportunità di risveglio.
O magari uno spirito illuminato decide di tuffarsi nella linea ereditaria di una delle grandi famiglie reali o principesche che da sempre servono le trame dell'Impero, e magari si ritrova per "diritto di sangue" a far parte del gran consiglio di una loggia massonica oscura, o di un ordine cavalleresco deviato e dotato di enorme potere. E diventa un elemento di grave disturbo per le strategie del male. Oppure viene direttamente piazzato in una delle fratellanze nere, poi un giorno "si ricorda qualcosa", si risveglia e comincia diventare un elemento di luce nella "tana del diavolo". Schiere bianche stanno infiltrando silenziosamente i gangli del potere, basandosi sulla propria luce interiore. Nessuno la passa liscia, anche nelle piramidi oscure, nessuno viene privato di continue opportunità. Il mondo spirituale ama tutti nello stesso modo.
E poi c'è tutta la gran massa dell'umanità, ancora abbastanza passiva, ma piena di impulsi che, come abbiamo visto, il mondo spirituale irraggia in modo massiccio con l'operazione in corso.

Tutti gli esseri umani fanno parte delle Armate Bianche non appena capiscono che l'Amore verso gli altri è la cosa più importante, e cominciano con intelligenza ad applicare questa consapevolezza nella vita di tutti i giorni.

Nella nostra epoca il mondo spirituale probabilmente non si aspetta che la maggior parte dell'umanità si risvegli subito del tutto: sarebbe troppo presto. La grande massa degli uomini è an-

cora presa dai piaceri dei sensi e dalle ipnosi della materia. E lo sarà ancora per lungo tempo.
Quello che il mondo spirituale sta cercando di ottenere in questa prima fase dell'operazione risvegli è che il ritmo di crescita aumenti. Che il numero di uomini che si risvegliano alla coscienza, sia pure nelle fasi iniziali, cresca rapidamente. Ed esca allo scoperto. E questo sta certamente già avvenendo.

Il primo obiettivo non è quello della trasformazione dell'umanità, ma quello della costituzione di piccole "masse critiche" di individui capaci di portare apertamente luce crescente nei vari contesti sociali. Capaci di contribuire a impregnare di impulsi positivi gli enormi numeri di uomini inviati sulla Terra proprio in questo periodo per partecipare al massimo ai vantaggi, alle grandi opportunità che si presentano.

Da come abbiamo visto che funzionano le grandi organizzazioni del potere nero, basate sulla menzogna, e viste le loro profonde debolezze ed i forti limiti intrinseci, non è necessario che al loro interno si formino della "maggioranze" di spiriti completamente risvegliati. Ma piccole masse critiche minoritarie e sufficientemente luminose sono in grado di porre all'interno delle catene di manipolazione delle cariche esplosive di Verità e di Amore tali da creare in loro seri danni, da spingere gruppi crescenti a comprendere. A capire di essere sedotti, manipolati, indeboliti, imbrogliati. A capire che occorre cercare strade nuove e smetterla di alimentare i poteri oscuri.

Dobbiamo anche noi imparare qualcosa dalle forze oscure: ad usare coscientemente piccole masse critiche. Le armate nere da sempre si servono di questo sistema, perché, nei vari contesti nei quali operano e per controllare le masse, non possono certo mostrarsi o rivelare a tutti i propri fini inconfessabili. Né si possono ragionevolmente "comprare le anime" delle maggioranze.

Queste si possono certamente manipolare, ma le risorse per comprarle in grandi numeri non sono mai sufficienti. Infatti il mondo spirituale non permette loro acquisti "all'ingrosso". E allora le forze oscure hanno sempre saputo che per orientare società, organizzazioni, associazioni, religioni, non bisognava cercare i grandi numeri, ma c'era un altro sistema più conveniente, con meno dispendio di energie. Le fratellanze oscure si sono sempre dedicate con grande impegno alla creazione di piccole formazioni nere che fossero in grado di conquistare, o quanto meno di infiltrare e condizionare fortemente intere strutture. Il sistema in genere è piuttosto efficiente, in quanto questi piccoli gruppi sono compatti e ben collegati, operano nell'ombra di colloqui riservati, e soprattutto adoperano senza scrupoli tutti i mezzi a loro disposizione: la manipolazione, la corruzione, i cavilli, le blandizie, i ricatti, i complotti, le manovre, e se serve la violenza fisica. E ognuno dei membri di questi gruppuscoli lo fa per accaparrarsi vantaggi materiali o di potere. Sempre alle spalle di chi merita di più.

Anche le forze bianche umane devono ora imparare a adoperare tutti i vantaggi dell'uso di piccole masse critiche. Sostituendo le caratteristiche oscure con le tecniche "bianche": l'astuzia al posto della manipolazione e della segretezza; il coraggio al posto della mancanza di scrupoli; la diffusione attenta e intelligente della Verità al posto della menzogna; azioni ispirate dall'Amore per gli altri al posto dell'uso dei mezzi oscuri. E la generosità al posto della ricerca dei vantaggi personali.

Certo, nell'uscire allo scoperto, sia pure in modo il più possibile cauto e "astuto", si va incontro alle reazioni delle forze oscure. Gli uomini delle piramidi imperiali sono sempre pronti a complottare, arrestare, creare problemi economici, personali. Ricevono direttive dall'alto e cercano in tutti i modi di azzannare, di ostacolare le persone che si muovono per la luce. Arrivano in certe situazioni, più spesso di quanto si creda, ad adoperare veri e propri riti di magia nera per creare problemi alle forze psicosomatiche di quelli che considerano loro avversari. Sì: ci sono anche dei “maghi” particolari che lo fanno per lavoro. E sono molto attivi e ben remunerati in vari modi dalle fratellanze oscure.

Ma non dovremmo preoccuparci più del dovuto. E’ vero che queste sono cose serie, ma le forze spirituali sono lì per proteggere. Se ci si mantiene sufficientemente luminosi e vigili le forze oscure non hanno campo libero. Quando anche riescono a fare del male, questo spesso ha a che fare con elementi materiali, comunque passeggeri. Non intacca lo Spirito. Anzi, se le nostre guide lo lasciano passare, è perché fornisce opportunità di nuovi rafforzamenti, di nuove importanti crescite. I grandi illuminati, i grandi santi, i mistici, hanno sempre ricevuto attacchi forti e subdoli dalle forze del Male, ma ne hanno spesso tratto ulteriori forze di coscienza.
Se si fa parte delle armate bianche non si può fuggire a gambe levate al primo urlo del nemico, o “marcare visita” alla prima ferita superficiale.

L’epoca dei risvegli è il tempo del Coraggio.

Contrariamente alle forme-impero, le armate bianche non portano avanti una strategia verticale, fatta di ordini, di direttive che in modo ferreo e spesso misterioso cadono dall’alto. Alle quali non si può disobbedire. Ma adottano per lo più una strategia “orizzontale”: una volta facilitate le condizioni interiori con il lavoro fatto dal mondo spirituale, gli impulsi e le opportunità sorgono tutt’intorno, nell’interiorità e nelle opportunità della vita.

E ogni essere umano è chiamato a trasmettere
impulsi positivi soprattutto orizzontalmente:
da fratello a fratello, con compassione,
per risonanza con le sofferenze e le gioie
affrontate e comprese insieme.

Impulsi che percorrono la Rete da un canale all'altro, in modo paritario, chiaro, luminoso, e che non tendono a condizionare e schiacciare, ma a liberare e a sciogliere le briglie dello Spirito di tutti.

Se la luce si annichilisce o si spaventa, o viene deviata da un gioco di specchi, l'ombra mantiene il suo dominio. Man mano che la luce si diffonde, l'ombra si ritira.

Noi siamo l'ombra
e noi solamente possiamo sviluppare la Luce,
per scambiarcela l'uno con l'altro.
Nell'incoscienza siamo le armate nere,
nella consapevolezza diventiamo
le armate bianche.

11

LE NUOVE TRAPPOLE DELLE FORZE OSCURE

Suscitare l'odio per i potenti "cattivi". "I complotti non esistono". Gli ideali politici e sociali incompleti. Una tenaglia tra il disastro e l'effimero. Lo sfruttamento degli impulsi di solidarietà. La diffusione di conoscenze misteriose o spirituali incomplete, seducenti ma "inquinate". La deviazione dell'impulso femminile. Un dibattito pubblico ridotto e manipolato. La deviazione dei simboli sacri, delle tradizioni spirituali e di profondi impulsi storici. Il principio d'autorità che si nasconde e cavalca l'onda dello Spirito. La guerra alle nuove iniziative spirituali.

Come abbiamo visto l'operazione risvegli, anche se solo all'inizio, è in una fase di sviluppo molto forte. Tante più persone ascoltano l'impulso del cuore, distinguono sempre meglio la verità dalla manipolazione. E cresce l'impulso verso il Bene, la spinta verso la conoscenza del mondo spirituale, l'amore per gli altri.
Per affrontare e cercare di deviare verso direzioni sbagliate questi impulsi, le forze oscure hanno da alcuni anni accelerato l'uso di certi particolari strumenti, e piazzato ovunque nuove trappole. Studiate apposta per chi comincia a risvegliarsi. Per avvelenare i primi impulsi di vera crescita della coscienza.
Ce ne sono tante, e noi ne evidenzieremo solamente alcune sottili e particolarmente insidiose, delle quali non è così facile rendersi conto. Soprattutto se - come capita sempre - nell'entusiasmo del "risveglio" iniziale si è persa un po' di lucidità, un po' di vigilanza.

suscitare l'odio per i potenti "cattivi"

Questa trappola è fatta apposta per suscitare in noi sentimenti negativi, e per creare un velo oscuro che rende difficili i risvegli e che li intorbida con i giochi sottili del non-amore. E' molto coinvolgente, e del tutto sconosciuta all'opinione pubblica.
E' diretta a tutta l'umanità, ed in particolare colpisce i risvegli delle coscienze occidentali più attente. Quelle che pensano di essere immuni da quegli odi tradizionali, come quelli tribali, nazionalistici, di religione, di casta, sociali, che i poteri oscuri hanno già abbondantemente usato e continuano ad adoperare.

Ormai la gente che si sta risvegliando non vuole più seguire il potere perché affascinata, sedotta dal suo volto umano e dai suoi discorsi di superficie. Sempre di più ha capito che non si può fidare di poteri istituzionali o mediatici che hanno mostrato in modo evidente le loro manipolazioni, le loro menzogne. E quindi le ideologie, le grandi religioni organizzate, i media, i politici, gli

scienziati, i prelati, i media, i volti tradizionali del potere, anche quelli migliori, convincono sempre di meno.
Allora le forze del Male cosa fanno? Si rassegnano a perdere questo numero crescente di persone ?
Certamente no, perché verrebbero meno alla loro funzione, ai loro compiti evolutivi. E poi sono intelligentissime e flessibili, e quindi modificano continuamente le proprie tattiche.

Di fronte al quadro delle varie situazioni presentato dai mass media, che da una parte alimentano le bugie del potere e dall'altra parte comunque finiscono per svelarle, l'opinione pubblica occidentale è in questo momento fondamentalmente divisa in tre atteggiamenti:

- *quelli che ancora "si bevono" le panzane e le manipolazioni* dei grandi poteri, e che quindi sono direttamente manipolabili in direzione dell'odio del diverso e dei conflitti. Con loro il gioco grossolano è facile e scontato. Sono in rapida diminuzione, ma purtroppo sono ancora la maggioranza. Il potere si appoggia tuttora in modo notevole sulla sollecitazione e sullo sfruttamento diretto dei sentimenti egoistici e privi di amore di questo settore della popolazione;
- *quelli che non si fanno più manipolare facilmente* e direttamente, ma che hanno assunto un atteggiamento passivo, di "disinteresse" per queste vicende, per quello che avviene ai livelli di potere, per i fatti del mondo. Anche questo atteggiamento deriva fondamentalmente dall'egoismo e dalla mancanza di amore, e facilita il compito dei vari poteri: non costituisce un fattore in gioco, ma una massa di manovra "astensionista". Con i classici meccanismi di manipolazione dei sistemi democratici, viene facilmente "usata" o spinta nelle direzioni volute, sottoponendola di tanto in tanto a determinati "shock", come quello delle bombe terroriste, o dell'11 settembre, o le crisi economiche, o le pandemie, o le guerre. Una massa molto grande che viene manipolata con la creazione e gestione delle emergenze.

- *quelli che "non se la bevono più"*, e che stanno risvegliando la propria coscienza. Sono in rapidissima espansione, soprattutto nelle nuove generazioni: i movimenti ecologisti, no global, new age, i "complottisti" sono alcune delle espressioni, in parte ancora confuse, di questa insopprimibile spinta della coscienza. Qui il potere si trova di fronte delle serie difficoltà.

Proprio per questo gli strateghi del male hanno studiato - e ormai da anni stanno applicando – una particolare strategia volta a condizionare e deviare le coscienze di questa nuova ondata di "persone che non se la bevono più". E' una strategia molto sottile e fino ad ora molto efficace.

Vediamo in cosa consiste.

Quello che conta per le forze "nere" è che la coscienza umana non cresca: per crescere serve un pensiero libero spinto da sentimenti d'amore. Infatti una coscienza che cresce sfugge ai poteri di controllo: cambia scelte, gusti, non è manipolabile. Più coscienze crescono minore il potere di controllo dei poteri oscuri.
Quindi in effetti a queste forze non importa tanto con chi noi ce la prendiamo o cosa pensiamo: quello che per loro è già un ottimo risultato è che nel nostro cuore il nostro impulso d'amore verso la crescita nostra e degli altri venga deviato e bloccato. E allora

stanno facendo di tutto
per fornire all'umanità che si sta svegliando
tanti motivi per odiare.

E non importa se nel farlo odiamo proprio gli uomini delle loro strutture di potere: come abbiamo visto, quelli per loro sono solamente dei fazzoletti "usa e getta". E poi sono ben pagati e ripagati anche per questo.

E allora sono proprio quegli stessi circuiti oscuri che ci forniscono puntualmente e dettagliatamente un numero sufficiente di immagini e informazioni - perfino informazioni originariamente segretissime - purché coltiviamo la rabbia, il risentimento per i "cattivi" che rovinano il mondo, e in tal modo entriamo comunque nei vortici e nei "buchi neri" di cattivi sentimenti così accuratamente creati nella rete dell'umanità.

Tanti anni fa, quando lavoravo come analista politico, mi resi conto di questa insolita manovra, e non ci potevo credere.
Osservando da decenni con attenzione i media ormai ne sono più che certo: questa dell'odio è una delle maggiori trappole per l'umanità nuova, quella che più rapidamente cammina verso l'Età dello Spirito.
Quanto materiale ci viene fornito dagli stessi media del potere sulle nefandezze del potere, sul suo volto "impresentabile", sui suoi loschi segreti: lo avete mai notato?
Chi vuole cercarlo, ai nostri giorni trova abbastanza rapidamente molto materiale su qualsiasi situazione.

E da parte loro, le forze spirituali "bianche" hanno fatto in modo che non ci sia più solo l'informazione "di regime". E hanno operato perché lo stesso web, la stessa rete internet avesse comunque delle aree preservate e lasciate libere. Nonostante i ripetuti tentativi di controllare tutto da parte delle Armate nere. E in effetti a queste aree che potremmo chiamare "franche", può avere comunque accesso chiunque voglia. Sì, chi proprio vuole con una precisa volontà di capire come stanno le cose dietro le quinte. Almeno nei paesi nei quali i processi di coscienza popolare sono più avanzati.

Certo, quando si entra nel web, anche con le migliori intenzioni, poi ci si ritrova in mezzo a una giungla di notizie, informazioni, interpretazioni di tutti i tipi: false, semi-false, semi-vere, vere, in tutte le gradazioni possibili. E c'è il rischio di perdersi.
E poi accade un fatto molto importante del quale tenere conto: se non si è lucidi interiormente, si trova quello che "si voleva" trovare. Se è l'odio, la paura o la rabbia che comandano dentro di noi, facilmente cercheremo e troveremo materiali in abbondanza per alimentare proprio questi bassi sentimenti, confonderci ancora di

più, e allontanarci ancora di più dalla Verità.

E infatti i poteri oscuri, che ben sanno questa cosa, la adoperano riempiendoci di questi materiali, entrando anche nelle aree "franche" e mischiando il vero con il falso. Dandoci anche tanti elementi per odiare i loro burattini delle armate nere, soprattutto quelli più visibili del quinto e sesto livello. Perché il fatto che odiamo è una grande vittoria conseguita sul terreno che per loro è il più importante da conquistare: la nostra anima.

Ma quando siamo spinti dall'Amore, dalla vera ricerca di cosa è bene e di cosa non lo è, e riusciamo a tenere a bada i facili cattivi sentimenti, questo ci mantiene più saldi, meno manipolabili e certamente più lucidi. E impariamo ad essere aperti a quello che troviamo giudicandolo con una fondamentale, lucida equanimità. Smettiamo di cercare inconsapevolmente ciò che alimenta i nostri cattivi sentimenti, ma sempre di più tutto quello che ci avvicina alla Verità.

Questo atteggiamento ci porterà un po' alla volta a imparare a guardare con oggettività gli eventi, a discriminare il vero dal falso sulla base del nostro giudizio, e non più di parole d'ordine esterne.

E ci faremo – e ci stiamo infatti già facendo – una nostra idea più realistica e utile sugli avvenimenti e sulle dinamiche in atto.

Certamente a costo di sbagliare, ma almeno impareremo dai nostri errori. Quindi è bene farci una nostra idea che certamente produca anche una sana indignazione rispetto ai tanti abusi, ma anche il rafforzamento di quel principio di autorità interiore la cui acquisizione è proprio uno degli elementi fondamentali in gioco nella nostra epoca.

Quindi è in corso un chiaro intervento positivo del Cielo, ma solo per chi lo vuole cogliere. Le maggioranze ancora dormienti vengono ancora nutrite con il veleno dei cattivi sentimenti e non se ne accorgono. E per giunta tra di loro ci sono quelli che pensano di aver capito tutto delle magagne e delle angherie del potere. Hanno capito "quasi" tutto, tranne la cosa fondamentale: la trappola nella quale è caduta la loro stessa anima…

E allora, per chi ha cominciato a comprendere che siamo governati in tutti i settori da istituzioni politiche, scientifiche, culturali, finanziarie, economiche, religiose, controllate dalle Armate Nere, è fondamentale non farsi trascinare dall'Odio e dalla Rabbia, o dalla Paura. Perché poi si perde lucidità e si cade comunque vittime di un gioco perverso che colpisce la nostra interiorità.
Attenzione quindi a come reagiamo a tutto il materiale che i poteri oscuri stessi ci forniscono per svelare le magagne e le perfide manovre dei loro stessi burattini. Quanti esempi ne abbiamo avuti e ne abbiamo tuttora.

Facciamo qualcuno di questi esempi: se vogliamo conoscere da chi viene usata e alimentata la Mafia, chi ha ucciso John Kennedy, chi ha messo le bombe durante le stagioni del terrorismo; chi ha organizzato l'11 settembre o la fine di Moro, dello Shah, di Saddam Hussein e di Gheddafi, da dove vengono i soldi di certi politici importanti, le trame della CIA, i lati oscuri dei presidenti americani, le nefandezze dei nostri politici, le trame degli Illuminati, di Davos, del Bilderberg, di Goldman Sachs… Se vogliamo veramente conoscere questi retroscena, prima o poi in qualche modo troveremo quanto serve per farci vedere le bugie che ci dicono per farci entrare in guerra, o per farci iper-vaccinare, o per farci votare chi dicono loro: il materiale è a disposizione a profusione, basta cercarlo. Escono perfino dei film appositi sui grandi media dello stesso potere.

Di materiale ne troviamo a profusione anche sulle malefatte di alcuni livelli medi delle loro strutture, del 5 e 6 livello, i livelli dei burattini meno consapevoli. Quei livelli che possono anche essere pubblicamente oggetto di odio. Quei nomi sono sacrificabili quando serve, e lo stesso odio per loro crea una cortina fumogena che nasconde chi veramente li comanda e quali sono le vere strategie anti-coscienza che vengono perseguite. E allora i poteri oscuri vengono incontro alla nostra sete di verità facendo filtrare molte notizie contro i loro burattini.
Migliaia di foto e di racconti vengono fuori al momento giusto

sulle torture a Guantanamo, o ad Abu Ghraib, o sulle false motivazioni per scatenare la sanguinosissima invasione dell'Iraq. E spesso escono stranamente fuori da strutture militari segrete per finire sui media dello stesso potere. C'è sempre una gola profonda della CIA o perfino del Vaticano o di quello che volete pronta a "sbugiardare" uno degli uomini del potere ufficiale. O interi governi.

Siamo proprio sicuri che Assange, magari a sua insaputa, non sia stato imbottito di documenti segretissimi per fare questo gioco dell'odio? Non è così facile, vi assicuro, avere accesso a queste quantità di documenti top secret. E poi, quando il suo inconsapevole aiuto non serviva più, hanno interrotto la sua attività, ma in qualche modo lo hanno tenuto sotto i riflettori ancora di più con l'oscena indecenza della lunga persecuzione giudiziaria anglo-americana. Conferendogli ancora più credibilità, e creando ancor più odio nei confronti dei suoi persecutori.

Si fanno guerre manifestamente prive di motivazioni. Si inventano panzane che vengono smentite facilmente da fatti messi a disposizione di tutti. Le nefandezze vengono apertamente mostrate e sottolineate: vengono eletti in modo palesemente truffaldino Capi di Stato e di Governo chiaramente inetti, o ridicoli. Si mostrano i gruppi di potere nell'atto di dare l'assalto ai forzieri e alle risorse degli Stati. Si dimostra chiaramente l'inutilità di certe guerre, dei milioni di vittime civili "collaterali".

Tutto questo per spingere "chi è alla ricerca" del Bene nella direzione dell'odio per gli uomini che sono i burattini e il volto del potere. Odio che crea contrazione nel flusso di amore dentro di noi, che crea contrapposizione, che alimenta tutto ciò che le forze dell'ostacolo vogliono: distrarre e bloccare quel libero fluire d'Amore che permette la crescita della coscienza dell'umanità.

La trappola del senso critico negativo alimenta sentimenti perversi come la gelosia, il livore, la rabbia, che non ci fanno vedere la realtà dello stato della Rete nel punto che è interessato al problema che ci viene davanti. E allora, invece di aprire ulteriormente il nostro canale in quella direzione, noi stessi creiamo in noi una "inversione dell'amore", che blocca le vere speranze, che crea contrazioni dentro di noi e le proietta verso chi ci circonda.

Uno degli effetti dell'odio è poi la *riduzione dell'intelligenza*, una parte dell'anima che riceve un indispensabile alimento dall'Amore. Se amo un qualcosa o qualcuno lo capisco molto meglio, mentre l'odio instupidisce. Con l'odio si instupidiscono, e quindi si fanatizzano, popoli interi, come la Storia insegna in modo inequivocabile. E questo alimenta enormi aree buie della Rete, che il potere oscuro sfrutta tranquillamente.

Questo meccanismo è molto efficace nel nasconderci che le spirali di violenza, di disastri e le altre nefandezze hanno per obiettivo vero la nostra interiorità, i nostri risvegli.
Ma di questo nessuno parla... pochissimi lo sanno.

Che sottile tranello! E ancora ci cadiamo, vittime di sempre nuovi demagoghi dell'odio spinti dai poteri oscuri.
E per giunta siamo in fondo in qualche modo contenti, compiaciuti, confortati nel pensare che siamo stati così bravi da scoprire il volto segreto, esecrabile, cattivo del potere. E spesso, riscaldati da questo sentimento di compiacimento per aver capito ("come siamo bravi!"), coltiviamo in noi ancora di più sentimenti di odio.
I social del web grondano letteralmente odio, che da odio per il potere facilmente si allarga a sentimenti di rabbia e di odio reciproci, nella vita di tutti i giorni.

E' proprio come se una qualche entità oscura ci dicesse:

"Ti aiuto a odiare i miei servi!
Così, senza accorgertene,
mi servirai anche tu"

Guardando ai risultati odierni di questa trappola raffinata, immagino che spesso, nelle congreghe nere che l'hanno inventata, si stappino bottiglie di champagne!

Occorre stare molto attenti a non fare il loro gioco, a non concentrarci sulle debolezze degli uomini, anche di quelli potentissimi, che sono solo dei poveri disgraziati.
Le facce spente di certi uomini di potere, politici, finanziari o religiosi, i loro occhi strani, o torvi, o inespressivi, il loro ghigno, la loro ridicolaggine, la supponenza e gli evidenti, puerili tentativi manipolatori di quello che ci dicono, dovrebbero ispirarci solamente autentica compassione. Spesso "non sanno quello che fanno" e ben più di altri sono destinati come creature a un cammino di grande sofferenza per uscire dal fango nel quale si sono infilati.
Quello che ci viene fornito come informazione è in gran parte cibo che o ci vuole addormentare o vuole alimentare il nostro odio.
E noi spesso cadiamo nella trappola. Ecco i media del potere come si muovono.

E' come quando da bambini, andando a vedere i burattini, ci arrabbiavamo con il cattivo che prende a botte Pulcinella. Così, istintivamente, presi da un impulso, senza pensare che c'è un burattinaio. E che il burattinaio in fondo sta muovendo i burattini e sta creando una storia proprio per prendere la nostra attenzione e sollevare in noi certi sentimenti. Lo sta facendo solamente "per incantare" noi.
Immaginate se poi i bambini, in preda all'incantamento, facessero una bella manifestazione ai giardinetti contro le malefatte del Carabiniere che ha arrestato ingiustamente Arlecchino. Ci metteremmo a sorridere pieni di tenerezza.

Chissà, delle volte mi piace pensare che sia questo l'atteggiamento del Mondo Spirituale nei confronti di noi creature umane ancora bambine: tenerezza.

Certo quelle reali sono vicende drammatiche, con violenze, ruberie, milioni di morti, immani sofferenze. Non sono teatrini, ma lo schema è quello: il potere sfrutta il bambino in noi, quella parte che è ancora immatura e facilmente impressionabile, e che non vede i retroscena al di là del drammatico teatro che il Male mette in scena ogni giorno solo “per incantarci meglio”

Qualcuno potrebbe dire che, se vengono alla luce tutte queste nefandezze del potere, è perché le varie cordate oscure sono sempre in lotta fra loro, e si colpiscono in questo modo. E’ senz’altro così, ma i loro signori oscuri non li lascerebbero fare oltre un certo limite. Non si darebbero la zappa sui piedi dopo secoli di sforzi per far credere alla gente che i poteri che loro influenzano pesantemente sono puliti, che fanno il loro bene, che in certi casi sono perfino in contatto diretto con Dio! Se ci fosse una piramide sola del potere, o se ci fossero solo fini economici o giochi di potere, chi domina il mondo farebbe di tutto per competere senza farsi odiare.

Ma gli individui che in apparenza, solo in apparenza controllano il mondo sono in effetti in genere personaggi molto deboli di spirito, incapaci di resistere a strategie oscure che sacrificano la loro immagine pur di condizionare negativamente l’animo umano. Sono deboli, anche loro condizionati e manipolati, e debbono tutto ai loro signori oscuri.

In effetti quello che sta accadendo è veramente comprensibile solo da un’ottica spirituale. Anzi, magari il vero motivo per cui le forze del bene ci lasciano cadere in questa trappola dell’odio è proprio per rendercene conto prima o poi e imparare a venirne fuori. Non abbiamo detto che proprio questa è la funzione delle forze dell’ostacolo? Nel fare il male, darci la possibilità di capire meglio come stanno realmente le cose e come diventare migliori. E inoltre, per farci odiare, stanno dando ad una grande parte dell’umanità tante informazioni sulle loro armate oscure e sul loro modo di funzionare che la gente non dimenticherà.
E poi magari prima o poi riuscirà anche a non odiare più!

Ma torniamo un momento sull'importante tema dell'auto-compiacimento derivante dall'Odio. Anche questa è una componente molto importante della trappola dell'odio.

All'odio si aggiunge spesso un autocompiacimento accecante, nel quale è facile cadere, basato su questi sentimenti:

- ho capito tutto, tanti altri no: sono proprio bravo;
- chi non è d'accordo con me non capisce niente;
- io sono buono e gli altri no, sono proprio bravo e buono....
  - anche se magari non faccio nulla di veramente buono, come dare amore nel mio ambito, intorno a me,
  - anche se tratto male le persone che non sono d'accordo con me,
  - anche se sono caduto nella trappola dell'odio che rovina la mia anima, senza rendermi conto che così sono diventato ancora più vittima proprio di quei poteri che vorrei combattere.

E quali atteggiamenti vengono fuori da questo mix di odio, rabbia e autocompiacimento?

- "no, non ce la faccio, è troppo forte quello che si muove nel mondo". Allora o rimango passivo, o cerco di non pensarci, o al massimo ne parlo con un po' di livore con i miei amici e parenti, o faccio il "leone da tastiera" spargendo rabbia e odio via web;
- oppure "no, devo fare qualcosa contro questi disgraziati: scendo in piazza, protesto, strillo, magari rompo qualche cosa o peggio, faccio qualcosa contro...";

Ecco, ci sono riusciti, hanno convertito quello che da me poteva venire come voglia di Bene che genera Amore, in odio contro qualcuno. Così invece di rivolgere il mio cuore e il mio pensiero a come agire per il Bene degli altri, o starò fermo o lo utilizzerò "contro" qualcuno.

La trappola è scattata: i più svegli, presi dai cattivi sentimenti, hanno la tentazione o di rimanere passivi o di partire "contro" qualcuno. E' come rimanere bloccati dal gendarme di pulcinella, oppure partire lancia in resta contro di lui. E diventare in entrambi i casi anche noi burattini del teatrino manovrato da altri.

Ma vediamo meglio cosa succede nel secondo caso, quello di partire "contro" qualcuno.

Se per reagire alle angherie del potere l'odio ti spinge a una lotta psichica o fisica, fatta anche di violenza fisica o verbale «contro», quale è il risultato pratico?

- lascia sostanzialmente le cose come sono, perché il potere che hai davanti è troppo forte dal punto di vista istituzionale, e conta ancora su maggioranze dormienti;
- consente al potere oscuro di strumentalizzare la tua lotta sia contro di te che imponendo misure repressive, cosa molto facile avendo a disposizione i media e enormi apparati di controllo, sicurezza e repressione
- non cambia la realtà di fondo, in quanto tu non ti dedichi sufficientemente all'unica risposta valida: iniziative nuove e positive nella vita, in economia, nel campo culturale, pedagogico, politico, sociale. Iniziative volte a far crescere le attività e le parti sane della società. Quelle veramente alternative al sistema delle piramidi oscure. Le uniche che sfuggono a questo sistema e preparano un futuro diverso.

Rivediamo allora in sintesi cosa accade: la trappola dell'odio rovina i sentimenti, facilita la repressione e blocca gli impulsi positivi. E' un freno alla crescita delle coscienze, al risveglio della società umana. Colpisce proprio chi comincia a risvegliarsi dal sonno della manipolazione.

E allora? Allora occorre uscire dalla tenaglia, dall'ipnosi, dall'odio, dalla rabbia e fare qualcosa che ci renda veramente liberi, lucidi ed utili.

E quindi cosa facciamo?

Sforzarsi di conoscere la Verità, diffondere con fermezza e serenità i propri giudizi su quello che sta succedendo, guardarlo con estrema chiarezza ed equanimità, rendendosi conto del motivo, anche e soprattutto spirituale che ne è all'origine. E tentare di non cadere nella trappola dei cattivi sentimenti.

Diventare spiritualmente più forti diffondendo luce e amore in tutti gli ambiti intorno a noi, anche con compassione verso chi ancora non comprende la realtà e perfino verso quei burattini del potere oscuro. La cui unica speranza è che altri esseri umani, invece di odiarli, cerchino primo o poi di aiutarli a far emergere in loro quella parte buona che è nascosta da qualche parte, e che solo l'amore, o una enorme sofferenza, può portare alla luce.

"i complotti non esistono"

Questa è un'altra trappola che è tradizionalmente rivolta a chi ha sempre bevuto le panzane del potere, ma nella nostra epoca più sottilmente anche a chi si sta risvegliando.

Una parte di chi si risveglia ha dentro di sé un tale impulso di amore, da perdere un po' di lucidità. Vuole talmente che le cose vadano bene e che tutti si amino, che non gli è facile ritenere che in giro ci siano tante cattive intenzioni. Ha serie difficoltà persino a pensare che le armate nere esistano. Sente il disegno del Bene, sente l'impulso delle armate bianche, ma non percepisce in modo

organico le azioni delle armate nere. Pensa che il Male sia limitato alle azioni isolate di qualche individuo.
Allora, per continuare a tenere nel sonno i dormienti, e contemporaneamente sviare una parte di coloro che si stanno svegliando, viene rafforzata e diffusa una certa particolare tesi:

> "nelle nostre democrazie tutto va come deve andare, in base a una serie di impulsi individuali, di minori ambizioni personali o economiche. Nessuno trama nell'ombra contro di noi, o contro il sistema... I complotti non esistono!"

Quelli che parlano di queste cose sono dei maniaci complottisti, che vedono trame ovunque: povera gente affetta da paranoie e da manie di persecuzione!

Nei miei lunghi anni di lavoro nelle varie situazioni politiche internazionali mi sono reso conto di una specie di regola non detta, ma quasi sempre valida: se uno Stato vuole, ha tutti i mezzi per sconfiggere un problema di illegalità interna, che emerga come violenza, sopraffazione, guerriglia, separatismo, ecc. Normalmente un qualsiasi governo ha la capacità di mettere in campo dei mezzi assolutamente preponderanti e decisivi per la soluzione dei problemi interni.
Se questo non avviene, è molto spesso perché nel governo e nell'apparato statale c'è qualche gruppo di potere che ha la forza di sostenere quelle illegalità interne, di condizionare l'azione governativa, e di impedire allo Stato di occuparsene con tutti i mezzi di cui dispone.
Questo è sempre avvenuto, e ora si verifica in modo ancora più evidente, perché gli Stati hanno dei mezzi sofisticatissimi e potentissimi per intervenire nei fenomeni di crimine organizzato, di ribellioni, di terrorismo, di eversione, di grandi evasioni fiscali o di grandi appalti truccati. Eppure spesso questi fenomeni perdurano e peggiorano, e i governi "stranamente" non riescono ad intervenire per stroncarli! A meno che ad un certo punto questo che non serva per i giochi politici dello scontro tra le piramidi di potere.

Satelliti e sensori tecnologicamente avanzatissimi frugano quando vogliono persino la nostra vita intima, eppure non riescono a trovare ricercati pericolosissimi, presentati come veri e propri inafferrabili "geni del Male". Così come prima i nostri servizi non trovavano mai proprio certi terroristi neri o rossi, o i loro maestri oscuri. Anche se contemporaneamente li proteggevano e li accompagnavano in rifugi sicuri in giro per il mondo. Poi, dopo tanti anni, si scopre magari che le Brigate Rosse, o Al Qaeda, o l'Isis erano tranquillamente diretti e infiltrati da vari servizi… e che i "bombaroli" neri prendevano istruzioni da qualche colonnello americano insieme a "rispettabili" piduisti. O che la Mafia era protetta da ambienti politici e da settori delle forze di sicurezza, o addirittura guidata da uomini delle istituzioni.

Ma i giornalisti "soloni" dei media del potere si guardano bene dal tracciare un minimo di collegamento, di fare un minimo di ragionamenti. Per loro – anzi per quello che raccontano – si tratta solamente di fenomeni sociologici, o deviazioni personali di qualche esaltato.

Quando per lavoro giravo in ambienti nei quali i complotti erano all'ordine del giorno, perfino in quegli ambienti - mentre stavano elaborando complotti - circolava con insistenza una parola d'ordine: "i complotti non esistono… guai a farsi prendere da teorie complottiste!".

Sì, questa forma pensiero deviante, chiaramente generata dai vertici delle piramidi oscure, è talmente potente e invasiva da circolare persino negli ambienti che i complotti li fanno ogni giorno. Veramente da non crederci. Ma lo dico per esperienza.

Oltre alle catene di individui venduti al potere, nei media e nelle istituzioni, anche parecchi intellettuali dal pensiero "debole" sono caduti in questa trappola. E, a seguire, buona parte dell'opinione pubblica: pensare che non ci siano complotti è tranquillizzante per le maggioranze dormienti, e ovviamente aiuta moltissimo la filiera oscura che li organizza a nascondersi dietro un'ipocrita cortina di silenzi, di mancati approfondimenti e di mancate indagini.

Ebbene, si può invece tranquillamente e fondatamente affermare che uno dei più grandi complotti nei quali tanta parte dell'opinione pubblica è caduta è proprio quello di ritenere che i complotti non ci siano! E quindi di pensare che non può essere che i governi vengano continuamente manipolati. E che è impossibile che le classi politiche, finanziarie, di potere siano in parte fatte da uomini che per un qualche motivo "hanno venduto l'anima" e che si prestino, più o meno consciamente, a una serie infinita e continua di complotti contro noi tutti.
Quando invece la realtà è che le forze oscure che dominano la scena politica, economica, scientifica, religiosa, militare, non fanno altro che complottare continuamente, da sempre, contro la nostra crescita! E ora come non mai.
E' il loro compito inconsapevole quello di ostacolarci in tutti i modi per farci "crescere i muscoli" della coscienza, e lo svolgono benissimo nel nostro privato, nel segreto della nostra anima, come nell'ambito di tutte le relazioni umane.

Se ci sono le grandi mafie mondiali e locali, se ci sono i trafficanti di droga, di armi e di esseri umani, se la grande industria farmaceutica e quella alimentare stanno minando la nostra forza vitale, se ci sono i terroristi, i fondamentalisti islamici o i neonazisti, se vogliono circondarci di campi elettromagnetici, digitalizzarci e iper-vaccinarci, è perché i poteri oscuri lo vogliono e sono in grado di fare in modo che dall'interno i vari governi siano condizionati per lunghi periodi a non sconfiggere, a favorire e a proteggere questi cancri sociali.

E' come se qualcuno ci facesse venire una serie di malattie in varie parti del corpo, e poi impedisse in tanti modi ai medici di fare il loro dovere: li comprasse, li informasse male, li condizionasse, desse a loro per noi le medicine sbagliate.

Che strano esempio che mi è venuto in mente: a pensarci bene è proprio una delle strategie che i poteri oscuri adoperano con i loro terminali nelle grandi case farmaceutiche e nelle istituzioni sanitarie mondialiste; è proprio quello che fanno per indebolire la vitalità dei nostri corpi, indispensabile per la crescita della nostra coscienza.
Si crea un problema e contemporaneamente la soluzione sbagliata di quel problema, perché l'obiettivo è coinvolgerci in una spirale che ci faccia sprofondare. Che non ci lasci liberi di crescere e di interagire con amore creativo.
Non c'è che dire: questa sui complotti è una trappola ben congegnata. Meno male che sempre meno persone ci cascano! Lo stesso potere la utilizza sempre di meno: ha sempre meno presa vista l'evidenza crescente di tanti complotti.

Il problema emergente sui complotti è invece un altro: sempre più persone vedono complotti ovunque, anche dove non ci sono. E, facendo questo in modo esagerato e palesemente poco credibile, sono proprio loro in fondo a continuare ad alimentare nelle maggioranze dormienti la forma pensiero che "i complotti non esistono".
Un sonno nuovo alimenta un sonno vecchio.

gli ideali politici e sociali incompleti

Un altro trucco insidioso è quello di deviare la nostra attenzione dal risveglio spirituale, e spingere i nostri buoni impulsi verso ideali parziali e incompleti. Incoraggiare la spinta verso il Bene insita nell'uomo, e ora particolarmente sollecitata dall'epoca dei risvegli, e indirizzarla verso obiettivi limitati, sia pure ideali, ma che escludano lo Spirito. E quindi in pratica impediscano il vero sviluppo della coscienza.
Abbiamo già visto la democrazia falsata e infiltrata dalle piramidi del potere. In generale poi c'è nel sistema una tendenza retriva a tenere tutto sotto il controllo di poteri forti tradizionali, oppure

fatti di elementi anche religiosi, ma inquadrati in quelle religioni organizzate per le quali ciò che conta non è la libertà, ma il principio di autorità.
Per chi non è contento, per chi si sta svegliando, in alternativa vengono proposti, favoriti e sostenuti sacrosanti ideali libertari, ma soprattutto quelli civili, puramente laici, del tutto materialisti. I segnali, i condizionamenti, le pressioni che ci arrivano ci spingono verso scelte che comunque sono devianti:

o lo Spirito senza la Libertà,
o una Libertà senza Spirito.

Viste da un punto di vista più ampio, spirituale, queste scelte sono comunque dei controsensi. Entrambe contemporaneamente frutto dell'illusione e della manipolazione.

Osserviamo meglio quello che riguarda la tematica delle libertà civili, dei diritti dell'uomo, che sono continuamente messi in pericolo da certi poteri autoritari. E' chiaro che bisogna cercare di salvaguardarli e di stabilizzarli in tutti i modi. Ma certi gruppi, ben nascosti, fanno di tutto perché queste libertà siano limitate al campo civile. Che non abbiano molto a che fare con lo Spirito. Ci sono certe logge e fratellanze che si occupano di questi aspetti.
Il fatto è che le sacrosante libertà civili, nell'epoca dei risvegli, non bastano più: sono solo un pezzo - indispensabile ma non sufficiente - delle libertà di cui abbiamo bisogno. Alle libertà civili, va aggiunta la possibilità di essere liberi da altre schiavitù: l'alimentazione e i farmaci sbagliati, le droghe, il fumo, l'alcool, la distruzione dell'ecosistema, i campi elettromagnetici, le informazioni manipolate, l'odio, l'ansia, la violenza, la guerra, la sollecitazione continua dei sensi e dei sentimenti più bassi. La libertà di vivere in contesti sani, di non svolgere lavori alienanti, di essere educati in base a principi elevati, di non essere continuamente bombardati da messaggi che o sono ansiogeni, e parlano di violenze e disastri, oppure esclusivamente rivolti all'esaltazione di tutto ciò che è effimero o solo sensoriale.

Se non esistono tutte queste altre libertà, le sole libertà civili rischiano di essere – come spesso capita di questi tempi – “una mano di bianco sullo sporco”, un alibi per i manipolatori, un ulteriore psicofarmaco per farci stare tranquilli.

Significa in fondo solo lasciare tutti “civilmente liberi” di farsi coinvolgere in modo inconscio nelle varie spirali oscure, e questo ha un senso perverso.

Guardiamo alla cosiddetta “grande democrazia americana”, che sempre di più somiglia a un enorme esperimento sociologico da “grande fratello” orwelliano: un popolo in maggioranza addormentato in un sogno di libertà sempre più virtuale.
No, rendiamocene conto: gli ideali di libertà solamente civile o economica sono purtroppo insufficienti. Certamente bisogna salvaguardarli, ma aggiungerci altre indispensabili libertà: la libertà da tutti i condizionamenti, interiori ed esteriori.

Il solo inseguire libertà economiche o civili ha sempre prodotto il risultato che le forze oscure hanno ben presto avuto ragione dei migliori impulsi, e li hanno deviati in violenze e odi senza fine. Perché non è veramente libero chi ha solo delle libertà civili, ma non ha la libertà di sapere come stanno veramente le cose, come funziona la vita e il suo senso, non ha la libertà dalla paura e dalla violenza, dall’ansia, dai sentimenti bassi e dal proprio Lato Oscuro.

Non è veramente libero:
lo è ad un livello molto superficiale
e del tutto insufficiente.

Anche la libertà di opinione, che libertà è se io proprio non ho a disposizione i dati per farmi un’opinione corretta? Se la maggior parte dei media, eterodiretti dalle fratellanze nere, organizzano delle campagne per indirizzarmi verso posizioni che sembrano alternative e opposte, ma che invece mirano allo stesso obiettivo: oscurarmi la realtà dello Spirito, dei risvegli, del piano divino in atto? E che in effetti non vogliono affatto informarmi, ma solo condizionarmi per impedirmi di crescere. Anche se la stragrande maggioranza di chi lavora in questi ambienti proprio non lo sa. Anche loro, come noi tutti, vittime di un enorme condizionamento.

Ha senso dirmi che sono libero quando non vedo le sbarre della mia gabbia, ma queste esistono e sono ben forti? In effetti sono molto meno libero di uno che almeno le sbarre le vede.

Questo è il bel sistema apparentemente "democratico" nel quale ci hanno ingabbiato: illusione di libertà civili - ora per giunta in via di strisciante riduzione - e contemporaneamente un attacco brutale a tutte le nostre componenti: fisiche, psichiche e spirituali.

La risposta al tentativo di ridurre le nostre libertà non può essere solo nella ricerca e nella difesa delle libertà civili, politiche, economiche. Ma deve essere volta a difendere la libertà dello Spirito umano a tutto tondo. Altrimenti si passa solo dall'influenza di una piramide oscura all'altra.

Naturalmente, anche in questo caso le forze dell'ostacolo, nell'alimentare questo insufficiente dibattito, finiscono comunque per fornire materiale con il quale pensare, con il quale ragionare per far crescere la propria coscienza. La spinta verso le libertà civili o economiche, o verso l'ecologia, o verso i diritti dell'uomo, è comunque sacrosanta e educativa, anche se viene manipolata.

Prima o poi chi viene imbrogliato viene messo dal Mondo Spirituale nella condizione di accorgersene. E di risvegliarsi. Ma intanto, seguendo questi ideali, ha fatto un buon pezzo di strada, anche se non tutta la strada.

Come al solito, il diavolo fa le pentole, ma non i coperchi. In questo bisogna avere fiducia.

in una tenaglia tra il disastro e l'effimero

Un'altra considerazione da fare è relativa ad una trappola mediatica molto forte. Che vuole bloccarci, spesso con successo, all'interno di un moto informativo pendolare, in un continuo flusso di stimoli e di informazioni che vanno alternativamente dal disastro all'effimero. Dalle tragedie, dalle emergenze al piacere sensoriale, agli spettacoli, alle "canzonette", allo sport, al tifo... Con un continuo moto pendolare, giorno per giorno, telegiornale per telegiornale. Il pendolo tra disastro ed effimero.
Per noi esseri umani della nostra epoca viene messa in scena una rappresentazione reale, fatta di sofferenze, lacrime e sangue da una parte, e dall'altra di internet, telefonini, vacanze di lusso, cucina sofisticata, bei corpi, sesso ovunque, spettacolini deteriori di vario tipo, belle macchine, barche, viaggi di sogno, bei vestiti:

IL DISASTRO E L'EFFIMERO.

Siamo bombardati da messaggi che hanno a che fare con questi due estremi. Possibile che non ci sia una via di mezzo? Sta a noi trovare la strada, non la troviamo certo sui giornali, o per televisione. Più che un pendolo è una vera e propria tenaglia che vuole tenerci bloccati, ipnotizzati e intrappolati.

E allora noi guardiamola questa trappola, estraiamone i dati utili alle nostre conoscenze, ma non cadiamoci dentro. I mistici hanno sempre saputo che *"il diavolo ama nascondersi"*, e quando lo scopri, quando vedi chiaramente quello che fa, è "*già mezzo sconfitto*". L'altra metà della sconfitta spetta alle nostre azioni.

Dopo aver preso coscienza della situazione e delle varie trappole, con la maggiore cura possibile, sfuggiamo al pendolo ipnotico, e concentriamoci allora su quello che di positivo siamo noi realmente chiamati a fare nella nostra vita quotidiana.
Intorno a noi, proprio là dove siamo non casualmente.

lo sfruttamento dell'impulso di solidarietà il volontariato

Un'altra meravigliosa spinta dell'epoca dei risvegli è quella che batte nel petto di tante più persone: un istintivo impulso di amore disinteressato verso gli altri, verso i poveri, gli emarginati, i malati. Un grande desiderio di solidarietà.

E allora potenti, antiche organizzazioni hanno da anni colto questo grande impulso per riempire i loro edifici che si andavano svuotando. Organizzazioni che fanno parte di diverse piramidi imperiali, sia laiche che religiose. E che negli ultimi decenni hanno creato enormi imprese di carità, enormi apparati che organizzano in tutto il mondo centinaia di migliaia di volontari spinti dal proprio cuore.

L'obiettivo di questa manovra è quello di riprendere anime che sfuggivano verso una libertà spirituale, sia pure ancora confusa, e trovare un mezzo per reintrodurle in sistemi sottoposti al principio di autorità: quello indispensabile per far funzionare certe forme-impero.

E' chiaro che anche in questo caso il positivo si mischia al negativo: le spinte di potere a enormi e genuine forze di amore. Che le intenzioni del Male finiscono invariabilmente per servire anche gli interessi del Bene. E che quindi anche in queste strutture tante persone trovano il modo positivo di mettersi alla prova nella via maestra della crescita spirituale: compiere azioni di amore disinteressato.

Anche in questi casi le coscienze che si stanno destando dopo un po' capiscono se sono capitate nel posto sbagliato, e magari aderiscono a iniziative nuove e libere. Come ne stanno sorgendo ovunque, a ritmi crescenti. Oppure rimangono all'interno di queste strutture per svolgere una funzione di influenza positiva, finché è possibile. Oppure ancora decidono di creare una propria struttura, magari piccola, ma libera e veramente ispirata ad alti ideali. E questo, proprio questo è il presente ed il futuro: sfuggire alle istituzioni controllate dai poteri oscuri, e creare iniziative rivolte certamente al Bene, in quanto risultato dell'onestà e della genuina spinta al Bene dei nostri cuori in risveglio.

la diffusione di conoscenze misteriose o spirituali incomplete, seducenti ma "inquinate"

L'epoca dei risvegli ha generato in tante persone un enorme interesse per la Verità, per una verità che sempre più chiaramente per molti non corrisponde alle apparenze, non corrisponde in maniera evidente a tutto quello che ci viene detto dalle religioni, dalla storiografia ufficiale, dalle grandi istituzioni, laiche o religiose e dalla cultura accademica. Un interesse talmente forte per la Verità vera, che è sorto un nuovo fenomeno: un numero enorme di persone cerca di sapere i retroscena di tante cose. I retroscena della religione, della Storia, della politica, dell'economia, della cultura, della scienza.
Questo nasce da un impulso autentico, ma ancora in genere abbastanza confuso, che prima o poi troverà la strada giusta, perché spinto da una intelligenza superiore: l'Intelligenza del Cuore.

Ma perché proprio in questi decenni una così forte crescita della spinta verso la Verità?
Perché, come abbiamo già considerato in precedenza, la forza che batte nel petto di chi si sta risvegliando è l'Amore, vale a dire la voglia di Bene vero, del Bene della Coscienza di tutti. E se hai un impulso al Bene, che significa a "fare il Bene" tuo e degli altri esseri intorno a te, per poterlo fare veramente bene ed in modo utile, devi sempre necessariamente conoscere al massimo la verità della situazione nella quale vuoi fare il Bene.

dall'Amore nasce la richiesta,
l'esigenza di Verità.

Facciamo un esempio molto pratico: se vuoi fare del bene a un tuo figlio che ha un problema, come prima cosa vuoi conoscere la

Verità di quel problema. Vuoi sapere tutto, anche quello che lui non ti ha detto, anche quello che lui stesso non sa del suo problema. Perché altrimenti non potrai decidere cosa è meglio fare. Se sei condizionato dalle bugie, dai non detti, dalla tua rabbia, dalla paura o dalla tua pigrizia, non vorrai o non potrai sapere come fare la cosa giusta e utile, come fare il Bene. Ma spinto dall'Amore, da un amore che vuole essere cosciente, vorrai sapere la Verità del problema di tuo figlio, e la Verità che nasce dal tuo Amore ti renderà Libero di Pensare e poi Fare la cosa più giusta.

Dall'Amore nasce la richiesta, l'esigenza di Verità. Per poter poi fare le cose giuste, buone e utili nella vita. In questo processo di ricerca di Verità per fare il Bene risiede gran parte del senso spirituale più elevato di tutto quello che avviene intorno a noi e dentro di noi.
La spinta a ritrovare il senso vero, quello spirituale, di tutto quello che ci circonda.

La spinta a ricercare i retroscena dietro alle apparenze, deriva dal fatto che molti si sono accorti che le verità istituzionali o trasmesse dai media e dalla nostra cultura materialista e deviata sono insufficienti e manipolatorie. E di conseguenza inducono l'umanità a comportamenti condizionati e manipolati. Mentre proprio nella nostra epoca preme dentro agli individui in risveglio la voglia di trovare e seguire la strada giusta, quella del Bene. Per questo vogliamo scoprire tante verità sul presente e sul passato, tanti retroscena che ci sono stati volutamente nascosti o alterati.
Perché dentro di noi sappiamo che la Verità ci farà liberi, come dice il Cristo nel vangelo di Giovanni [20]. Liberi finalmente di decidere come impostare la nostra vita e le nostre scelte, al di fuori delle manipolazioni dei poteri oscuri.

E allora tante forze genuine ricercano, trovano, pubblicano cose nuove e interessanti, che appagano questa voglia di sapere. E che

---

[20] Giovanni 8,32

stanno portando dei bellissimi contributi all'epoca dei risvegli.

Certi scaffali delle librerie sono pieni di questi apporti. Sorgono nuove riviste, nuove trasmissioni televisive, nuovi social e siti web. Anche se ancora in mezzo alla maggioranza di elementi oscuri, satanici, solo sensoriali e materialisti, perfino il cinema di massa inserisce questi elementi di risveglio nei propri soggetti. Talvolta in modo mirabile.

Benissimo! Era ora!

Proprio tutto benissimo…?

Guardiamoci meglio dentro anche a questo fenomeno, perché siamo in un'epoca nella quale le forze anticoscienza sono aggressive ed insidiose ovunque.
E allora vediamo un po': il quadro è proprio così totalmente roseo e positivo? E' possibile che le forze oscure non ci abbiano messo le mani in qualche modo, e che lascino che questo impulso si sviluppi liberamente? E' possibile che le grandi case editrici, le grandi catene di distribuzione, i grandi mass media, che sono abbondantemente condizionati dalle solite fratellanze, lascino fare solo perché seguendo i mutati gusti di una parte del pubblico ci guadagnano?

Abbiamo visto che i soldi sono il fine di un livello intermedio delle piramidi imperiali, ma non il fine del livello più alto. Si sono forse finalmente convinti che la crescita spirituale della gente corrisponde anche ai loro veri interessi?
No, purtroppo - o per fortuna - non è proprio possibile che per il momento rinuncino alla loro malevola, ma infine salutare opera di ostacolo. Non in questa epoca. E nemmeno in questo caso.
Anche qui, come negli altri casi, la strategia principale è quella del "divide ed impera". Si alimentano due tendenze apparentemente opposte, purché il dibattito tra queste due tendenze oscuri la via maestra. Quella della coscienza.

E quindi da una parte si facilita un certo modo, sottilmente inquinato, ma "nuovo" di trattare questi argomenti. E a questo modo si dà molto più risalto di quelli genuini e “non inquinati”. E poi si crea un fronte opposto “conservatore” - materialista o religioso tradizionale - che reagisce sdegnato e rabbioso alle fughe in avanti. Che reagisce rabbioso verso le varie “rivelazioni” che mettono in dubbio le fondamenta del potere e delle sue forme pensiero. Il tentativo è quello di prenderci in mezzo: di farci stare di qua o di là, in lotta l’uno contro l’altro, a difendere posizioni entrambe inquinate.

Ma veniamo al dunque: in quale modo si facilitano e si amplificano certi messaggi ed altri no? E perché certi contributi, sia pure molto interessanti, sono sottilmente inquinati?

Facciamo l’esempio di alcuni libri estremamente famosi di questi tempi. Saggi e romanzi, ricerche investigative di giornalisti e scrittori brillanti e intraprendenti. Prodotti confezionati con grande cura, che raccontano di poteri oscuri, di misteri che hanno attraversato la Storia e che condizionano il presente. In alcuni casi gli entusiasti che li hanno scritti sono stati bombardati di documenti di ogni tipo, che li hanno indirizzati verso certe direzioni, in una sorta di cacce al tesoro “teleguidate” da mani spesso ignote. Documenti talvolta falsi, ma talvolta veri, incredibili, che evocano segreti nascosti per secoli, che mostrano le nefandezze di certi grandi poteri. Oppure escono dei romanzi molto ben concepiti, che entrano nei meandri oscuri di certi misteri storici e attuali per rivelare una serie di verità che colpiscono molto tanti di noi. Ed è tutto un parlare di Graal, di Arca dell’Alleanza, di Templari, di Opus Dei, di sette di Illuminati, della Maddalena, dell’uomo Gesù, di antichi visitatori spaziali, di “Nephilim”, di “Annunaki”, di perfidi Arconti, di strane associazioni segrete “importantissime”, come il Priorato di Sion, gli Illuminati, o tanti altri.
In genere tutte cose che si basano su informazioni anche in parte reali, e prima sconosciute alle masse, tenute chiuse in particolari archivi segreti ma che, volutamente manipolate, costruiscono dei quadri parziali, del tutto insufficienti.

Sì perché, per dirla in modo chiaro, questi libri tutto fanno tranne che parlare della vicenda umana vera: quella spirituale.
Il confronto tra le forze del Bene e del Male viene in genere visto come guerra di poteri: poteri oscuri in lotta tra loro, oppure con poteri meno oscuri, per rendere gli esseri umani politicamente, economicamente o perfino "energeticamente" schiavi.
Si evidenziano, si svelano taluni aspetti delle dinamiche delle forme-impero, ma non i veri moventi. Si evita accuratamente di parlare di quella che è la vera posta in gioco: la nostra interiorità. Facendo così non si colgono, e in certi casi non si vogliono cogliere, i significati veri della vicenda umana. Che passa per il confronto tra forze del Bene e forze dell'ostacolo e che ha per oggetto l'evoluzione della coscienza. In un gioco nel quale le forze spirituali, sia nere che bianche, hanno un peso enorme, fondamentale. E nelle quali la dinamica del potere non è il fine, ma uno strumento.

Questa letteratura ha comunque un grande merito: quello di mostrare all'umanità che le forme-impero ci hanno mentito per millenni. E questo è già un grande risultato. Ma come al solito le forze oscure mischiano semi avvelenati insieme a quelli buoni che non possono sopprimere.
Dagli scenari di questi libri il Mondo Spirituale è totalmente assente. E in qualche modo questa onda di notizie e interpretazioni svela particolari importanti, ma minori, per continuare a nascondere la sostanza vera delle grandi operazioni delle forze oscure. Sia quelle storiche che quelle attuali.

La maggior parte degli scrittori di queste pubblicazioni è certamente in buona fede, ma in genere proviene da una cultura ancora assolutamente materialista. Basta allora rifornirli e guidarli con informazioni valide e ben selezionate, e poi, se il risultato è di gradimento, montare delle fortissime campagne editoriali per la diffusione mondiale di questi best-sellers. E il risultato è assicurato.

Si cerca di rispondere al desiderio di risvegli cercando di convincerci che per risvegliarci basta sapere tante cose sulle trame oscure, sui misteri dell'antichità o del presente e sulle trame del potere per il controllo del potere, del denaro, dei governi, dei miti, delle religioni.

Certo è utile, e viene incontro almeno parzialmente alla voglia di sapere di chi si sta risvegliando. Ma certamente non basta: sono conoscenze "eccitanti", ma limitate. Non spiegano affatto che quello che conta veramente non sono tanto i misteri e le trame, quanto cambiare il proprio modo di considerare la realtà, di pensare, di sentire e di agire, mettendoci l'Amore.
E quindi sta alla coscienza di ognuno il compito di andare oltre; e, una volta scoperto che le cose non sono come ce le hanno presentate, il compito di cercare il senso vero. E questo per fortuna sta già succedendo in modo crescente. Anche grazie ai primi impulsi dati da questi libri, da questi film, dalle riviste e dalle trasmissioni che parlano di "misteri senza spirito".

E poi bisogna sottolineare che comunque l'esigenza di risveglio è tale che i poteri oscuri non riescono a controllare tutto, e tra le maglie delle loro reti emergono alcuni importanti libri e film, ora disposizione di tutti. Contributi veri alla crescita della coscienza umana; alcuni anche estremamente popolari. Ma anche in questi casi occorre esercitare un metro di giudizio, perché comunque spesso almeno parzialmente inquinati.

Ormai lo sappiamo: nella nostra epoca nulla deve mostrarsi "completamente bianco" e positivo. Ci vuole sempre un po' di negativo o di grigio che possa alimentare il nostro giudizio, il nostro principio di autorità interiore. Non accettando più "per intero" i messaggi che riceviamo da fuori, senza averli passati al setaccio della nostra libera coscienza.

Non c'è che dire: un bell'esercizio per le giovani coscienze umane quello di discriminare tra luce e ombra quasi sempre sottilmente interconnesse. Ma un esercizio assolutamente indispensabile.
Naturalmente poi altre fratellanze, altre forme impero si danno da fare per confutare in tutti i modi quello che viene scritto in questi libri, per cercare di mantenere a dormire quante più anime possibile. Hanno a disposizione fior di teologi, di esperti, di esimi professori. Schiere di professionisti della manipolazione delle conoscenze. Capaci da millenni di tirare fuori o di nascondere documenti veri o falsi. Sofisti abilissimi nel creare teorie o nel confutarle... e che in cambio ricevono prebende, cattedre e onori. Ai quali i mass media fanno continuamente da grancassa. Ed hanno a disposizione anche alcuni marchiani errori, alcune forti non verità da evidenziare con facilità, che gli stessi poteri hanno fatto in modo di insinuare nel materiale che è servito a fare quei film e quei libri.

Insomma: il solito teatrino del mercato delle anime.

Ma intanto, anche e proprio di fronte a queste rappresentazioni indegne, tante coscienze crescono.

la deviazione dell'impulso femminile

Abbiamo visto che un passaggio importante dell'epoca dei risvegli riguarda una maggiore attivazione del principio femminile. Sia del "Divino Femminile" cosmico, che di quello dentro di noi. Ed è infatti facilmente osservabile come nella nostra epoca ci sia un vero e proprio "risveglio", sia del ruolo delle donne che del lato femminile degli uomini.
E' il Divino Femminile che fa vibrare, attivandole in modo maggiore, le parti di noi che sono sulla sua frequenza. La femminilità è la sensibilità all'ambiente, la capacità di percepire e mantenere collegamenti e scambi con le varie dimensioni che ci circondano, da quelle materiali a quelle spirituali. Il femminile è la Sapienza,

la voglia di sapere ed il sapere necessario a fare il Bene.

Mettendosi in connessione vera con tutte le forze e qualità della Rete, con tutti i mattoni e gli elementi indispensabili, il femminile fa in modo che siano disponibili gli elementi di base materiali, vitali, emotivi e spirituali perché nel mondo si possa fare qualcosa di nuovo e positivo. Perché possa nascere il nuovo: un nuovo bambino, una nuova iniziativa importante, una nuova organizzazione, una nuova spinta ideale. Tutte quelle cose che il principio creativo, quello maschile, può fare se ha a disposizione quegli elementi che solo il femminile può mettere insieme in modo saggio e sensibile.

Anche un bambino è il frutto di un seme maschile che viene accolto, cresciuto, alimentato, protetto, connesso in modo saggio e amoroso a tutte le dimensioni della realtà. E questo è il ruolo del femminile, della madre. Che sia mamma di un figlio fisico o madre del parto creativo di una azione cosciente compiuto dal lato maschile di ogni essere umano.

Il salto di coscienza che il lato maschile in ognuno di noi è chiamato a produrre agendo per il Bene, non può verificarsi se la nostra natura non è maggiormente connessa, in modo femminile, sensibile, saggio, alle varie dimensioni cosmiche e della rete umana intorno a noi, per trarne alimento.
Questo vale nell'interiorità di ognuno di noi e nel contesto umano collettivo.

Una ondata di risvegli deve obbligatoriamente passare per un ruolo accentuato delle donne nella società. Un ruolo che accresca tutti i pregi delle donne, i doni che possono portare alla crescita della coscienza dell'umanità: la maggiore capacità di respirare e di sentirsi immerse nelle correnti vitali, emotive e spirituali che attraversano la nostra dimensione; il lato emozionale più sensibile a cogliere le necessità del corpo e dell'anima, e a connettersi con le reali esigenze degli altri; la maggiore possibilità di intuire gli elementi che nella realtà sono oltre la materia; la più elevata capa-

cità di immettere amore, cura, compassione in tutte le attività e le situazioni; l'indomita tendenza delle donne, proprio perché più in contatto con l'intuizione della realtà vera e dei piani sottili, a non lasciarsi manipolare facilmente, a non lasciarsi inquadrare, a non ragionare sulla base di parole d'ordine, ma su quella della propria sensibilità interiore; la maggiore capacità di ascoltarsi e di ascoltare; la grande spinta e capacità di intuire e di attrarre gli elementi necessari a proteggere il maschile da qualsiasi pericolo; il fiuto naturale per le trappole e le manipolazioni; la capacità di diffidare istintivamente del potere.
Queste e tante altre qualità sono di fondamentale importanza per il grande risveglio. E sono già all'opera.

E questo risveglio del femminile non vale solo per le donne.
E' spesso il loro lato femminile che spinge tanti uomini a rivolgersi a un cammino spirituale. Ma sono vere e proprie schiere le donne che si stanno risvegliando prima degli uomini. Le donne sono le avanguardie nel cammino di coscienza della nostra epoca.
Tutti sanno che i vari percorsi spirituali disponibili sono frequentati e seguiti in grande maggioranza dalle donne.
Nei vari gruppi sociali e nelle famiglie sono ora soprattutto le donne che, maturando interessi spirituali, letteralmente trascinano gli uomini nella stessa direzione. Sta alle donne il compito di "dare la sveglia" a uomini di gran lunga meno sensibili e troppo addormentati dalla materia e dalle manipolazioni. Una umanità maschile che, se lasciata sola, sarebbe benissimo capace di non accorgersi per niente che siamo nell'epoca dei risvegli.
Appare quindi chiaro che le donne, come categoria, sono ora come non mai il principale nemico delle forze oscure, delle egregore imperiali. Che del resto hanno sempre diffidato di loro, e hanno imposto storicamente modelli organizzativi e sociali nei quali le donne fossero brutalmente sacrificate e compresse.
Perché questo? Perché una donna – intimamente, interiormente "madre", anche se non lo è fisicamente – ritiene sempre più importante il bene della creatura o dell'essere del quale vuole il Bene, al quale rivolge al suo amore. E questo mette al di sopra di tut-

to. E quindi la "donna", il femminile ha sempre avuto e sempre avrà una tendenza a smarcarsi, a sfuggire alle parole d'ordine del potere, delle egregore imperiali, ogni volta che queste saranno contrarie al bene delle persone che ama, della propria famiglia, dei propri figli, del proprio partner. Di chiunque rientri nel raggio del proprio Amore.

Per questo i poteri oscuri "diffidano" del femminile. Perché il femminile gode di un naturale "principio di autorità interiore dettato dall'Amore, che è superiore e sentito in genere come prioritario rispetto ai principi d'autorità esterni, istituzionali.

Nell'Apocalisse di Giovanni la Donna è il grande nemico del Serpente. Solo Lei lo schiaccia sotto i piedi.

Questa propensione naturalmente amorosa del femminile risulta chiaramente profondamente eversiva per ogni istituzione modellata sulla oscura Egregora dell'Impero. Egregora dell'Impero che si basa proprio sulla imposizione autoritaria dei propri ordini e delle proprie forme pensiero su masse opportunamente condizionate. Difficilissimo condizionare il femminile di una donna al punto da renderla obbediente a parole d'ordine contrarie al Bene degli esseri e delle persone che ama.

Anche se capita che ci siano diverse donne fortemente condizionate dalla materia, dai sensi e dall'egoismo. Ed alcune manipolate, in certi casi fanatizzate, al punto di sacrificare persino i propri cari sull'altare delle esigenze del potere. Una vera e propria aberrazione del femminile. Per fare un esempio, ricordo bene i casi di madri islamiche fondamentaliste iraniane che, durante la rivoluzione islamica, denunciavano i propri figli antislamici, e li mandavano alle torture nel carcere di Evin a Teheran, e alla successiva fucilazione. Una vera e propria aberrazione del femminile.

Ma questi sono casi rari. La donna continua in gran parte a costituire un fattore eversivo per le Armate Nere.

Per questo motivo le grandi organizzazioni del potere, le varie forme-impero hanno sempre fatto in modo che fossero quasi tutti maschi i membri o quanto meno i quadri dirigenti delle proprie armate. Perché questi erano, e sono tuttora, molto più facilmente manipolabili ed orientabili. Penso si possa dire con tranquillità che nella situazione attuale, a livello umano, i membri delle armate nere sono in maggioranza uomini e quelli delle armate bianche in maggioranza donne.
Uno dei modi più sicuri per individuare le organizzazioni, le forme impero che sono più influenzate dai poteri oscuri è vedere come trattano le donne, e il ruolo che riservano alle componenti femminili.
Basta guardarsi intorno.
Ma potevano le forze oscure, in una fase di iniziale risveglio così delicata come la nostra, lasciare che le donne fossero un baluardo sempre più cosciente contro le loro manovre antiumane? Certamente non potevano accettarlo senza fare nulla. E allora cosa stanno facendo ora per cercare di fermare il risveglio delle donne ed il loro importante ruolo?

Stanno cercando in tutti i modi di attaccare alla base le qualità femminili. Oltre alle aggressioni alla natura umana di cui abbiamo già parlato, e che colpiscono in modo particolare le più accentuate "antenne" emozionali e spirituali femminili, tutta la grancassa messa in moto dalle fratellanze oscure per imporre nuovi modelli culturali, nuove mode e tendenze, si è volta verso alcune direzioni in particolare:

- deviare l'impulso a una maggiore presenza femminile e ad un maggiore ruolo nella società verso forme di imitazione deteriore del maschile: donne manager d'assalto, dure, fredde e indaffarate, donne militari impiegate persino in guerra, donne rampanti in politica e altrove. Il condizionamento va nella direzione di un modello maschile insensibile, attivista, privo di scrupoli. Che sacrifichi la sensibilità, la femminilità vera. Nel tentativo di coinvolgere le donne nella parte peggiore del maschile;

- sviare dall'aspetto spirituale la forte spinta femminile a migliorarsi e a connettersi maggiormente agli altri; e indirizzarla alla cura ossessiva del corpo, della bellezza, dei beni materiali e della casa; all'interesse soprattutto al benessere materiale della propria famiglia, e non tanto al benessere interiore;
- deviare il ruolo femminile di veicolo principale della circolazione dell'Amore nella rete, in quello di veicolo per la diffusione dell'elemento sessuale puramente sensuale. Fare della donna il più possibile non la calda, amorosa, intelligente, sensibile catalizzatrice di energie spirituali, ma prevalentemente la suscitatrice seduttiva di bassi stimoli sessuali. E promuovere ancora in forme rinnovate la vecchissima, opprimente forma pensiero che il successo di una donna si basa sull'aspetto fisico connesso alla seduzione sessuale.

In queste e in altre direzioni devianti le forze del Male hanno scatenato da tempo una campagna anti-femminile che non lesina mezzi. E che produce risultati notevoli.
Ma come al solito facilita anche il compito del Bene. Le donne emotivamente "mascolinizzate" e introdotte in tanti gangli tradizionalmente maschili della società non sempre si limitano a mascolinizzarsi, e la loro femminilità naturale tende a emergere comunque, portando in tante occasioni scompiglio, luce e calore.
Il ruolo esagerato dell'aspetto seduttivo sessuale, incredibilmente forzato dai mass media, non regge alla realtà quotidiana dei rapporti di coppia. Dove comunque tende a emergere, a volte in modo dirompente, l'importanza dei valori veri.

Una offensiva, quella intrapresa dalle forze oscure contro la Donna, che segna il prevalere del Drago o del Serpente del Male in alcune battaglie, contando soprattutto su una cultura del tutto materialista e basata sul soddisfacimento sensoriale.

Ma difficilmente vedrà una sua vittoria nella guerra al Femminile. Molte sono le donne che si accorgono che i falsi scopi della vita, assegnati alle donne dai poteri oscuri, comprimono la loro divina femminilità, la vera essenza superiore di una Donna, conducendola a una vita infelice e priva di senso.

Il Femminile rimane comunque forte, difende l'anima e lo spirito di tantissime donne, mantiene salda comunque dentro di loro la direzione più importante, quella amorosa della ricerca del Bene. E farà loro infine vincere questa battaglia contro il Serpente. Per rivelarsi come uno dei principali fondamenti della presente e futura rivoluzione spirituale umana.

Con un femminile che arriverà finalmente a sbocciare come anima cosciente rivolta non solo al bene dei propri cari, ma al Bene di tutti gli esseri umani e di tutti gli esseri della Terra e del cosmo. Una vittoria sulle forze del serpente esteriori ed interiori.

un dibattito pubblico ridotto e manipolato

E' sempre più chiaro, sempre più evidente che i grandi mass media sono sempre di più nelle mani di pochi imperi nazionali o globali. Come abbiamo visto, i poteri oscuri hanno favorito queste enormi concentrazioni editoriali, che abbracciano televisione, cinema, giornali e internet. Lo hanno fatto per accorciare e rinforzare le linee di comando e manipolazione in un'epoca per loro di emergenza come quella dei risvegli.
Ormai i mass media sono diventati terribilmente invasivi, e quindi sono lo strumento essenziale attraverso il quale le masse ricevono buona parte delle notizie, delle informazioni, degli stimoli culturali su quello che avviene nel loro Paese e nel Mondo.
L'accresciuto controllo consente alle fratellanze oscure di effettuare una operazione importante e sottile:

restringere il dibattito a loro piacimento.

Si forniscono valanghe di notizie e di informazioni, su mille aspetti della vita, ma in mezzo a questa alluvione informativa si fa in modo che tutto quello che ha a che fare proprio con i risvegli spirituali si perda: sia sminuito, coperto, deviato.

Si dà l'impressione di un'ampia, totale gamma di apporti culturali e posizioni differenti, ma si gioca abilmente sulle accentuazioni, sugli orari, sulle quantità e sulla qualità di quello che si mette a disposizione del pubblico. E poi su quello che "non si dice": sostanzialmente non si affrontano quasi mai e in modo aperto i temi spirituali veri. A meno che non siano quelli delle grandi religioni sottoposte al principio di autorità. La spiritualità libera, quella dei risvegli, quella che preme nei cuori di tantissime persone, non riceve alcun alimento diretto. La sua portata, ormai decisamente importante, viene anzi al contrario oscurata, o trattata come minore, visionario "fenomeno di costume". Un fenomeno per esaltati, ignoranti e indisciplinati creduloni senza alcun costrutto e senza alcun fondamento.

Tutte le principali trappole del "divide et impera" vengono supportate dai media, in una illusione di libertà e di ampio dibattito culturale. Con decine, centinaia di presunti esperti che parlano, che anche litigano tra loro, ma scelti con grande cura in un ambito molto ben controllato. Nel quale comunque quello che viene divulgato alle masse sono flussi di informazioni manipolatorie, alterate, mutilate e condizionanti. Nelle quali alcuni messaggi giusti, ma insufficienti, vendono mischiati a molteplici informazioni deviate. E tantissimo viene taciuto, o relegato a minuscoli spazi seminascosti.
Le principali posizioni dei giornali, e quelle degli ospiti dei talk show, sono condizionate in modo da escludere qualsiasi serio riferimento all'interpretazione spirituale della realtà. I rari ospiti che alla spiritualità si richiamano sono spesso strani individui che fanno ricorso a dubbie medianità, oppure figure poco credibili, che finiscono per gettare discredito sui liberi percorsi spirituali.
Politici condizionati, imbonitori vari, la presenza crescente e pervasiva di religiosi appartenenti alle organizzazioni autoritarie. E il tutto mischiato con la invadente accentuazione del lato sessuale femminile, maschile, "woke", "gender-fluid", "transgender". Come se l'orientamento sessuale fosse il fulcro della nostra vita. Con interpretazioni del tutto materialiste dei fatti sociali e di quel-

li psichici, inframezzate a comicità volgari, canzonette e balletti insulsi. Gare su qualsiasi cosa inutile o solo materialista. L'esposizione continua dei cattivi sentimenti tra persone, tifoserie sportive. Ore e ore di descrizione e preparazione di cose da mangiare, e mille altre insulsaggini e facezie.
La presa di questi metodi sulle masse è ancora fortissima, ma un gruppo minoritario - che comincia a crescere - ormai ne ha abbastanza: non ne può più di questo teatrino che mostra un mondo senza Spirito e quindi senza senso, che non corrisponde affatto a ciò che ora preme nei cuori e nelle menti; un mondo falso nel quale centinaia di "autorevoli" commentatori si affannano a non trovare mai spiegazioni soddisfacenti per nulla. Questo gruppo comincia ad averne abbastanza anche della pletora di quei programmi di coddetta divulgazione scientifica, che sotto l'aureola della "serietà e fondatezza" delle fonti, esaminano e propongono solamente una minuscola, superficiale striscetta della realtà. Che non va oltre quella che si vede nel vetrino di un microscopio.
Dando per scontato che tutto il resto, la grande rete cosmica attraverso la quale si muove il piano multidimensionale divino, semplicemente non esista.

Impostazioni cieche che dicendo di spiegare la realtà in effetti la velano e non spiegano proprio nulla. Invece di togliere la "cataratta" la rinforzano, dicendoci che la visione appannata è tutto quello che c'è da vedere!
Per carità, poveretti! In qualche modo siamo tutti sullo stesso cammino e in vari modi nella stessa barca, e prima o poi tutti - anche chi con onestà lavora inconsciamente a limitare la visuale delle masse - ci accorgeremo della vacuità e dell'inutilità di tante cose che sono solo un velo,

uno schermo che non trasmette,
ma nasconde la Verità.

Ma, come abbiamo già considerato, sempre più persone faticano a leggere giornali e riviste, buttano la televisione, la spengono o la adoperano come strumento di osservazione della manipolazione in atto. Nel difficile, ma avanzato tentativo di accrescere la propria, autonoma capacità di discriminare il vero dal falso.

Lo strumento di Internet, del Web, pur condizionante ed alienante per tanti aspetti, se ben usato consente una libertà maggiore. L'enorme massa di informazioni e di stimoli presente sul web si presta a disperderci in un mare caotico di dati di qualità indefinibile. Ma proprio perché nel web circola di tutto, le coscienze in crescita possono trovare alimento, scegliere, scambiarsi idee, esercitare la libertà e accrescerla sfuggendo al condizionamento dei grandi poteri.

Per farlo con successo, e non essere travolti dal magma informe e caotico del web, carico di insidie, serve un grande rafforzamento della propria interiorità, delle capacità di amore e comprensione della vita. Dalle quali può emergere una coscienza capace di discriminare liberamente cosa le è utile e cosa la danneggia. E questa coscienza non emerge dal solo contatto con il web o con gli altri media, ma solo interagendo con amore e consapevolezza con la vita vera che ogni giorno ci viene incontro non casualmente attraverso la rete reale, quella umana.

Infatti, per usare bene la rete virtuale occorre prima imparare ciò che emerge dall'esperienza cosciente che passa attraverso i canali multidimensionali della grande rete reale nella quale siamo tutti immersi. Da questi canali, che ci connettono alla realtà vera, arrivano le informazioni e gli stimoli giusti: occorre sintonizzarsi proprio sulla miriade di canali luminosi che ci circondano, collegandoci al Mondo Spirituale, agli altri, alle forze e agli esseri della Natura. E interagire attivamente con queste realtà che non sono virtuali, che non tendono a condizionarci e a passivizzarci, ma a darci la libertà di crescere nella direzione della coscienza. Affrontando ogni giorno con le nostre migliori forze il flusso degli eventi non casuale inviato giornalmente verso di noi dal Cielo per stimolarci a crescere.

Quel flusso che è la vera e propria "lingua sacra", il vero e proprio "dialogo sacro" parlato dal Cielo per ognuno di noi.

Il dialogo con il senso profondo
e sacro della Vita.

la deviazione di simboli sacri, delle tradizioni spirituali, di profondi impulsi storici

E' altresì utile notare il senso di alcuni ulteriori sviluppi:

- determinate fratellanze oscure, come abbiamo visto nel capitolo dedicato al satanismo, cercano di diffondere in tutti i modi tra i giovani delle forze distruttive antispirituali. Certi tipi di musiche e messaggi culturali utilizzano il desiderio inconscio e crescente di spiritualità, di trovare altre realtà meno scialbe e prosaiche di quella materialista, deviando gruppi di giovani, e non solo, verso forme di satanismo, di adorazione del Male. Che con l'uso di droghe e riti oscuri tendono ad alterare gli equilibri psichici, talvolta in modo grave, con effetti disastrosi, sia sul piano fisico che su quello dell'anima;

- altre organizzazioni mirano a deviare alcuni importanti impulsi spirituali che riemergono dalla Storia, come quelli medievali: la ricerca del Graal, i Templari, i vari ordini cavallereschi, le crociate. L'interesse per questi argomenti è crescente, perché certi fermenti, come quelli templari, sono ampiamente presenti e attivi nella nostra epoca. Sono fermenti che riprendono i semi piantati sette-ottocento anni fa per trasformarli in impulsi spirituali fortemente positivi per i nostri giorni. E ora non si ripropongono certo nelle stesse forme e con le stesse organizzazioni del Medio Evo. Ora quelle individualità, spesso reincarnate tra noi, sono tra le punte avanzate che lavorano ai risvegli. Si tratta di un tema affascinante, che

non è possibile liquidare in poche parole. Ma le forze oscure stanno cercando di trasformare questo genuino impulso in una farsa: una vera e propria lotta tra varie fratellanze e organizzazioni è in corso per aggiudicarsi l'eredità cavalleresca, e l'eredità templare in particolare. Con l'intento di deviarla verso forme del tutto materialiste, o inutili, al servizio di apparati di potere. E allora fioriscono nuovi ordini templari di tutti i tipi, in concorrenza tra loro. Alcuni favoriti da certe correnti religiose, altri osteggiati. In un gioco delle parti nel quale il massimo che succede è che si formino ovunque nuove logge e loggette, questa volta con il nome altisonante di commanderies templari. E si distribuiscano cappe, croci, elmi, spadoni di latta... In cerimonie formali e prive di senso spirituale, nelle quali "è d'obbligo l'abito lungo per le dame ed il papillon per i cavalieri". Viene quasi da ridere, se non fosse che questa sceneggiata tende a deviare e oscurare il senso profondo di simboli, di motti, di cerimonie che avevano un valore spirituale altissimo, per individualità molto elevate nella gerarchia umana delle armate bianche. E che naturalmente ora non hanno nulla a che fare con questi ordini da carnevale, con questi nuovi strumenti del principio di autorità.
Il vero problema però è che le "carnevalate" non sono fini a se stesse, e come al solito nascondo forme di controllo e di manipolazione, oltre a procedure di selezione delle persone da inserire nei vari livelli delle piramidi oscure. Come avviene in certe Università, laiche e religiose, come avviene nelle obbedienze massoniche. Veri e propri vivai per talenti anticoscienza, o per burattini di poteri neri più elevati. Ma in questo caso degli ordini cavallereschi deviati c'è anche di peggio: al di là delle apparenze folcloristiche proprio alcune logge, che si nascondono dietro abusive e fuorvianti etichette e simbologie templari, sono in questo momento tra le guide sataniste e terribilmente oscure dietro le grandi massonerie internazionali. E si alimentano di riti di sangue, di perversioni, che danno agli individui che le compongono le forze e i livelli di "possessio-

ne" necessari a organizzare il male per conto dei primi livelli spirituali delle armate nere.
Proprio alcuni di questi ordini cavallereschi finto-templari o finto-giovannei rappresentano le super-massonerie e le super logge di vario tipo che controllano la gran parte delle istituzioni internazionali, della finanza, dell'economia, della cultura, della scienza, dei media, dei servizi segreti, degli eserciti e dei sistemi politici del mondo.
Diffidiamo degli ordini cavallereschi contemporanei: o sono carnevalate inutili o, peggio, molto peggio, infinitamente peggio, sono ambienti enormemente pericolosi e dannosi per la società umana.

il principio d'autorità che si nasconde e cavalca l'onda dello spirito

Una delle trappole più insidiose e più recenti ha a che fare direttamente con gli impulsi spirituali. Anche nel caso degli impulsi e dei percorsi spirituali, i poteri oscuri non hanno alcuna intenzione di lasciarli solamente nelle mani della grande Piramide Bianca. E allora il loro atteggiamento è questo:

> "Poiché c'è tantissima gente che ricerca qualcosa di più e di meglio, e sente forte questa spinta nel petto, perché non accontentarli? Non possiamo lasciarli in balia delle armate bianche."

Questo devono essersi dette determinate organizzazioni delle forme impero. Che anzi stanno trovando una nuova ragion d'essere proprio nel cavalcare l'onda del nuovo, della spiritualità, delle aperture verso le dimensioni superiori. Così come nel passato hanno sempre cavalcato, infiltrato e condizionato, fino ad impossessarsene, importanti porzioni di tutte le religioni precedenti.
E quindi dietro queste nuove iniziative si nascondono abbastanza spesso le solite, vecchie legioni del principio di autorità, di quelle

egregore imperiali che proprio non vogliono perdere la presa sul gregge. Del quale ostinatamente vogliono continuare a considerarsi i pastori assoluti. E allora sorgono ovunque organizzazioni dotate di grandi mezzi, che anche del tutto gratuitamente si pongono al servizio delle più disparate esigenze spirituali di chiunque.

> "Volete imparare a fare meditazione o yoga, sapere tutto sull'esoterismo cristiano, sui misteri delle piramidi, sui meandri della psiche... eccetera, eccetera...? Venite da noi: abbiamo dei veri esperti al vostro servizio..."

E il problema è che questo è anche vero: molti di quelli che guidano queste iniziative sono preparatissimi e in tanti casi in perfetta buona fede. Ma a ben guardare queste organizzazioni fanno poi di tutto per formare dei gruppi che, oltre a praticare o a conoscere cose molto belle, utili ed interessanti, si legano a un maestro, a qualcuno che è talmente bravo e che ne sa talmente di più di cose spirituali e misteriose, che non ci si può staccare da lui. E siccome poi questo maestro fa magari parte di una di quelle vecchie strutture imperiali, ecco quale è il risultato: il principio di autorità, che nel desiderio di liberarsi e di spiritualità vera tanti hanno cacciato dalla porta, rientra dalla finestra della "necessità del maestro"!

Ma anche in questo caso il diavolo fa le pentole, ma non i coperchi... E tanti, soprattutto giovani, che partecipano spinti dal cuore, poi avranno tutto il tempo ed il modo per rendersi conto, aiutati dalle opportunità create dal Mondo Spirituale, che c'è proprio qualcosa che non va in quei percorsi e in quegli ambienti.
E intanto avranno cominciato ad apprezzare certi vantaggi della meditazione, dello yoga e di altre conoscenze spirituali, anche se limitate.

la guerra alle nuove iniziative spirituali

Le stesse organizzazioni, le stesse legioni oscure si sono assunte da tempo anche un altro ruolo. Quello di studiare e di ostacolare la crescita di tutte le principali organizzazioni che genuinamente si rivolgono a diffondere la spiritualità sulla Terra.
Veri e propri centri di studio si occupano di monitorare ed approfondire tutti gli aspetti dei nuovi fermenti spirituali, per creare le basi di partenza di varie strategie di ostacolo.
In cosa consistono queste strategie?
Nell'utilizzare tutti i mezzi possibili contro le organizzazioni "bianche", secondo uno schema già tante volte collaudato dalle forme impero nel corso della Storia. Una strategia di contrasto che si articola soprattutto in alcune direttrici:

- *combatterle*, creando più problemi possibile, di ogni tipo, da quelli finanziari a quelli legali, oltre a campagne di stampa o culturali di opposizione, di confutazione diretta di quello che fanno o dicono; e vere e proprie operazioni di magia nera contro i membri e le figure chiave di queste organizzazioni; o anche assassini, se serve e se il Cielo lo consente;

- *infiltrarle* con elementi molto preparati. Queste organizzazioni sono "bianche" e quindi in genere aperte a tutti, senza discriminazioni. Per questo sono facilmente infiltrabili. E una volta dentro, questi individui preparatissimi possono svolgere un duplice ruolo:
  - *creare delle spaccature interne*, dei dissidi, lotte intestine che indeboliscono queste organizzazioni; oppure
  - *salire subdolamente i gradini della struttura* per partecipare alle decisioni importanti, alla formazione delle linee guida, allo scopo di deviarle e svuotarle gradatamente e di tenerne costantemente informati i loro signori oscuri.

Di questa ultima modalità è difficile accorgersi e, se l'organizzazione bianca non è veramente forte interiormente, non ci vuole molto prima che sia governata da individui delle armate nere. Queste tecniche di influenza e condizionamento delle organizzazioni sono state usate dalle stesse fratellanze per secoli: ne sono dei veri e propri maestri. E fanno parte di quelle tecniche che le forme-impero adoperano per infiltrarsi ovunque, in tutti i settori.

Il Mondo Spirituale comunque mantiene un equilibrio in queste cose: in genere non consente che, se c'è una organizzazione ancora veramente luminosa, questa venga spenta o sostanzialmente deviata. E fa in modo che per la stessa organizzazione queste esperienze negative di infiltrazione e di contrasto siano una ulteriore opportunità di rafforzamento interiore. A meno che, per motivi sempre positivi, non sia meglio altrimenti: non sia meglio che l'organizzazione, già moralmente debole, si svuoti e decada. Favorendo la nascita di qualcosa di nuovo e migliore sulle sue ceneri.
Negli ultimi tempi si è infatti assistito comunque a una deriva di organizzazioni spirituali che fino a qualche decennio fa erano ancora "bianche". Evidentemente il livello morale interno non era più tale da consentire loro di resistere alle offensive delle forze del male.

Ma questo nella nostra epoca appare anche come una chiara indicazione delle intenzioni e azioni delle forze del Cielo. Come in tutte le organizzazioni e istituzioni al mondo, il Cielo ha accelerato e favorito un processo di deterioramento. Nel passato il livello di maturazione non ancora ottimale, anzi spesso inadeguato, dei membri di una organizzazione, veniva compensato dal Cielo ponendo alla loro guida, al vertice, persone mature, illuminate, amorose. Quando lo riteneva giusto e opportuno. Ma negli ultimi decenni i vertici della piramide bianca, hanno chiaramente deciso di adottare un'altra linea evolutiva.

Visto che le forze etiche degli individui umani erano in risveglio, almeno in una importante minoranza, si è fatto in modo di togliere guide che apparissero particolarmente superiori, mature ed illuminate, ed esporre senza guida e protezione i livelli di immaturità o di maturità dei membri delle organizzazioni. Per stimolarne maggiormente la crescita. Perché imparassero a individuare da soli cosa è bene e cosa non è bene pensare e fare. Perché acquisissero un loro principio di autorità, perché crescessero veramente come individui, e non fossero più al traino del principio di autorità esterno di un vertice “buono e saggio”. Anzi, per favorire questo processo, spesso il Cielo ha lasciato che fossero i peggiori, gli immaturi, o persino degli infiltrati delle Armate Nere, ad occupare i vertici delle organizzazioni, persino di quelle bianche. E a fare solo finta di essere un vertice “buono e saggio”.

Il decadimento delle istituzioni, e quindi della loro autorevolezza, avviene e viene lasciato accadere dal Cielo, proprio per favorire la maturazione di un più forte principio del Bene da parte dei singoli individui. Come principio di autorità finalmente interiore, frutto della propria crescita spirituale, della propria esperienza, della propria consapevolezza e delle proprie forze d’amore.

E’ chiaro che nella fase di passaggio questo crea smarrimenti, problemi, disorientamento, ma ogni nuovo gradino evolutivo presuppone una parziale caotizzazione degli elementi del gradino precedente. Per ricostruire il nuovo sulla base di migliori e più avanzate esigenze evolutive.

Quindi quale è il nostro compito ora in relazione alle organizzazioni bianche, per resistere all’offensiva delle forze oscure?

Smetterla di credere che il presente e l’immediato futuro sia necessariamente quello di entrare in organizzazioni spirituali “bianche”; diffidare di cosiddetti Maestri Spirituali che esercitino un qualsiasi, anche camuffato, principio di autorità. Ma ascoltare solamente, “cum grano salis” e fino a prova contraria, i suggerimenti, le conoscenze e le informazioni fornite fraternamente da altri esseri umani che per un qualche motivo hanno compreso prima di noi alcune cose, con il compito di trasferirle orizzontal-

mente, e non verticalmente, nella rete umana. Convincersi che la prima organizzazione spirituale bianca da curare in questo momento siamo noi come individui, che abbiamo il bel compito di diventare più coscienti, più amorosi e più utili al vero Bene degli altri. Noi che abbiamo il compito di lavorare su di noi per diventare migliori e per aiutare gli altri intorno a noi a diventarlo con le nostre forze, con quelle che già abbiamo e che ora più che mai vanno messe alla prova e sviluppate.
Questa l'esigenza del presente. E un giorno proprio da questo ennesimo rimescolamento delle carte verrà fuori una massa critica di persone migliori e più mature, indipendenti e in grado di esercitare un sano e positivo principio di autorità individuale rivolto al Bene.

Non più pecore di un gregge,
ma Pastori di se stessi.

E questo insieme di nuovi pastori formerà finalmente nuove organizzazioni, non più fondate sulle gerarchie, ma sull'armoniosa collaborazione tra i membri nella comune e condivisa ricerca del Bene.

E le forze oscure?

A quel punto non saranno più in grado di attaccare in modo efficace le organizzazioni del Bene. Che non saranno più infiltrabili e manipolabili.

Quindi forza! Diamoci da fare per il lavoro interiore volto al bene e per aiutare gli altri intorno a noi a farlo!
Sì, perché l'Amore, la nostra coscienza, se entrano in campo vincono sempre:

OMNIA VINCIT AMOR

12

I PRINCIPALI SVILUPPI DELLA SITUAZIONE INTERNAZIONALE

Bloccare, ostacolare o deviare i risvegli. Il riequilibrio interno alle armate nere e la formazione del Superstato mondiale. Mondialismo e Multipolarismo. Dai conflitti ideologici al Conflitto di Civiltà, Culture e Religioni. Il confronto Occidente-Islam. La forzatura dei flussi migratori. Le false "primavere" arabe. Il terrorismo islamico. Chi sono i terroristi. La manipolazione dei regimi dittatoriali e la creazione di finte democrazie. Le guerre si fanno solo "per fare le guerre". Le forze oscure e i governi democratici. Le prossime crisi internazionali.

bloccare, ostacolare o deviare i risvegli

Ora che abbiamo delineato le forze ed i moventi in gioco nell'arena internazionale, vediamo di capire, sia pure molto brevemente, quali sono i principali sviluppi in atto.
Non tratteremo in dettaglio dei vari scenari interni e internazionali, anche se lo meriterebbero. E quindi ci soffermeremo soprattutto sulle differenti prospettive, sulle nuove chiavi di lettura che si possono adoperare ovunque nel considerare l'a scena internazionale. Quella del passato e del presente, ma anche quella del futuro. Tenendo presente che le basi di fondo della vicenda evolutiva umana e della presenza di determinate forze bianche e oscure, sono anche nella nostra epoca sostanzialmente sempre le stesse. Ma con un progressivo evolversi delle modalità operative, del quale ci occuperemo.

Le grandi linee di quello che avviene in questi decenni hanno a che fare, come abbiamo visto, con la necessità delle forze del Male di contenere, bloccare o deviare la grande ondata di risvegli da poco iniziata sulla Terra. Lo sviluppo principale in atto a livello internazionale è quindi questo: l'ondata di risvegli.

Lo ripeto perché nessuno ne parla, e quindi per ricordarcelo, come base assolutamente essenziale per comprendere quello che succede. Altrimenti la nostra analisi dei fatti e le azioni conseguenti saranno fuori centro, spesso non corrette, e quindi non utili. Non utili al perseguimento del Bene. Sia quello individuale che quello sociale.

Le forze oscure vogliono che questa ondata passi senza che l'umanità si accorga più di tanto della grande opportunità, oppure vogliono deviarla in vari modi.
Come abbiamo già considerato, per farlo hanno montato una serie di campagne di accecamento, di controispirazione e di deviazione. Che da una parte ostacolano i risvegli e dall'altra li aiutano, fornendo loro nuove opportunità e nuove sfide.

Questo il quadro di fondo al quale fare riferimento. Che è del tutto diverso da quello presentato dai mass media. La situazione vera, quella che ci riguarda profondamente, viene nascosta il più possibile, per toglierci la libertà di capire e di decidere con lucidità e consapevolezza cosa è meglio fare.

L'intento delle armate nere è sostanzialmente quello di portare avanti tutta la serie di contro-ispirazioni, delle quali abbiamo scritto, in un clima di paura e di odio. Che faciliti la manipolazione delle masse e alimenti le grandi egregore oscure, che letteralmente si nutrono di paure e di pensieri, sentimenti e volontà negative.

Le fortissime energie psichiche ricavate in questo modo vengono messe a disposizione delle strategie oscure. E diventano la forza alla base dei tanti impulsi al Male che influenzano individui e interi popoli, a volte impossessandosene. Spesso, anzi praticamente sempre, le manovre che portano a guerre, tensioni e crisi di vario tipo hanno proprio questo scopo.

Ogni volta che sorge o perdura una crisi, una guerra, un problema sociale, dobbiamo domandarci due cose:

- *perché le forze oscure creano ed alimentano questo problema* scatenando tempeste fisiche e psichiche nell'umanità? E abbiamo visto che lo fanno soprattutto per frenare il risveglio degli esseri umani verso la dimensione della coscienza e dell'amore incondizionato. La dimensione della nostra vera realizzazione.
- e poi *perché le forze del Cielo glielo lasciano fare*? Quale è il risultato positivo che fondatamente si aspettano dal lasciare le mani parzialmente libere alle forze del Male. Che tipo di reazione positiva interiore questo può produrre nelle coscienze. Quale gradino di crescita della nostra componente immortale si può determinare.

E quindi ogni volta che sorge una crisi o una guerra è fondamentale non farsi trascinare dalle onde egoistiche ed emotive scatenate dai media del potere, e valutare noi stessi, con le nostre forze, e con la nostra genuina voglia di Bene cosa possiamo fare:

- *per non farci travolgere* ogni volta nella trappola delle tempeste interiori suscitate con guerre e crisi dalle piramidi oscure con il megafono dei loro media;
- *per usare nel loro risvolto di reazione positiva* queste guerre e queste crisi per diventare ancora migliori e aiutare la società intorno a noi a diventare più consapevole e a crescere.

il riequilibrio interno alle armate nere e la formazione del superstato mondiale

Le piramidi imperiali vengono dispiegate sulla scena internazionale per opporsi ai risvegli. E prima di tutto vengono manipolate internamente perché siano più adatte alla grande emergenza. Da decenni ormai è in atto una operazione tendente a ridurre la molteplicità delle organizzazioni: vengono accorciate le linee di comando e manipolazione, viene semplificata la conflittualità interna. Per rendere più semplice la loro utilizzazione con una serie minore, meno complessa e più controllabile di "divide et impera".

Tutti gli schieramenti importanti nelle forme impero vengono semplificati: una grande spinta viene esercitata per la creazione di grandi formazioni regionali e mondiali di stati, di interessi, e di orientamenti culturali, religiosi, politici. E quindi grandi alleanze regionali e mondiali di logge e fratellanze, sia laiche che di provenienza religiosa, che attraversano trasversalmente questi schieramenti.

I sistemi politici e finanziari, e quelli di gestione delle fratellanze oscure, sono stati modificati negli ultimi anni rendendoli meglio controllabili. Le stagioni delle strategie della tensione, degli scandali e delle tangentopoli che hanno attraversato l'Europa e il Mondo hanno accuratamente selezionato un nuovo quadro, con spazi di libertà ulteriormente ridotti, nel quale le grandi alleanze trasversali in modo più ordinato e controllabile potessero connettere ambienti di potere americani ed europei, ma anche asiatici e del resto del mondo, sia laici che religiosi.

Le forme impero hanno riordinato e semplificato le proprie armate per essere pronte alla nuova situazione, che richiede il lancio di forti iniziative difensive, di fronte alla offensiva sottile ma poderosa delle armate bianche.

E associata al "riordino" precedente, è in atto da decenni, se non da qualche secolo, una vera e propria graduale tendenza alla mondializzazione, alla centralizzazione. Dal punto di vista commerciale, finanziario, economico la creazione e lo sviluppo di mega strutture sovranazionali, multinazionali, e a livello politico la tendenza alla formazione di superstati. E poi la creazione di megaformazioni trasnazionali culturali e scientifiche. E anche una certa tendenza iniziale verso l'unificazione delle religioni.

Per quale motivo?
Perché le forze Bianche non vogliono che il risveglio delle coscienze sia dettato, come sempre nella Storia passata, da un principio di autorità esterno. Ma finalmente ora, un po' alla volta, da un principio di autorità decisionale che sia interiore ed individuale.
Quale? l'Amore, la voglia di Bene.

E quindi questo avviene soprattutto a livello orizzontale, locale, spesso fuori dalle istituzioni. Ma rischia di impossessarsi un po' alla volta di istituzioni locali, dei piccoli comuni, delle provincie, di istituzioni culturali e scientifiche minori, di gruppi religiosi particolari, di aziende locali e piccole istituzioni finanziarie e di reti commerciali piccole e radicate nei territori. O di media locali veramente indipendenti finanziati da buone iniziative economiche locali.
E questo sta già avvenendo nella rete del risveglio.
Ma dal punto di vista dei poteri oscuri, che controllano facilmente le grandi istituzioni, mantenendo in minoranza o escludendo del

tutto dai posti di comando i “risvegliati”, non si può accettare che il risveglio che avviene localmente e orizzontalmente possa formare una sorta di tessuto a macchie di leopardo con tante piccole, “infettive” isole di risveglio e di autonomia di coscienza ed operativa. Perché da queste isole di coscienza estremamente vitali potrebbe formarsi un tessuto ben più ampio, diffuso e forte, contagioso del bene, del risveglio e della libertà.

E allora da decenni si fa di tutto per togliere autonomia, ossigeno, libertà, denaro, capacità di spesa e potere decisionale alle realtà locali. E la parola d’ordine è sempre: centralizzazione, verticalizzazione.

A livello finanziario ed economico si fa di tutto per facilitare la morte delle piccole e medie iniziative soffocate e sostituite da mega-organizzazioni chiaramente nelle mani di anonimi colossi finanziari o di strani individui saldamente nelle mani dei vertici oscuri.

E lo stesso vale per i sistemi politici che vengono allontanati sempre di più dal rapporto diretto tra cittadini e vertici statali e ancora di più tra cittadini e vertici continentali o delle organizzazioni mondiali. Vertici che sono estremamente remoti e irraggiungibili dagli elettori, privi di contatto con la gente e sciolti da qualsiasi controllo dal basso da parte delle popolazioni. Generando megastrutture, come ad esempio l’Unione Europea o le agenzie ONU, che hanno sempre più potere sugli stati, nessun controllo o influenza da parte dei popoli, e un ferreo ed indisturbato dominio da parte dei primi cinque livelli delle piramidi oscure.

E allora quale deve essere la risposta delle coscienze in risveglio? Diffidare di queste mega istituzioni, industriarsi in tutti i modi per non alimentare le megastrutture e creare un mondo parallelo fatto di piccole ma libere iniziative sui territori. Creandone di nuove e salvaguardando quanto di buono già esiste. E curandone la qualità amorosa, la loro funzione di diffondere il Bene.

mondialismo e multipolarismo

A livello politico anche questo tema della centralizzazione e verticalizzazione viene e verrà comunque sfruttato dai poteri oscuri nella creazione di conflitti. Tra i conflitti che si stanno delineando una tematica importante è infatti quella della tendenza a creare da una parte un mondialismo "unipolare" basato sul dominio imperiale dell'occidente sul mondo. E dall'altra una tendenza contraria manifestata dai paesi e dai partiti cosiddetti sovranisti e da potenze come la Cina, la Russia e l'India ma non solo. Non disposti a farsi schiacciare dal potere occidentale, e favorevoli alla stabilizzazione di un sistema "multipolare". E naturalmente, pur di creare conflitti, le forze oscure attraverso le loro piramidi alimentano anche questo tipo di conflitto, spingendo allo scontro sia l'occidente mondialista che i paesi che vogliono resistere.

Sempre nell'ottica del divide et impera, lo stesso scontro mondialismo-sovranismo viene giocato dalle due piramidi anti-coscienza anche all'interno degli stessi Paesi occidentali. Alimentando il fiorire di correnti politiche mondialiste contrastate da partiti e movimenti "sovranisti". Un gioco che, invece di armonizzare le due tendenze, ne esalta sempre di più le differenze, gli estremismi e le reciproche aggressività.

dai Confitti Ideologici al Conflitto di Civiltà, Culture e Religioni

Una delle iniziative anti-risveglio più importanti è quella di risollevare il livello della tensione internazionale. Soprattutto con una nuova forma di conflitto, più adatta ai tempi: il CONFLITTO DI CIVILTÀ.

Durante il secolo scorso le Armate Nere hanno condotto con estrema ferocia una serie di pesantissime campagne di emergenza internazionale volte a ostacolare i risvegli: la Prima Guerra Mon-

diale, il fascismo ed il nazismo e la Seconda Guerra Mondiale, il comunismo bolscevico e maoista e la strategia della guerra fredda, il conflitto arabo-israeliano, le crisi e i conflitti "minori" asiatici, africani e latino-americani. E poi le conflittualità multipolari con Russia e Cina, solo per citare i fenomeni maggiori.
Nella seconda metà del secolo scorso il conflitto Est-Ovest ha dominato la scena del mantenimento della tensione e delle emergenze. Una tensione pianificata a tavolino, alimentando un confronto politico, militare e ideologico, e spesso presentando alle opinioni pubbliche quadri foschi, di grande ed imminente pericolo, lontani dalla realtà.

La "copertura" di questo scontro è stata soprattutto ideologica e di conflitto tra modelli politici, economici e sociali contrapposti: un confronto forzato tra liberismo capitalista e comunismo. Entrambi volutamente deviati e forzati dai poteri oscuri verso le loro caratteristiche peggiori. Le più aggressive e le più amorali. E spinti uno contro l'altro con il gioco delle piramidi e del divide et impera.
Questo tipo di conflitto ha poi però perso appeal, ha perso efficacia nel coinvolgimento della gente, in quanto le ideologie perdevano presa sulle masse, sempre più interessate al consumismo e meno a ideologie ormai decotte. Che non rappresentavano più un valido strumento di manipolazione.
E allora le forze oscure sono passate a una nuova fase, hanno preso una strada diversa: quella della vittoria sostanziale mondiale di un liberismo selvaggio dominato dalla finanza internazionale, e quindi di un ancor maggiore addormentamento consumista a livello mondiale. E poi della evidenziazione e dello sfruttamento delle ataviche differenze di tradizioni, religioni, usi e culture. Questa volta forzando queste differenze – invece delle ideologie - verso i loro aspetti peggiori: il nazionalismo, il razzismo, l'integralismo e il fondamentalismo religioso da una parte, e dall'altra la propagazione di false libertà consumistiche, sociali, culturali, politiche e mediatiche, del mondialismo, delle false democrazie,

della distruzione dei valori spirituali e religiosi in favore del progresso tecnico e della massima libertà "sensoriale".

Le ideologie si erano per due secoli fondate su ideali, da quelli di *liberté égalité fraternité* delle democrazie liberiste, a quelli egualitari del comunismo della solidarietà sociale. E quindi avevano spinto in avanti le coscienze umane comunque, anche se con le fortissime limitazioni dovute alle pessime deviazioni di questi ideali in ideologie contorte, violente ed egoistiche.
Ma tendevano comunque a rappresentare e a identificare gli esseri umani da un punto di vista superiore, quello della loro dignità ideale. Al di là degli elementi tribali, degli egoismi nazionali, delle divergenze religiose che avevano segnato i secoli e i millenni precedenti.

L'incontro delle contrapposte ideologie "idealiste" con l'onda di risveglio di coscienza rischiava di immettere elementi fortemente positivi in entrambi i fronti, rischiava di correggere le storture e le strettoie ideologiche e quindi di condurre alla diffusione di ideali superiori condivisi e comuni. In contesti sociali e internazionali sempre più armonici, alimentati da una condivisa ricerca del Bene.
Da una parte le forze oscure non potevano permettere questo, e dall'altra le forze del Cielo sapevano che i tempi non erano ancora maturi, e che l'umanità aveva bisogno di mettere ancora alla prova il proprio iniziale, ma ancora debole risveglio.

E quindi le parole d'ordine partite dai vertici oscuri hanno cominciato a cambiare. Le Armate Nere dovevano spingere "indietro" le masse umane, verso qualcosa di atavico e di più radicato nei popoli di quanto non fossero le recenti ed insufficienti ideologie. E farlo prima che le ideologie venissero investite dall'onda dei risvegli e potessero trasformarsi in ideali umani comuni più elevati.

E quindi si è fatto in modo di mettere parzialmente in crisi il finto "paradiso terrestre" della cultura capitalista occidentale, basato sul consumismo e sulla finanza, e protetto dall'ombrello militare statunitense e NATO. Un finto paradiso di beni materiali e sensoriali, nel quale le popolazioni, addormentate dal consumismo, si sentivano comunque protette e sicure, dopo millenni di guerre e di problemi. E mettergli contro in vari modi molte di quelle culture mondiali che erano ancora indietro dal punto di vista tribale, nazionalistico, religioso. O ancora non completamente sommerse dall'onda del materialismo occidentale, e quindi tuttora legate alle loro tradizioni religiose, ai loro usi e costumi.

Certo anche loro da decenni ormai allettate ed invase dal consumismo, ma più povere, e per giunta da secoli sottoposte, più o meno in tutti i continenti, allo sfruttamento, alle angherie, e al controllo politico delle consorterie occidentali attraverso regimi spesso corrotti. Ma proprio per questo civiltà ancora più ancorate alle proprie culture, tradizioni, usi e religioni, rispetto a modelli occidentali da una parte resi per loro economicamente irraggiungibili e dall'altra incomprensibili, non condivisi.

Una nuova modalità è stata quindi creata per i conflitti internazionali, e dalla Guerra Fredda si passa al "Conflitto di Civiltà", quello attuale.

Su queste basi è stato sviluppato un vero e proprio scontro tra il trionfante liberismo capitalista e il resto del mondo. Lo scontro tra una civiltà occidentale ormai ridotta a tecnologia, consumi, esaltazione degli egoismi, materialismo sostanzialmente ateo e depravazione morale, e le altre culture mondiali che non vogliono farsi travolgere dall'onda occidentale, aggrappandosi a valori spesso di retroguardia. E questo scontro, queste differenze non solo vengono sviluppate tra paesi e nazioni diverse, ma anche all'interno dei fronti politici delle stesse democrazie occidentali: con la pseudo-sinistra mondialista da una parte, e la destra sovranista dall'altra. Con le piramidi oscure messe in contrapposizione ovunque ormai su questi temi in tutto il mondo. In un gioco perverso di forzature che diventa il nuovo humus di nuove e vecchie tensioni, di nuovi e vecchi conflitti.

Ma la realtà in effetti, al di là delle denominazioni accademiche, è che non si tratta proprio di uno scontro tra civiltà, ma solo tra "depravazioni delle civiltà". Non il loro meglio. Certamente non il loro meglio: uno scontro tra depravazione morale e sociale occidentale e fanatismi del resto del mondo.

Come al solito, come già nello scontro precedente tra capitalismo e comunismo, le forze oscure fanno in modo di alterare verso il peggio, verso il massimo del deteriore, entrambi i fronti, evidenziandone gli estremismi negativi. E quelli fanno scontrare tra loro. Non potrebbero far scontrare tra di loro i migliori sentimenti ed i migliori ideali della gente occidentale e del resto del mondo, che tenderebbero naturalmente a convergere e ad armonizzarsi. Ma contano sugli eccessi che possono coltivare nelle masse ancora dormienti, guidate da pifferai politici che non sono altro che loro burattini. Di volta in volta, di scenario in scenario, in entrambi i fronti.

E per realizzare il quadro di parole d'ordine da distribuire a politici, università e media, come alimento del nuovo conflitto, ecco scendere in campo uno dei livelli importanti delle piramidi oscure, quello dei "professori" delle Armate Nere: elementi del quinto livello che prendono ordini dalle confraternite oscure del quarto livello.

Sono loro i fabbricanti occulti delle forme pensiero della nuova forma di conflitto: professori che appartengono a tutta una serie di particolari "gruppi di studio", di pressione, di indottrinamento e di diffusione di forme pensiero e di parole d'ordine. Ma tutto ciò è stato attentamente programmato dai vertici delle piramidi oscure. Non è affatto casuale.

Questo forzato "arretramento" storico delle forme conflittuali rispetto a quelle ideologiche, fatto per impedire che le ideologie diventassero ideali genuini e unificanti, ha avuto anche i suoi illustri teorizzatori: professori del potere che, come al solito, dettavano le linee. Il loro compito non era e non è tanto quello di studiare i fenomeni, quanto di fornire ai politici, agli ambienti culturali e ai media le spiegazioni, gli indirizzi, le interpretazioni capaci di coprire e giustificare le strategie dei superiori poteri oscuri. Ma spiegandoli come se fossero autoprodotti, frutto di dinamiche spontanee, da loro scoperte con studi e ricerche, e non accuratamente progettati dalle stesse forze oscure, dai vertici delle piramidi dai quali quegli stessi "professori" dipendono.

Professori di volta in volta chiamati all'opera per descrivere in modo "pilotato e manipolatorio" il sorgere del fenomeno estremista islamico, del terrorismo, della caduta del muro di Berlino e dell'impero sovietico, il fenomeno del sovranismo, gli sviluppi della Russia, della Cina, dell'India, le tendenze al mondialismo contrastate da quelle al multipolarismo, le false rivoluzioni democratiche, dalle primavere arabe alle rivoluzioni arancioni slave, il fare finta da parte dell'occidente di portare la libertà con le armi generando invece volutamente ogni volta dei peggioramenti delle situazioni, dei vortici oscuri in instabilità, violenza, cattivi sentimenti. E di ognuna di queste situazioni dare interpretazioni "professorali", che coprono le malefatte dei loro capi oscuri e ne facilitano ulteriormente il perseguimento.

Di questi professori al servizio del potere e dei loro cosiddetti Think tanks abbiamo scritto in precedenza nel capitolo dedicato alle Armate Nere, in relazione al quinto livello.

Facendo ancora riferimento alle dinamiche delle piramidi, vediamo quali livelli si sono mossi in questa operazione:

> i maghi neri del *secondo e terzo livello,* ispirati dal *primo livello* spirituale oscuro hanno elaborato le forme pensiero necessarie e poi ai loro ordini si sono attivati elementi del *quarto, del quinto e del sesto.* Diffondendo alla fine anche pubblicamente quanto alla gente del *settimo livello* si poteva e si voleva dire, al solo scopo di condizionarla e coinvolgerla in narrative adatte a predisporre la gente, i media e le classi politiche alle nuove forme di conflitto.

Di questa particolare operazione del nuovo tipo di conflitto di civiltà si è occupato, al quarto e quinto livello, l'establishment occulto soprattutto americano attraverso il CFR, il Council on Foreign Relations di Washington. Un think thank oscuro importantissimo. I suoi componenti (circa 4900) comprendono soprattutto politici, ministri, direttori della CIA, banchieri, avvocati, professori universitari e giornalisti. Dai suoi circuiti sono emersi dal secolo scorso la gran parte dei dirigenti principali della amministrazione Truman, di quella Eisenhower, di quella Kennedy, di quella Johnson, e così via le amministrazioni di tutti i presidenti fino ai nostri giorni. Comprese quelle dei presidenti solo "apparentemente dissidenti" come Trump.

Enorme la loro l'influenza su tutto il Deep State americano e sui media statunitensi e mondiali. Assange, fondatore di Wikileaks, ha pagato con la lunga prigionia anche il fatto di aver esposto le connessioni e le manovre del CFR.

Ma non bisogna confondersi: non è il CFR che fa le strategie, ma è, insieme ad altri Think Tank, come Chatham House a Londra, o il Bilderberg e la Trilaterale, o il Forum di Davos, solamente il diffusore, il propagatore delle forme pensiero capaci di alimentare e giustificare le tensioni e i conflitti.

Questo non è un qualcosa di nuovo: facciamo un passo indietro e andiamo al secondo dopoguerra. In quegli anni venne elaborata la "dottrina Truman", la dottrina del cosiddetto "contenimento" dell'Unione Sovietica di Stalin, considerata una pericolosa potenza espansionista del comunismo nel mondo. Proprio negli anni nei quali Stalin, anche lui dipendente comunque da poteri oscuri superiori, portava avanti la necessità di industrializzare e armare l'Unione Sovietica per difendersi dalla aggressività del blocco occidentale. Con questa "dottrina" si diffusero le linee di fondo, teoriche e le direzioni operative del nuovo conflitto Est-Ovest, della Guerra Fredda.

In effetti funziona sempre così: in base alle direttive dei vertici delle piramidi oscure, si creano nelle principali potenze teorie difensive che nascondo intenzioni aggressive, che poi portano a tensioni e guerre, con la scusa di difendersi. Questo è un tipico modello che viene ancora seguito ai nostri giorni. Ora in modo evidente nel confronto NATO-Russia, in quello USA-Cina, ed in tante altre situazioni: i due campi dichiarano di sentirsi minacciati e pertanto, per "contenere" l'avversario, diventano più minacciosi e aggressivi. E alla fine, quando i capi oscuri vogliono e possono – in base a quello che il Cielo decide o no di lasciar fare – sono pronti con enormi apparati militari, e con il sostegno di un'opinione pubblica che è stata indotta a sentirsi minacciata, a creare tensioni, emergenze e guerre che riguardano loro o i loro alleati, o le nazioni e le aree che si intende destabilizzare.

Nel secondo dopoguerra del secolo scorso la base vera e propria di questa teoria falsamente difensiva del contenimento diventa la "Dottrina Truman", dal cognome dell'allora presidente degli Stati Uniti. Ma viene resa nota e lanciata da un famoso articolo, detto "*Articolo X*" pubblicato sulla rivista Foreign Affairs nel luglio del 1947, con il titolo "*The Sources of Soviet Conduct*", le fonti dell'azione sovietica, e pubblicato sotto lo pseudonimo "X" in quanto al tempo l'autore era un funzionario governativo.

L'articolo in effetti era stato scritto da George Kennan, un professore americano del quinto livello delle Armate Nere, appartenente al CFR, il Council on Foreign relations, su istruzioni di Averell Harriman, un pericoloso e potente americano del quarto livello. Direttamente uno dei 5000 membri mondiali delle principali fratellanze oscure. Membro anche del Club di Roma e Presidente del Council on Foreign Relations. Miliardario, politico, finanziere, grande protettore e manovratore dell'ambiente democratico americano, uno dei veri e propri ispiratori e padri del Patto Atlantico, della NATO. Un vero e proprio promotore, per conto dei primi tre livelli delle armate nere, degli ordini oscuri da passare ai livelli inferiori. E infatti l'articolo di Kennan viene pubblicato proprio dalla rivista Foreign Affairs, che è l'organo ufficiale del CFR.

A partire da quell'articolo X, che illustrava la necessità di combattere il cosiddetto "espansionismo sovietico" nel mondo, si è data la base teorica, di forme pensiero, di tutta l'aggressività espansionistica degli USA e della NATO durante la guerra fredda, fino alla caduta del muro di Berlino e oltre. Dando più che sufficienti motivazioni alla creazione di una analoga dottrina Sovietica che tendeva a rafforzarsi militarmente e a conquistare l'influenza su più Stati e più partiti comunisti possibile per ribattere a questo espansionismo. Da questo sono derivati più di 40 anni di tensioni e guerre fondate su questo incrocio di forme pensiero tutte provenienti da due settori delle stesse piramidi oscure. Ed entrambi miranti alla creazione di vortici di paura, tensione e odio che fossero funzionali e frenare il risveglio di coscienza.

A conferma di queste connessioni, il fatto che Harriman, mentre ispirava politiche antisovietiche, era l'unico americano che aveva libero accesso in Unione Sovietica ed era amico dello stesso Stalin...

Anche il nostro terrorismo e la strategia della tensione italiana, gli stessi equilibri politici del nostro e di tanti altri paesi, sono stati il frutto emergenziale e pesante di questa condizionante teoria/forma pensiero del cosiddetto Contenimento elaborata dai livelli più alti delle piramidi oscure e diffusa nei governi e nel mondo dai livelli intermedi delle Armate nere.

Quando poi qualche decennio fa stava esaurendosi il terreno per l'applicazione della falsa teoria del Contenimento, occorreva predisporne un'altra più adatta a conseguire gli stessi obiettivi di manipolazione e di condizionamento emergenziale con una nuova forma di conflitto, più adeguata ai tempi. Una nuova forma alla quale si stava lavorando già da decenni: quella, come abbiamo visto, del Conflitto di Civiltà.

E quindi, in modo analogo al precedente del secondo dopoguerra, le piramidi oscure si sono mosse per la creazione delle condizioni storiche e delle gabbie di forme pensiero necessarie per passare alla nuova modalità conflittuale.

Si sono fatte materialmente alcune cose, cominciando anche molti decenni prima, per porre alcune basi, come la creazione progressiva dell'entità statale di Israele e contemporaneamente quella di un islam estremista, o anche la rivoluzione islamica in Iran, e diversi altri passi per creare in anticipo le basi dello scontro tra civiltà occidentale e civiltà islamica, che poi diventa uno dei principali conflitti dei nostri tempi. Si sono anche alimentati conflitti come quello dell'Ulster in Irlanda, o dell'ETA nei paesi baschi, e numerose altre guerre nei vari continenti basate su differenze tribali, nazionali, culturali, religiose, come i conflitti che segnano la sanguinosa deflagrazione della Jugoslavia, o varie crisi interne all'ex Impero Russo, o le stragi tribali del Ruanda...

Ma bisognava anche in questo caso dare una linea diremmo culturale, fatta di "forme pensiero", che i governi, i centri di studio, le istituzioni e i media potessero seguire. Come nel caso dell'articolo X del 1947, che aveva segnato la "canonizzazione" della teoria del contenimento dell'impero comunista sovietico.

E non a caso questo importante cambio di modalità nella creazione e sfruttamento dei conflitti ha seguito nuovamente la stessa strada gerarchica all'interno delle stesse Armate Nere. E quindi un altro professore dello stesso CFR, Council on Foreign Relations, un professore importante, di alto profilo accademico, di nome Samuel Huntintgon, pubblica nel 1993, ancora sulla rivista Foreign Affairs, un articolo che segna la base di forme pensiero della nuova modalità di conflitto. L'Articolo si intitola *The Clash of Civilizations*, lo Scontro di Civiltà, ed enuncia la necessità per gli Stati Uniti e per gli altri governi del mondo di adeguarsi, nelle loro strategie e politiche, all'"inarrestabile", fisiologico, naturale sorgere dei conflitti di civiltà, culture, religioni che abbiamo delineato in precedenza.
Solo che non c'era nulla di fisiologico e naturale nel sorgere di questi nuovi tipi di conflitti, ma si trattava di una precisa strategia dei suoi stessi padroni oscuri.
E quindi, di conseguenza, è stata ulteriormente sviluppata tutta una catena di conflitti basati su scontri di culture, civiltà e religioni diverse: la deflagrazione della Jugoslavia, la destabilizzazione di quasi tutto il Medio Oriente, la ripresa del conflitto Arabo-

Israeliano, i conflitti negli Stati africani, i problemi del Sud America, le tensioni tra l'Occidente e la Russia, tra l'Occidente e la Cina, etc.

Contemporaneamente le forze anti-coscienza hanno ulteriormente perfezionato e portato avanti la semplificazione delle linee di comando alla quale abbiamo accennato in precedenza. Con omicidi, rapimenti, conflitti, colpi di mano e scandali, sono stati eliminati tanti uomini e gruppi non più funzionali alle nuove strategie, e troppo legati agli equilibri del vecchio confronto politico-ideologico Est-Ovest. Ed è emersa una nuova mappa delle organizzazioni trasversali e dei loro terminali politici e finanziari. La geografia del potere nelle stesse strutture massoniche e in quelle religiose imperiali è parzialmente mutata. Nuovi equilibri, nuovi uomini e nuove linee: una nuova organizzazione più adatta alla nuova stagione, che richiede un controllo ancora più forte.
La direzione intrapresa con decisione è stata ancora di più quella della formazione di un superstato mondiale verticistico, più facilmente controllabile dai vertici delle piramidi oscure, e meno condizionato dalla base inconsapevole. Siamo ora nella fase intermedia della formazione e nel rafforzamento strutturale di macro-stati regionali, come l'Unione Europea.

Tutte le crisi internazionali di questi anni, compresa la grave crisi economica creata ad arte dal ramo finanziario delle piramidi oscure, hanno anche questo risvolto. Non solo la creazione di vortici oscuri anticoscienza, ma anche la funzione di potenti strumenti per la progressiva demolizione delle libertà e delle sovranità nazionali, in favore di superstati più saldamente nelle mani delle piramidi oscure.
Ogni crisi ed ogni conflitto viene ora puntualmente utilizzato per ribadire la necessità di maggiori e più forti aggregazioni statali e internazionali in direzione del mondialismo.

il confronto Occidente-Islam

Uno dei principali conflitti attuali, in corso secondo questa modalità nuova, è lo scontro di civiltà e culture tra Occidente e Islam, e merita una particolare attenzione. Perché è uno degli strumenti principali di tensione scelti dai poteri oscuri per condizionare la scena internazionale e ognuno di noi.

Si tratta di una creazione del tutto artificiosa da parte delle solite centrali. Uno scontro che di per sé non esisteva, e che è stato creato "a tavolino". La sua realizzazione viene perseguita con grande forza e con grande spiegamento di mezzi da molti anni.

Il tema del confronto tra Islam ed altri Paesi è stato gradatamente sollecitato e sviluppato in vari modi, lungo i confini geografici tra Islam e non-Islam: a partire dagli anni settanta la guerra civile libanese, la rivoluzione islamica iraniana, la guerra del Golfo, la crisi e le stragi in Bosnia, la crisi albanese-kossovara, la deriva terroristica islamica e quella sionista israeliana nel confronto arabo-israeliano, il conflitto russo-ceceno, il terrorismo islamico di Al Qaeda e dell'Isis, le crisi egiziana, tunisina, algerina, siriana e libica, le finte primavere arabe, le crisi africane somala, quella sudanese, e dei paesi del Sahel, l'11 settembre, l'invasione dell'Afghanistan, l'invasione dell'Iraq, le bombe e le azioni terroristiche in Spagna, a Londra, a Parigi, in Germania, in Turchia, in Egitto… e tanti altri scenari. Ognuno dei quali meriterebbe una particolare attenzione, per rivelarne l'aspetto artificioso e di manipolazione. Pur nella indubbia drammaticità dei fatti e delle tragedie provocate ad arte. Sì, proprio provocate ad arte da insospettabili membri delle Armate Nere. Soprattutto occidentali, ma non solo.

Occorre infatti ricordare che, come abbiamo visto, i gruppi elitari che guidano e applicano le strategie del Male sono in tutto il mondo in possesso delle fonti del potere finanziario, economico, politico e militare, e di settori estremamente importanti delle gerarchie religiose, non solo in occidente. E quindi controllano e influenzano bene anche le centrali di potere di tutte le altre culture ed anche di quelle del mondo islamico. Molto di più di quello che pensiamo.

Nel corso della Storia, tranne poche eccezioni, i grandi scontri di eserciti, di religioni, di popoli e di culture, sono stati guidati da individui che, in entrambi i fronti di volta in volta in lotta tra loro, hanno servito lo stesso padrone: le forze oscure che fanno da ostacolo alla crescita umana.

I vertici delle piramidi organizzano le tensioni, gli scontri e le guerre tra pezzi delle loro stesse piramidi, manovrando a mettendo l'uno contro l'altro uomini e strutture dei loro livelli inferiori. E allora vediamo governi lanciarsi in iniziative destabilizzanti e belliche che, a ben guardarle, spesso non portano poi alcun vantaggio nemmeno a se stessi, alla propria parte politica o ai propri cittadini. Eppure chi manovra sono proprio le logge, i finanzieri, i servizi segreti, gli eserciti di quei paesi. Che complottano continuamente per creare zone di tensione e confitto, spesso contro gli interessi reali dei loro Paesi.

In effetti le loro manovre vengono guidate da livelli superiori occulti solo per conseguire il Male, il dolore, i cattivi sentimenti, la distruzione, i veri e propri vortici di malattia, di terrore, di rabbia, di disperazione della società umana. E naturalmente la narrativa fatta dai media – quasi tutti influenzati e diretti dal potere nero – crea false notizie, false interpretazioni, perché la gente consideri comunque buoni e ispirati da ideali i propri governanti. Quelli che non sono altro che burattini esecutori di manovre proprio contro la gente. Traditori di se stessi, delle proprie famiglie e dei propri popoli.

Ma è chiaro che sempre di più sono le persone in risveglio che se ne accorgono, anche perché il Cielo fa in modo che chi vuole saperne di più su quello che avviene, chi cerca la verità e vuole vedere il vero volto dei burattini, sia messo in condizione di rendersi conto di come stanno veramente le cose.

Il confronto Occidente-Islam è la riedizione del conflitto medievale tra Crociati e Islam: ebbe successo nelle strategie oscure di allora, e viene riproposto ora. Ora che tutta una serie di determinati impulsi medievali positivi, come quelli templari, federiciani o catari, sta non casualmente riattraversando l'umanità.

Nel Medio Evo il grande impulso a mettere insieme le ricchezze spirituali occidentali e islamiche, alla base del più profondo e autentico, originario movimento crociato, venne intenzionalmente deviato, già in partenza, già alla prima crociata, nel sangue e nelle stragi.

Ai nostri tempi, nello stesso ambito, è stato creato e viene alimentato un enorme vortice negativo capace di assorbire forze che dovremmo usare per la crescita della coscienza. Si vuole impedire che importanti semi medievali producano fiori luminosi nell'età dello Spirito.

Allora, nel Medio Evo, si trattava di uno scontro di potenze comparabili per forza politica, militare ed economica: le armate islamiche e quelle occidentali. Ora questo tipo di battaglia non è possibile in campo aperto, perché le forze occidentali sono militarmente superiori in modo schiacciante. E allora, per rendere possibile comunque uno scontro credibile, si è inventato il terrorismo islamico. Per alimentare un vortice oscuro che altrimenti non si sarebbe innescato.

Un terrorismo con capi spesso "mitici" e "inafferrabili", un terrorismo che viene fatto apparire come difficile, se non impossibile da sconfiggere o da eradicare completamente. Un mostro ideale, una sorta di incubo da temere e da combattere. Un nemico perfetto, capace di sbucare nel cortile di casa nostra o in un mercatino di Natale, o durante una Messa, a seminare morte in qualsiasi momento. E' proprio questo tipo di terrorismo che rende credibile e fattibile la riedizione contemporanea dell'antico scontro Occidente-Islam. Che rende possibile gestire e manipolare per decenni un conflitto che altrimenti non sarebbe sorto o sarebbe durato pochi giorni.

Proprio per questo il terrorismo islamico è stato creato da gruppi oscuri occidentali, e alimentato favorendo - ormai da oltre un secolo - il sorgere di movimenti islamici integralisti e violenti, che quasi non esistevano nella cultura islamica. I Fratelli Musulmani egiziani, il fondamentalismo sciita, l'integralismo palestinese, il fondamentalismo sunnita saudita Wahabita, Al Qaeda, l'Isis, Hamas, gli Hezbollah libanesi, sono tutti estremismi frutto di manovre e sostegni occulti da parte di poteri soprattutto occidentali. E le stesse manovre hanno prodotto, facilitato ed armato il sionismo, perché piantasse nel cuore del mondo arabo, in Palestina, uno Stato del tutto estraneo, come motivo di guerra permanente. Per produrre tensioni e conflitti anti-coscienza al servizio dei propri padroni oscuri. E con il sacrificio ignobile – letteralmente demoniaco - delle loro stesse popolazioni. Arabe, israeliane, persiane, turche, siriane, egiziane, libiche, algerine, yemenite, somale, sudanesi, afghane, irachene, occidentali, ecc. Coinvolte in decenni di violenze terribili e strazianti.

la forzatura dei flussi migratori

Ma non è stato solamente il terrorismo a essere alimentato e usato per il conflitto islam-occidente e per i conflitti di civiltà e culture in genere. Un altro efficace e maligno strumento è stata la forzatura dei flussi migratori dai paesi islamici e dai paesi poveri.

Naturalmente, alla base di tutto ciò, la principale manovra di fondo dei poteri oscuri, soprattutto occidentali, è stata quella di mantenere poveri, sfruttati, in continue guerre e conflitti e governati da regimi corrotti, tanti popoli del mondo. Non solo per creare continui vortici di violenza, paure e odio antiumani, ma anche per creare masse di disperati da spingere verso i paesi più ricchi. In

modo da spostare i possibili conflitti di culture anche all'interno dei paesi occidentali. Per lavorare negativamente sulle anime occidentali mettendole a contatto in modo traumatico con culture diverse e con disperazioni diverse. E naturalmente facendo di tutto per rendere squilibrati, difficili e tragici sia i percorsi migratori che poi i processi di integrazione degli immigrati. Generando reazioni e sentimenti negativi nelle popolazioni occidentali e lavorando ad aumentare i loro cattivi sentimenti in funzione anti-risveglio.
Queste le motivazioni di fondo, destabilizzanti, delle grandi ondate migratorie, che hanno coinvolto varie culture, con particolare attenzione ai popoli islamici, ma non solo. Ondate migratorie sorte in pochi anni in un modo enorme ed apparentemente irrefrenabile.

E quindi da alcuni decenni sono state accuratamente create, ed alimentate dalle solite armate nere, reti e organizzazioni per l'emigrazione clandestina da varie zone del mondo in direzione dei paesi occidentali. Sono le stesse reti attraverso le quali i poteri oscuri fanno passare e circolare la droga e le armi. Le polizie e le strutture di sicurezza di quasi tutti i paesi hanno in effetti solamente "fatto finta" di combattere il fenomeno.

Milioni di esseri umani di altre culture sono comunque entrati in occidente e si sono stabiliti nei nostri paesi. I governi non hanno fatto nulla di serio per regolare in modo sostanziale e positivo il fenomeno, o per migliorare la vita di queste popolazioni nei loro Paesi, dove continuano ad essere brutalmente sfruttate.

Di certo non c'è nulla di male nell'ospitare un fratello di un'altra cultura o nazionalità e nel vederlo integrarsi nella nostra terra, anzi è bello: scalda il cuore, colora e arricchisce il nostro ambiente di elementi nuovi e vitali. Ma qualcuno ha volutamente "forzato" questo fenomeno. Calcolando accuratamente i tempi e le dimensioni della forzatura. Facendo in modo che il fenomeno non venisse regolato in modo ragionevole, adeguato ed efficiente, ma fosse fonte di disperazione, di tragedie, di sensi di colpa, di mancata integrazione, della morte di centinaia di migliaia di poveri disperati, di cattivi sentimenti di tutti i tipi.

E che fosse anche terreno di conquista da parte di semi-false associazioni caritatevoli che ne ricavano soldi, influenza e potere politico. In genere guidate dai soliti vecchi poteri massonici, vaticani, finanziari, appartenenti a vari livelli delle piramidi oscure. E anche terreno di conquista di gruppi terroristici in cerca di adepti nelle città occidentali.

Il fenomeno migratorio è stato creato e modulato con cura dalle piramidi oscure per aumentare la base del conflitto di civiltà e culture.

Il conflitto tra Occidente e Islam è quindi esploso non in modo inspiegabile e improvviso, ma dopo una accurata fase di preparazione e di crescita degli odi reciproci, prima quasi del tutto inesistenti. E il terreno è stato ben predisposto, con la formazione di aree di conflitto nei paesi islamici e ai confini geografici tra islam e non islam. Con la formazione di estremismi sovranisti e islamisti, e con decenni di immigrazione clandestina o sregolata, per fare in modo che questo nuovo tipo di guerra asimmetrica potesse espandersi ovunque, attraverso la forte presenza di comunità islamiche nel mondo occidentale. E attraverso i timori che questa presenza di difficile integrazione, percepita come "estranea e minacciosa", suscita nella gente.
Naturalmente le stesse centrali che hanno favorito l'immigrazione clandestina si sono anche occupate di creare dal nulla e sostenere ovunque partiti e giornali "anti-immigrati".
Due culture con profonde asimmetrie religiose, culturali e di stili di vita sono state innaturalmente integrate e poi artificiosamente messe l'una contro l'altra, per fare in modo che le differenze, invece di essere fonte di arricchimento reciproco, diventassero potenzialmente esplosive.

le false primavere arabe

Per sostanziare ulteriormente il quadro di un credibile nemico dell'Occidente, le piramidi oscure hanno avviato nel secondo decennio di questo secolo una ulteriore manovra: le "primavere arabe". Sfruttando l'insoddisfazione presente in vari paesi arabi per via di governi di tipo dittatoriale, hanno soffiato sul fuoco di proteste popolari che hanno fornito l'alibi e la copertura per veri e propri colpi di stato pilotati o per interventi militari esterni. In questo modo sono stati destabilizzati vari paesi e abbattuti una serie di regimi, a partire da Tunisia, Libia, Egitto, Yemen e Siria. Espandendosi poi a macchia d'olio ad altri paesi.

La CIA, l'Intelligence Service e altri servizi segreti occidentali hanno lavorato sodo per sostenere queste rivolte e far cadere quei regimi, anche se erano buoni alleati dell'Occidente. Lo hanno cinicamente fatto per favorire la presa di potere degli estremisti islamici, e trasformarli da paesi laici sufficientemente in armonia con l'occidente, in paesi islamici radicali antioccidentali. In termini di interessi nazionali sembra una follia. Ma nella prospettiva delle Armate Nere è stata la cosa giusta: ha rafforzato il fronte islamico antioccidentale, per rendere più credibile il conflitto mondiale Islam-Occidente.

Un altro passo pericolosissimo è stato quello di favorire segretamente la crescita di un potenziale nucleare militare iraniano. Come elemento di grave instabilità nella zona. Affidato a un regime estremista islamico che vede in Israele un nemico da abbattere "cancellandolo dalla carta geografica". Predisponendo in tal modo un possibile scontro mondiale che potrebbe essere facilmente innescato da un sanguinoso confronto - persino nucleare – tra Israele e Iran.

La rivoluzione islamica iraniana del 1978-79 era già essa stata creata, fomentata e diretta da forze oscure occidentali e orientali come archetipo del sorgere di un Islam radicale e antioccidentale destabilizzante degli equilibri precedenti.

il terrorismo islamico

Un aspetto particolarmente inquietante, e che ormai entra in modo invasivo nella nostra sfera, è quello del terrorismo islamico, che proprio non esisteva come fenomeno.
Come è venuto fuori?
La base "ideologica" l'ha fornita la politica di potenza occidentale, prima con le crociate, poi con l'imperialismo francese e soprattutto britannico, subentrati alla oscura dominazione ottomana.
Generazioni e generazioni di islamici hanno visto eserciti stranieri e potentati economici e politici occidentali dominare la scena dei loro Paesi, sfruttare le loro risorse, piantare basi militari "infedeli" nei pressi dei "luoghi santi" dell'Islam, inventare e sostenere regimi spesso corrotti, dominati da impulsi oppressivi, sanguinari e oscuri. Questa è la base di risentimento accuratamente predisposta nel mondo islamico.

Il lavoro all'interno del fronte islamico dura da lungo tempo, e ha trovato una grande accelerazione negli ultimi decenni. Di questo si sono occupate determinate congreghe massoniche mediorientali e certe sette segrete islamiche che da tempo producono una serie di "Sheikh", o "Imam", o Maestri "neri", dotati di grande influenza su certe scuole coraniche. Generazioni di ragazzi sono state cresciute con raffinate tecniche di vera e propria "magia nera", condizionando le loro anime e in particolare il loro corpi "eterici" al fanatismo e all'odio per gli "infedeli".
La setta potente dei Fratelli Musulmani, oscure correnti salafite e wahabite della penisola arabica, strane e misteriose sette libiche, libanesi, turche, siriane, irachene, iraniane, yemenite, pakistane, ecc. Un complesso tessuto i cui vertici sono collegati alle stesse entità che controllano il fronte oscuro occidentale. Anch'esso, come abbiamo visto, con i suoi riti, con le iniziazioni di giovani adepti modificati nelle proprie strutture animico-eteriche, che poi diventano potentissimi. E fanno spesso carriere stupefacenti.

Schiere di fanatici “cani da caccia”, di “animali da combattimento”, di combattenti semiciechi, di manipolatori, preparati con cura a seconda del settore di intervento nel quale vengono lanciati.
Nel campo islamico soprattutto “trascinatori” di esseri umani, plagiatori di giovani per renderli pronti al suicidio e alla ferocia, sfruttatori astuti della fede e dei sentimenti.
Nel mondo occidentale invece, nei laboratori “neri”, vengono ormai per lo più prodotti centinaia di raffinati manipolatori dei processi democratici, dei sistemi politici, economici e spirituali, capaci di confondere e deviare le coscienze più mature e più legate ai valori della libertà e dei diritti umani.
In entrambi i casi i tratta di un buon numero di poveri disgraziati ai quali qualcuno, coscientemente e nell’ambito di una unica strategia, ha spento determinate, indispensabili, calde forze del cuore, e attivato particolari qualità fredde della mente e della volontà.
Questi uomini particolarmente condizionati sono relativamente pochi, ma sono ovunque, sparsi nelle grandi organizzazioni con ruoli apicali e nei punti sensibili del pianeta, pronti a obbedire ai loro capi. Pronti ad applicarne le strategie e a “comprare anime”.
Quando dico “ovunque” lo intendo in senso letterale: nessun settore organizzato, nessun settore politico, finanziario, militare o religioso che abbia una rilevanza ne è privo. E’ un cancro trasversale che fino ad ora è brillantemente riuscito a dominare il mondo della materia e le sfere più basse del mondo psichico.
Giovani terroristi islamici, istruiti e condizionati dai loro cattivi maestri, e spinti dall’odio per un Occidente “veramente” imperialista e dominatore, che “veramente” schiavizza e sfrutta i loro paesi, arrivano al punto di sacrificare sé stessi e le vite di persone innocenti.
Questo genera un’onda di terrore, odio, ansia e paura che “contrae”, che “rattrappisce” le forze di amore dell’occidente. Che fa sorgere e rafforza pensieri e sentimenti negativi, e che finisce per trasformarsi nella disponibilità delle opinioni pubbliche a essere manipolate dalle forze oscure fino a lasciarsi scivolare sempre di più nel buco nero delle azioni violente, delle aggressioni, dell’o-

dio razziale o religioso. In nuove guerre infinite e ingiustificate, in ulteriori perdite di libertà: quelle libertà che sono l'ossigeno indispensabile alla crescita della coscienza che preme dentro di noi.
Questo risultato serve perfettamente le strategie "antirisvegli".

chi sono i terroristi

Vale la pena di spendere ancora due parole sui "terroristi", visto che il tema ha ormai assunto una importanza rilevante.
Chi sono questi ragazzi che si suicidano? Se facciamo due conti, su quanti giovani si sono fatti saltare in aria o si sono lanciati in azioni suicide, uccidendo innocenti in giro per il mondo, il numero che viene fuori è impressionante. Qualcuno li disprezza come nemici oscuri da odiare e basta, qualcuno dice che rappresentano un mistero, qualcun altro che si tratta di problemi psichiatrici.
Ma sono tante giovani vite spezzate, veramente tante. E' possibile liquidarle così?
In effetti come stanno le cose? Cosa spinge un ragazzo in genere di buona famiglia, con una cultura spesso medio-alta, a trasformarsi in un suicida-omicida?
A ben guardare alla base c'è la stessa cosa che spinge tanti di noi in occidente verso vere e proprie epidemie di depressione, di attacchi di panico, verso forti e crescenti crisi esistenziali.
Alla base c'è che l'occidente sviluppa al suo interno ed esporta con prepotenza un modello di vita e di civiltà che è un vero e proprio deserto dell'anima. Un modello le cui linee portanti si basano sul soddisfacimento e sullo sfruttamento intensivo degli istinti più bassi, dei sentimenti più poveri. E questa cosa non funziona né per l'umanità occidentale né per quella del resto del mondo. Perché nei cuori di tutti gli esseri umani sta silenziosamente crescendo il desiderio di "ideali", di una vita che dia soddisfazione alle sfere più alte del nostro essere.
Questo deserto dovrebbe essere popolato di ideali e trasformato in un giardino dello Spirito. Invece la nostra società occidentale

lo riempie solamente di “miraggi”, di elementi virtuali che certo non tolgono la sete, ma la aumentano.
Noi occidentali in effetti non esportiamo “democrazia”: quello che facciamo è imporre nel mondo deserti dell’anima, indebolimento dei corpi, negazione dello Spirito.
Questa è la realtà.

I “grandi” leader politici che proclamano che esportiamo “libertà e democrazia”, non si rendono conto del fatto che - nella migliore delle ipotesi - oltre alla morte ed alla violenza, esportiamo soprattutto infelicità, aridità di cuore, pensieri egoistici, materialismo, corruzione.
La libertà vera è tutt’altra cosa: è libertà di crescere privi di condizionamenti. E’ libertà di esprimersi con amore creativo in quanto esseri spirituali. E’ la libertà di avere intorno e dentro di noi le condizioni per diventare migliori.

Per quanto riguarda il mondo islamico, i giovani di quelle culture sono spesso fortemente idealisti, e certamente il modello occidentale - culturalmente estraneo, e portato avanti in punta di eserciti, di basi militari, di proposte materialiste e di saccheggio delle risorse economiche - appare come qualcosa di alieno e pericoloso, da combattere in tutti i modi.
Questi ragazzi vorrebbero salvare se stessi ed i loro paesi dalla prepotenza dei nostri deserti di ideali.
Il dramma è che le stesse congreghe oscure, con i loro terminali nel mondo islamico, rastrellano migliaia di poveri giovani assetati di ideali, indirizzandoli in modo perverso verso direzioni del tutto deviate. Di violenza, di fanatismo, di odio. Ipnotizzandoli con la promessa di inesistenti paradisi pieni di piaceri sensoriali in cambio del loro sacrificio.

Il contesto islamico, addormentato da una lunga dominazione economica occidentale, e dalla onnipotenza dittatoriale di governi corrotti, non ha fino ad ora trovato al proprio interno le forze necessarie per impedire questa deriva: le forze e i gruppi che si ri-

chiamano a contenuti ideali di tipo spirituale sono, in quei paesi ancor più che da noi, rari come le mosche bianche, e in genere perseguitati.
E' il deserto degli ideali che crea i presupposti per i maggiori scompensi nelle interiorità individuali e nella psiche collettiva della civiltà occidentale. E lo stesso deserto, riempito di miraggi virtuali, è il terreno di coltura per le reazioni inconsulte e deviate nel mondo islamico.

Qualsiasi intervento di forze ed azioni positive dovrà occuparsi di tentare di modificare questa situazione alle sue radici, e non solo nei suoi effetti: bisognerà irrigare il deserto con le acque vive degli ideali spirituali elevati, quelli che possono far vibrare le componenti superiori di ogni essere umano. Altrimenti il deserto continuerà ad avanzare, nei cuori e nelle menti occidentali ed in tutto il mondo.

Ma visto che gli ideali sono così importanti in questa storia del terrorismo, forse vale la pena di soffermarsi un attimo e chiedersi:

che cosa è un ideale?

Per dirla in modo semplice e pratico, la spinta verso un ideale è quella tensione verso il Bene che c'è in ognuno di noi. Verso quell'ordine superiore fatto di giustizia, di bellezza, di saggezza e di amore che sentiamo in noi, e che vorremmo vedere realizzato ovunque. Si tratta in effetti dell'impulso inconscio a ritrovare quel Mondo Spirituale che esiste realmente. Che è anzi la vera realtà nella quale eravamo prima di nascere, e della quale abbiamo una forte ed inconscia nostalgia. Quello che non ricordiamo con chiarezza è che siamo qui sulla Terra proprio per ricostruirlo noi, con le nostre forze, lavorando nel mondo della materia e delle relazioni con gli altri. La nostra crescita consiste proprio nel ricordare un po' alla volta il progetto e nel metterlo in pratica in questo mondo.
La nostra vita si compie nel rendere nostro e nel realizzare un ideale divino.

Ma come si fa a sapere se un ideale è corretto o deviato?

I terroristi europei, così come ora quelli islamici, così come gli integralisti nazisti, fascisti, comunisti, ecc., si sono sempre mossi per un ideale che in partenza appariva nobile, superiore, positivo. Senza rendersi conto degli elementi di deviazione che poi li hanno coinvolti in terribili tragedie. Questo è avvenuto e avviene perché ogni volta a quell'ideale è mancata, è stata sottratta la linfa vitale di ogni vero ideale: l'Amore puro.
Altre considerazioni ogni volta sono diventate prevalenti, e questo ha fatto sì che impulsi positivi si trasformassero in immani vortici oscuri.

L'unità di misura di ogni ideale è in fondo semplice: l'Amore puro e disinteressato. Non un amore egoista, di parte, fazioso, condizionato da ma e da se. Un amore puro e disinteressato per la Terra e per tutti gli esseri che ci vivono sopra, senza preferenze.

❖ Il mio ideale comporta il sacrificio della sfera di libertà o delle possibilità di crescita di qualcuno?
Allora c'è qualcosa che non va.

❖ Il mio ideale comporta la morte di qualcuno, o la violenza contro qualcun'altro, sia pure per un cosiddetto "Bene superiore" ?
Allora c'è qualcosa che non va.

❖ Il mio ideale comporta che prima di tutto devo assicurare la mia tranquillità e quella dei miei cari, anche se questo sacrifica gli altri?
Allora c'è qualcosa che non va.

❖ Il mio ideale forse è comportarsi come il Sole, che brilla e ha la sua massima gloria nel dare luce e calore a tutti, senza distinzioni, usando particelle dei suoi stessi corpi, senza chiedere nulla in cambio.

La manipolazione dei regimi dittatoriali e la creazione di finte democrazie

Abbiamo visto che i vertici oscuri, per colpire e affossare le anime in risveglio adoperano tante tattiche, e una di queste è quella di creare tensioni geopolitiche e guerre economiche, culturali e militari. Creando parti in conflitto tra loro che rispondono entrambe ogni volta agli stessi vertici oscuri. Il vecchio divide et impera non solo come strumento di dominio ma ora soprattutto di lotta al risveglio di coscienza.

Per fare questo è stato sempre importante fare in modo che papi, monarchi e imperatori nella Storia fossero il più possibile veri e propri terminali dei livelli più alti delle armate nere. Ma quando le coscienze hanno cominciato a vibrare in modo più forte, già a partire dal diciottesimo secolo, nell'epoca delle rivoluzioni francese e americana, e poi a seguire nell'epoca dei risorgimenti in Europa ed in altre parti del mondo, la formula di dominio dei popoli attraverso i monarchi assoluti, attraverso i regimi autoritari di vario tipo, ha cominciato a mostrarsi insufficiente a mantenere sotto controllo le masse popolari. Troppa la pressione delle coscienze in direzione della libertà e della democrazia.

Di fronte a questi sviluppi le Forme Impero hanno dovuto cominciare a cambiare pelle: a cedere maggiori libertà alla gente, pur di mantenere il controllo degli elementi importanti delle loro strategie anti-coscienza. E attraverso i loro gruppi del quarto, quinto e sesto livello delle piramidi hanno articolato specifiche tecniche di controllo e manipolazione delle democrazie e degli stessi ideali di libertà eguaglianza e fratellanza.

Nelle parti del mondo a cultura delle masse più avanzata la manipolazione delle democrazie deve necessariamente essere sempre più raffinata e dissimulata da un controllato e manipolato gioco democratico. Mentre in altre parti del mondo, più indietro dal punto di vista della coscienza popolare, è ancora possibile controllare direttamente attraverso regimi dittatoriali.

E quindi diciamo che le due piramidi si sono via via specializzate: una, quella che definiamo “conservatrice”, si è concentrata sulla esaltazione degli egoismi, sia all’interno dei regimi democratici che con il controllo forte dei regimi autocratici; mentre l’altra, quella che definiamo “gesuito-massonica”, che concentra e utilizza per i suoi fini le spinte verso il Bene della gente, si è proprio specializzata nella manipolazione dei buoni sentimenti, degli ideali democratici e delle democrazie. Pur non rinunciando, anch’essa, al controllo e all’uso nascosto di diverse dittature.

E allora abbiamo visto e vedremo sempre più conflitti generati dallo scontro tra regimi autoritari e governi democratici. Tra la manipolazione degli egoismi e quella dei buoni sentimenti. Tutti naturalmente controllati e diretti dagli stessi vertici oscuri anti-umani al di sopra delle varie piramidi.

Quello che è singolare negli ultimi decenni è che è soprattutto la piramide gesuito-massonica che organizza e coinvolge l’occidente ed il mondo in tensioni, guerre e rivoluzioni che si fondano su concetti come quelli di togliere di mezzo i cattivi, come i terroristi o i dittatori, con la scusa dell’esportazione della libertà e della democrazia. E all’altra piramide spetta il ruolo preminente di alimentare regimi veramente affossatori di libertà, corrotti e autoritari, in modo da fornire continuamente il pretesto alla piramide opposta per tensioni, rivoluzioni, emergenze e guerre.

Nel dirigere tutto questo i vertici oscuri cosa fanno?
Fanno in modo che siano molto spesso le stesse forze occulte di manovra occidentali, come logge e servizi segreti, a manovrare per sostenere i regimi dittatoriali, per creare e fomentare estremismi e terrorismi, per poterli poi attaccare proprio in quanto terroristi e repressivi delle libertà.

Ma siccome questo non lo si può poi fare solo con interventi esterni, allora si organizzano opposizioni interne, le si armano, le si

rafforzano, le si spingono a scendere in piazza e fare delle rivoluzioni che da sole certe popolazioni non farebbero e non avrebbero la forza di fare.
Con quale risultato? Che ognuna di queste manovre invece di portare libertà e stabilizzazione in certi Paesi, crea instabilità, drammi, tragedie, guerre. Che è esattamente quello che vogliono, in funzione anti-risveglio delle coscienze, i vertici spirituali oscuri del Male sulla Terra.
Abbiamo visto a cosa hanno portato i Talebani e Al Qaeda costruiti dai servizi occidentali. Abbiamo visto a quali disastri e a quanto sangue e disperazione hanno portato gli interventi occidentali in Serbia, in Iraq, in Afghanistan, in Somalia, in Libia, in Siria... E le forzate primavere arabe o le rivoluzioni arancioni dell'Est Europeo, con abbondanti tracce del supporto organizzativo delle centrali intelligence occidentali. Per citare solamente alcuni casi più evidenti.

Si creano i due fronti di un conflitto studiato a tavolino, si alimentano, e si portano a scontrarsi.
Per quale motivo? Per guadagnare territori, denaro, risorse?
No, questo i vertici oscuri lo fanno credere ai loro mercenari che si mettono in moto con questi fini. Ma lo scopo vero è creare continui vortici negativi per le anime delle masse mondiali, per cercare di frenare un risveglio di coscienza che invece si basa proprio sul coltivare la voglia di bene tra le persone e i buoni sentimenti.

le guerre si fanno solo "per fare le guerre", solo per produrre vortici oscuri, malattie dell'anima, contro lo sviluppo della coscienza

Insomma, è ormai di tutta evidenza che le guerre nell'epoca della crescita della coscienza, la nostra, si fanno solamente "per fare le guerre".
Sì: le guerre si fanno proprio e solo per fare le guerre, per produrre vortici oscuri, malattie animiche dell'umanità, in funzione anti-

umana. Parlare di guerre per portare la libertà e la democrazia, o per conquistare territori, risorse, mercati, popolazioni, è sempre una falsificazione delle realtà. E' fermarsi alla "copertura" mediatica della loro superficie, quando la realtà è che servono solo a tentare di affossare le anime umane.

Ma come al solito - ormai cominciamo a saperlo - più le piramidi oscure ne fanno contro di noi, più ce ne accorgiamo e più esseri umani ogni volta si svegliano e sfuggono alla manipolazione. Insomma, più le piramidi oscure fanno il Male, più di conseguenza ne emerge un Bene: la crescita della nostra componente immortale superiore, il nostro Spirito amoroso, la nostra coscienza. E il Cielo, che guida e limita opportunamente le azioni e le strategie delle Armate Nere, sa benissimo come ottenere questo risultato.

Tutti i conflitti del presente e del prevedibile futuro vanno in questa direzione e potranno essere interpretati secondo questi parametri. E quindi vediamo e vedremo sempre più conflitti coinvolgere ancora i principali elementi della scacchiera internazionale: l'occidente liberista, la Russia, la Cina, l'India, il Giappone, i paesi mediorientali, quelli latino-americani e l'Africa. Nessuno sarà esente da crisi, perché le crisi sono in fondo e sempre crisi di crescita. Così le considera e le organizza il Cielo, la grande Piramide Bianca, usando anche l'agire controllato delle malefiche Armate Nere.
Crisi di crescita, come quelle che il Cielo stimola anche nelle nostre vite individuali per produrre ulteriori sviluppi della nostra coscienza. Anche se quando siamo nella crisi è il dolore a prevalere, è poi sempre la nostra reazione cosciente quella che genera la nostra evoluzione.
Esattamente come avviene per i popoli e per le nazioni.

Nessuno viene mai abbandonato senza rimedio nelle mani dei "cattivi", ma solo quando e quanto serve a stimolarci nella direzione giusta.

le forze oscure e i governi democratici

La base di potere trasversale con la quale si affronta il nuovo conflitto generalizzato è forte e consolidata e quindi consente alle Armate Nere, quali che siano le forze politiche di volta in volta al governo nei vari Paesi, di procedere in modo sufficientemente spedito e flessibile. Perché i nuovi grandi schieramenti politici e finanziari, anche se apparentemente di orientamenti diversi tra loro, sono fondamentalmente condizionati e manipolati dalle stesse fratellanze.

Cosa si richiede in sintesi alle armate nere con le varie azioni sulla scena internazionale?

- di sollevare il massimo di odio e di tensione possibile, per il periodo più lungo possibile;
- di rafforzare la presa sulle diverse aree del mondo da parte dei poteri trasversali messi in campo;
- di reperire, utilizzando la guerra e saccheggiando le risorse di vari paesi e quelle dei contribuenti soprattutto occidentali, il denaro sufficiente per ripagare e sostenere il mercato delle anime all'interno delle forme-impero. Per pagare le varie forze in campo.

Il compito assegnato ai governi, quale che sia il loro orientamento apparente, di sinistra o di destra, conservatore o progressista, è quello di limitare il dibattito interno e i margini di decisione a temi minori, soprattutto interni e locali, per decidere entro ambiti ben determinati: maggiori o minori libertà civili, maggiore o minore attenzione ai diritti umani, maggiore o minore attenzione al sociale, maggiore o minore attenzione ai temi ecologici. Le forze oscure vogliono che i governi si interessino al massimo e parzialmente di queste cose, e su queste si alimenti il dibattito politico interno, per dare alle masse l'impressione, l'illusione della libertà di scelta totale. Che invece viene limitata alla possibilità - sia pure

importante e tutta da usare - di intervenire su temi locali e su alcune "sfumature", più o meno progressiste, nella gestione degli affari pubblici.
Ma non illudiamoci troppo: il sistema politico è ormai già sufficientemente condizionato da non interferire sostanzialmente in nessun caso con gli elementi veramente importanti della strategia antirisvegli:

- la gestione dei grandi vortici di odio a livello internazionale;
- il controllo della finanza, delle grandi fonti di energia, della ricerca scientifica e della cultura;
- la formazione di superstati regionali come fase intermedia per la costituzione di un unico, orwelliano superstato centrale;
- l'attacco alle varie componenti della natura umana;
- la diffusione delle grandi contro-ispirazioni.

Anzi, i vari governi vengono selezionati e condizionati proprio in modo da fare comunque da copertura massima a queste operazioni delle fratellanze oscure; nelle quali non possono e non devono interferire più di tanto.
L'organizzazione sempre più verticale e semplificata dei sistemi democratici e delle concentrazioni di Stati, ormai presente in pressoché tutte le democrazie, consente di infiltrare facilmente le classi politiche, e di condizionarle comunque in modo pesante. E poi di presentare agli elettori solamente la scelta tra due o tre "carte" obbligatorie, tutte truccate.

Il sistema di manipolazione del "divide et impera" poi vuole che nei vari ambiti - politici, economici, finanziari, massonici, religiosi, dei servizi segreti, della malavita, scientifici e culturali – ci sia comunque un controllato tasso di conflittualità interna, utile per mantenere efficienti le strutture di manipolazione e necessario per coprire le grandi strategie antiumane. Per coprirle al pubblico e agli stessi attori, che genuinamente si beccano tra di loro. Finché

beninteso, in certe situazioni, qualche personaggio superiore - al quale non è possibile dire di no - non li "richiama all'ordine", senza nemmeno fornir loro troppe spiegazioni.
L'importante è non superare le varie linee rosse oltre le quali i livelli superiori stanno conducendo le loro fondamentali strategie "anti-risvegli".

Tutti gli individui delle strutture di potere intermedie
sanno che "*certe cose non si toccano*",
altrimenti si rimane bruciati.

le prossime crisi internazionali

Il nuovo conflitto di civiltà è stato predisposto e studiato per occupare un lungo arco storico.
Abbiamo visto il conflitto Occidente-Islam, che si svilupperà ulteriormente, sia sul fronte internazionale che nei paesi occidentali. E sono in aumento le frizioni tra civiltà e culture come quella occidentale anglo-americana, le varie culture europee, quella russo-slava, quella cinese, quella indiana, quelle africane, quelle sud e centro americane, e molte altre. Vasto il terreno di possibile sfruttamento delle differenze di cultura, tradizioni, religioni e civiltà, che viene ora usato e che verrà usato in vari modi nei decenni a venire. Per creare emergenze, tensioni, guerre.

Grandi conflitti di culture e di tradizioni emergono sempre di più anche in Occidente e in Europa in particolare, con il sorgere dei cosiddetti fronti di governi e di partiti definiti "sovranisti", ai quali si oppone il fronte dei mondialismi e degli europeismi estremi.

E forze oscure, sia in occidente che nel resto del mondo, stanno predisponendo e operando una serie di dissidi e squilibri tra il fronte occidentale mondialista e le grandi nazioni-culture-tradizioni, ormai sempre più potenti economicamente e militarmente di Russia, Cina e India.

E sempre più forti sono le spinte dalle fratellanze nere occidentali, con un atteggiamento aggressivo politico-economico-militare, a produrre per reazione nel resto del mondo un blocco contrapposto all'Occidente sempre più potente. Ben più potente di quello islamico.

Lo scontro di culture Islam-Occidente è un conflitto, come abbiamo già visto, "asimmetrico", che ha preso spesso le forme del terrorismo per rendere credibile un conflitto tra potenze militari non comparabili. Mentre la contrapposizione Occidente-Resto del Mondo, potrebbe portare a catene di crisi tra blocchi politici di potenza economica, finanziaria, politica e militare analoga. Ritornando alla ancora peggiore situazione di possibili grandi conflitti "simmetrici". Guerre Fredde, o persino Calde. Come spesso abbiamo visto nella Storia passata.

Il dominio Occidentale degli ultimi decenni, soprattutto a base anglo-americana, sarà quindi confrontato e messo sempre più in dubbio dal sorgere di alleanze tra le altre crescenti potenze mondiali, come Cina, Russia, India, Brasile, Sudafrica, ecc. Mentre appare ormai in corso un iniziale, ma ormai evidente, declino dell'Impero Anglo-Americano.

Una vera e propria metamorfosi risulta sempre più evidente anche nelle due piramidi tradizionali delle Armate Nere: la piramide falso progressista che diventa blocco occidentale mondialista e la piramide egoico-conservatrice che diventa sempre più sovranista-tradizionalista.

> Ma – non dimentichiamolo mai – tutto questo sempre sotto il controllo del "Divide et Impera" esercitato dai vertici spirituali e umani delle Armate Nere su entrambe le piramidi.

Vasto e variegato il terreno di possibile, ulteriore sfruttamento delle differenze di cultura, tradizioni, religioni e civiltà, che viene e che verrà usato dalle Armate Nere in vari modi nei decenni a venire. Per creare emergenze, tensioni e guerre.

Il terrorismo rimarrà un importante strumento anti-risveglio, perché può essere manipolato a piacimento per intervenire in tutte le situazioni, in qualsiasi parte del mondo. Sempre utile come ben sperimentato elemento condizionante, e facilmente utilizzabile per mettere sotto pressione le varie opinioni pubbliche, di qualsiasi Paese. Quando questo appaia necessario per mantenere o per sollevare odi e tensioni secondo tempi prestabiliti e con grande flessibilità.
La graduazione e la tempistica delle "inafferrabili" e "imprevedibili" azioni terroristiche può essere programmata per interferire con i tassi di libertà e di democrazia, per alterare i fattori economici, per accelerare il gioco competitivo delle piramidi, e provocare a piacimento cambi nelle dirigenze dei vari Paesi, o delle strutture multinazionali. Per nutrire bene e a sufficienza il mercato delle anime e gli interessi parziali degli individui che lavorano per le forme impero delle Armate Nere.
E si presta a facilitare l'uso dello strumento della guerra e della distruzione anche su vasta scala.

L'uso, o la minaccia dell'uso delle armi nucleari, chimiche o biologiche, avrà un ruolo crescente e importante nella strategia del terrore. Sia quello portato avanti dalle centrali terroriste, che quello diffuso ad arte in occidente attraverso gli apparati mediatici e le politiche militariste dei governi influenzati dalle fratellanze oscure.

Una catena di crisi è pronta ad esplodere a tempo... Crisi che da anni vengono tenute appositamente prive di soluzione, in bilico... come delle ferite sanguinanti, con grandi sofferenze delle popolazioni locali. Per tenere sempre aperte varie opzioni per la creazione di vortici di guerra e di odio.

Per mantenere e sviluppare l'emergenza in tutti i modi le forze oscure ricorrono e ricorreranno ai mezzi più svariati, tra i quali ancora lo sviluppo di epidemie e "pandemie", e di piccole, grandi e grandissime crisi economiche.
La crisi COVID, artificialmente creata e condotta dalle centrali anti-coscienza, ha avuto effetti devastanti sulla salute delle persone, sui corpi eterici e fisici. Grandi e negativi impatti psichici e sulle facoltà di pensiero. E, come abbiamo visto, ha prodotto volutamente una enorme accelerazione malefica dei processi di diffusione della digitalizzazione ed elettromagnetizzazione del mondo.
Ma anche l'effetto di una poderosa onda di nuovi risvegli nel mostrare a sempre più persone quanto i governi e tutte le grandi istituzioni, anche religiose, siano nelle mani di poteri superiori antiumani e contrari agli interessi dei popoli.

Nuove crisi finanziarie ed economiche verranno scatenate per incidere profondamente nelle strutture sociali e politiche, consentendo ulteriori perdite di libertà individuali e di sovranità nazionali, e favorendo ulteriori accelerazioni verticalizzanti e mondialiste.
Continuando a distribuire denaro quanto basta per continuare ad alimentare l'ipnosi consumista delle masse. Ma cercando di privare l'onda del risveglio di disponibilità di denaro sufficienti per iniziative culturali e operative favorevoli al risveglio delle coscienze e per sostenere percorsi di vita più liberi dalle strutture del potere.
Lo strumento della guerra finanziaria alle coscienze sarà uno dei più importanti dei prossimi anni.

Ma si affaccia anche lo strumento della rete di computers, sempre più pervasiva delle nostre vite e dell'intera società umana. Vedremo crisi e scontri informatici terroristici, anche colossali. E la possibilità di scatenare enormi "pandemie informatiche", capaci di mettere in ginocchio interi paesi, o intere civiltà.

Dobbiamo abituarci ai colpi di scena: è iniziato da qualche decennio un lungo periodo di fracasso delle armate nere, per distoglierci dai risvegli.

Ma quanto maggiore sarà l'emergenza, quanto più sorgeranno gli odi e le manipolazioni, tanto più si formeranno in numero crescente masse critiche luminose di uomini coraggiosi, aiutati a risvegliarsi proprio dalla visione delle nefandezze dei poteri oscuri.

Un periodo di forti tragedie e di sofferenze,
ma anche e soprattutto
di grandissimi stimoli alla crescita
e di forte sviluppo di tante coscienze

Non è escluso che l'insieme delle pressioni, delle tensioni, delle azioni malevole e delle omissioni non arrivi nel futuro a un punto tale da indurre il mondo spirituale a diminuire ulteriormente il tasso di protezione e riequilibrio, e consentire lo sviluppo di una grandissima crisi della nostra civiltà. Una crisi dell'apparato economico-industriale tale da provocare il crollo della società tecnologica. E da riportare l'umanità a condizioni di vita di pura e difficile sopravvivenza. Alla distruzione della maggior parte delle forme impero e delle loro organizzazioni, al ritorno obbligato dell'umanità alla Terra e a condizioni di vita più semplici, meno inquinate psichicamente e fisicamente. Nel Bene e nel Male.

Ma comunque fidiamoci del Cielo, confidiamo nella accuratezza e nella superiore bontà del Piano Divino: se anche fosse, sarebbe certamente una nuova opportunità di riaffermare e far crescere i valori umani, quelli veri e immortali.
Le tante profezie relative alla più o meno imminente "fine del mondo", a immani disastri, fanno probabilmente riferimento a questa possibilità.
Da una prospettiva spirituale una cosa del genere non appare come un grandissimo problema. Visto che si vive più volte, che la

morte fisica non è una tragedia definitiva, ma solo un passaggio dimensionale. Che, come spiriti individuali e come umanità, abbiamo attraversato indenni non solo tante morti fisiche individuali ma anche alcune "fini del mondo" collettive. Che una volta chiusa una possibilità se ne crea un'altra e che, se un qualcosa lo decide il Mondo Spirituale è comunque il meglio per noi. Visto ancora che nessuna vicenda umana disastrosa è definitiva, anche se proprio noi l'abbiamo provocata con la somma delle nostre mancanze di amore. E che comunque il Mondo Spirituale ci mette a disposizione sempre nuove e migliori opportunità. E che la vita spirituale è quella vera, quella che conta, al di là della materia.

Visto tutto questo... quale sarebbe il vero problema nel caso di una "rimescolata del mazzo"?

La paura di perdere agi, piaceri e comodità della civiltà tecnologica? Questa è una paura comprensibile, ma che va bene per menti materialiste. Mentre chi ragiona sulla base dello Spirito, della nostra componente immortale comunque in crescita, è come al solito molto più sereno, e sa che il Mondo Spirituale gli metterà di fronte sempre e costantemente, in ogni situazione, solo ed esclusivamente le giuste opportunità per raggiungere una vita veramente migliore. Per fondare nel futuro, nel suo cuore e nel mondo, società ideali veramente più felici. Basate su valori diversi e finalmente positivi.

Speriamo in un percorso che sia il meno tragico possibile.
Ma questo dipende sostanzialmente da quanta coscienza e quanto amore fattivo noi esseri umani saremo in grado di sviluppare nei prossimi decenni e nei prossimi secoli.

Dipende da quanto sapremo risvegliarci,
e da quanti di noi lo faranno!

13

COSA POSSIAMO FARE

Cosa aspettiamo?
Le nostre potenti armi bianche
La conoscenza vera della realtà
Azioni intelligenti e piene di amore

cosa aspettiamo?

Le armate nere compiono azioni orribili e sviluppano strategie oscure ormai di grande evidenza. Il Male è scatenato nel mondo e questo provoca ondate di ansia, di paura, di egoismo.
Le forze della grande armata bianca ci inviano tantissime sollecitazioni e occasioni positive, che ci mettono ogni giorno sempre di più nelle condizioni migliori per capire quello che succede a livello internazionale e quello che non va nella nostra vita.

Le condizioni per il risveglio ci sono ormai tutte. Cosa aspettiamo a mettere insieme tutti i tasselli che abbiamo abbondantemente a disposizione e capire che non possiamo stare con le mani in mano? Quali altre tragedie, interiori ed internazionali vogliamo vedere e sperimentare prima di deciderci a fare qualcosa?

le nostre potenti armi bianche

Tutto quello che avviene ha in fondo solamente il senso di spingerci a fare qualcosa.

Ma cosa possiamo fare?
Decidiamoci a riconoscere il senso profondo dell'enorme flusso di impulsi, di ispirazioni e di occasioni positive che ci arrivano dal Mondo Spirituale. Decidiamoci a entrare a pieno titolo nell'epoca dei risvegli. Troviamo il modo di uscire dalla base delle piramidi oscure, alle quali fino ad ora abbiamo portato alimento, e cerchiamo di arruolarci coscientemente nella grande armata bianca. Sentiamo il nostro cuore, che ci spinge con forza in questa direzione, stanco di aggirarsi in situazioni private e collettive prive di luce. E seguiamo il suo impulso profondo a cambiare le cose in meglio.
Abbiamo a disposizione delle potenti ARMI BIANCHE, anche se nessuno ce lo dice. E sono le stesse di Michele: lo scudo e la spada:

La conoscenza della realtà
e le azioni intelligenti
e piene d'Amore disinteressato.

la conoscenza vera della realtà

Per prima cosa cerchiamo di sapere il più possibile sulla situazione, su quello che ci passa dentro e su quello che avviene intorno a noi, sia a livello locale che negli scenari più vasti. Nella grande Rete multidimensionale dell'umanità e del cosmo le distanze non esistono: siamo tutti collegati e tutto ci riguarda da vicino. E cerchiamo di afferrare il senso profondo, vero, spirituale di quello che avviene. Che cosa, di quello che ci capita dentro e intorno, vuole condizionare, limitare la libertà della nostra crescita e che cosa invece la vuole stimolare e favorire.

Creiamoci una personale lista di quelli che riteniamo i condizionamenti che ci ostacolano sulla nostra strada. I condizionamenti del nostro lato oscuro e quelli predisposti e ispirati dalle forze oscure esterne. Analizziamoli quotidianamente con grande cura e serenità, senza sensi di colpa, ansie o paure, e senza nasconderci nulla: questi condizionamenti sono lì proprio per aiutarci a crescere. E' proprio riconoscendoli e facendo poi lo sforzo di superarli, con pensieri e azioni piene di amore, che cresce la nostra coscienza. Guardiamo senza timore e senza odio alle strategie delle forze oscure: questo esercizio di coscienza ci fa scoprire quello che dobbiamo e possiamo fare.

Questo è sempre il senso delle situazioni in cui c'è dolore e sofferenza, sia fisica che psichica. Il mondo spirituale consente il dolore perché il tipo e la quantità di dolore che ci si presentano nella vita ci indicano con grande precisione la quantità di lavoro che dobbiamo fare per migliorare, per illuminare i nostri lati oscuri. E ci indicano in genere, se facciamo attenzione, anche dove e quando dobbiamo compiere questo lavoro di portare luce e amore nelle situazioni della nostra vita.

Lo stesso vale per gli scenari più vasti, quelli che coinvolgono le collettività umane, i popoli e l'intera umanità: la quantità ed il tipo di vortici oscuri che le forze del male scatenano nella rete indicano con grande precisione la quantità di lavoro che gli uomini hanno collettivamente di fronte per migliorare, per portare luce proprio dove hanno creato ed alimentato l'ombra. In quali angoli delle loro interiorità ed in quali zone del mondo.

Scoprire le strategie delle forze oscure, nei loro dettagli, significa rendersi conto di tutti i punti deboli delle coscienze umane. Proprio quei punti sui quali siamo chiamati a lavorare per la nostra evoluzione positiva.
E rendersi conto, con la stessa grande cura e attenzione, delle strategie dell'armata bianca, degli impulsi e delle ispirazioni positive che ci arrivano, significa avere in mano le chiavi, gli strumenti, le "armi bianche" migliori e necessarie per conoscere veramente la realtà, per comprendere il senso della vita e degli avvenimenti, e per intervenire in modo decisamente positivo.

Rivediamo con cura le liste delle ispirazioni e delle operazioni delle strategie bianche, e le liste delle contro-ispirazioni e delle operazioni delle strategie nere. Aggiungiamo o togliamo tutto quello che ci dice il nostro cuore, la nostra mente e la nostra esperienza.

E facciamoci un quadro nostro, libero, vero di quella che è la nostra situazione e di quelle che sono le nostre possibilità di azione. Un quadro che lasci fuori poco o niente degli aspetti della nostra vita. Elaborato da una coscienza che vuole conoscere tutto quello che la riguarda, in profondità, nei suoi retroscena interiori ed esteriori.

Perché è proprio in tutti gli spazi, sia pure piccoli, di incoscienza e di mancanza di consapevolezza vera che le forze oscure, interiori ed esterne, si infilano subdolamente.

> Tutto quello di cui non ci rendiamo conto con lucidità è il regno delle forze nere, delle fratellanze oscure, delle piramidi in competizione, delle forme impero... del nostro ego.

azioni intelligenti e piene di amore

E poi diamoci da fare...
Non abbiamo di fronte a noi tempi infiniti: il treno dell'evoluzione è in piena corsa, non possiamo rimanere immobili. Il cuore ci preme nel petto, le energie cosmiche, le ispirazioni ci spingono con forza. Muoviamoci, prima che gli impulsi positivi privi di sfogo si trasformino in veleno, prima che l'anima immobile, che non riesce a contenere i nuovi fermenti, cominci a fare troppo male.
Mentre approfondiamo il nostro sguardo cosciente sulla realtà, con il massimo di lucidità e vigilanza, abbiamo bisogno di purificarci. Sì, proprio "purificarci". Perché, come abbiamo visto, una parte importante delle strategie oscure tende ad attaccarci direttamente con veleni ed appesantimenti che alterano la nostra natura in tutte le sue componenti. E nella nostra epoca tutti noi siamo pieni di scorie di ogni tipo.

Possiamo allora con cura e con serenità esaminare come l'insieme di condizionamenti e di aggressioni abbia già creato, o rischi di creare problemi alla nostra natura, limitando la libertà di crescere e di migliorare. Cerchiamo di capire di quali condizionamenti siamo vittime, e quanto: rivediamo con cura tutti gli attacchi al nostro corpo, alla nostra vitalità, alla nostra psiche. I perché profondi dei nostri dolori, dei problemi familiari, sul posto di

lavoro, nelle organizzazioni di cui facciamo parte. Rendiamoci conto di quando e di quanto il nostro lavoro e le nostre azioni fanno inconsapevolmente parte di strategie oscure. E quanto e come le alimentano. E quanto e come alimentano il nostro ego.
Senza spaventarci, ma per prenderne coscienza, per capire.

E poi mettiamo in atto *una strategia di liberazione*, quella che riteniamo più adatta a noi

Abbiamo visto che il Male per noi nella nostra epoca è tutto ciò che vuole condizionare, limitare la nostra libertà di crescere e di evolverci positivamente. E allora, una volta capito questo, riprendiamocela questa libertà: solo noi lo possiamo fare: non è previsto l'"arrivo dei nostri" a salvarci direttamente. I "nostri", nell'epoca dei risvegli, sono già qui da un pezzo - anche se ci ostiniamo a non considerarli - e fanno di tutto per aiutarci a liberarci da soli, con le nostre forze.
Se non adottiamo una intelligente strategia - sia pure graduale - di "liberazione interiore" dai condizionamenti fisici e psichici, non avremo sufficienti forze per il compito più importante al quale siamo chiamati: intervenire in modo deciso nella Rete umana, sia a livello locale che internazionale, per contribuire alla sua crescita.
E' in questa azione che tutto acquista un senso.

La nostra vera crescita è nello sviluppare forze di amore da noi in fuori.

La "purificazione" e il rafforzamento interiori sono importanti, fondamentali, ma se rimangono fini a se stessi sono devianti: diventano uno strumento che invece di essere usato viene tenuto inattivo: si arrugginisce, si rovina, si deteriora.
Lo stesso lavoro di purificazione interiore ha anche a che fare con la riduzione del nostro egoismo, con l'imparare ad usare la forza dell'Amore luminoso, invece di contrarre.
Ma una vera pulizia interna dai condizionamenti passa anche, in modo indispensabile, dall'azione quotidiana, intelligente e amo-

rosa. Per intervenire nel mondo esterno non bisogna "aspettare" di essere forti e puliti. Perché, se non cominciamo subito ad operare in modo positivo verso l'esterno, veramente forti e puliti non lo diventeremo mai.

Il lavoro di purificazione, di liberazione dai condizionamenti va esteso all'ambiente intorno a noi. Quindi, così come abbiamo con serenità preso coscienza di tutto quello che c'era da fare per liberarci interiormente, applichiamo tutto ciò anche agli altri, all'ambiente intorno a noi.
Abbiamo per caso scoperto che il Bene della nostra epoca è nel conquistare la libertà da tutti i condizionamenti alla crescita? Questo per noi funziona? E allora diamoci da fare in tutti i modi per aiutare chi ci circonda a liberarsi.
A liberarsi, badiamo bene… non a liberarlo: è finita l'epoca dei "liberatori", anche se di liberatori fasulli in circolazione ce ne sono parecchi, ma in genere lavorano per le armate nere.
Facciamoci con cura una lista di quello che possiamo fare per aiutare chi è vicino a noi a liberarsi: a dargli con amore una mano in tutti i condizionamenti posti dalle forze oscure: quelli fisici, quelli alla vitalità, quelli alla psiche. Domandiamoci perché il mondo spirituale ci ha messo proprio in certe situazioni, con certe persone vicino, in famiglia o sul posto di lavoro, e cerchiamo di capire cosa siamo venuti a fare per loro.
Magari, anche se siamo in una organizzazione con fini poco chiari, o perfino "oscuri", il nostro compito non è quello di subire, di partecipare passivamente o di fuggire. Forse, chi lo sa, è quello di stare proprio lì a portare con saggezza e con astuzia un po' di amore e di luce deflagrante in quel contesto grigio, o anche oscuro.
Aiutiamo quante più persone possiamo a liberarsi dalla droga, dall'alimentazione sbagliata, dalle mille situazioni alienanti, dalla povertà, dalla fame, dall'alcool, dal fumo, dalla dipendenza dai computer.
Aiutiamoli a liberarsi dall'odio, a introdurre nella propria vita ideali superiori, nei quali si affacci lo Spirito.

Aiutiamoli a liberarsi dalle seduzioni dei beni materiali.
Portiamogli quel poco di verità che ci sembra di aver afferrato in buona fede. Con calma, senza ansie, senza pretendere, senza spintoni, senza pressioni: creando occasioni in modo luminoso, sorridente, discreto, amoroso.

Proprio come si fa nelle Armate Bianche.

Diffondiamo, soprattutto con l'esempio, l'idea luminosa, vera, che è solo con azioni intelligenti piene di Amore che si cambia la nostra vita ed il mondo.
Pensieri e sentimenti pieni di Amore. Ma soprattutto azioni quotidiane, anche minori, rivolte a nostra moglie o a nostro marito, ai nostri figli, ai colleghi, all'estraneo immigrato che ci pulisce i vetri, ai nostri genitori, agli amici e ai nemici.
Sguardi aperti e luminosi, sorrisi, parole buone e piene di autentica comprensione. Azioni che aiutano dal punto di vista materiale, con il nostro lavoro anche fisico. Con l'uso appropriato e generoso, amoroso dei nostri soldi.

Compassione vera per chi soffre e per chi gioisce. Per chi fa parte delle strategie oscure, che vive in un inferno del quale non si rende conto, e dal quale uscirà solamente con le opportunità offerte da grandi dolori.
Impariamo a non contrapporci, ma a parlare sempre con il nostro lato luminoso al lato luminoso degli altri, di chiunque. Anche di chi lo ha sepolto in una o più vite di poco amore. Prima o poi le due fiammelle si riconosceranno, e quella più debole trarrà alimento, forza, calore, luce dal contatto con quella più robusta.

Queste azioni quotidiane, semplici e forti, sono la base indispensabile per diffondere la luce nella Rete e togliere le forze dell'egoismo alle egregore oscure.
Solo la proliferazione orizzontale, diffusa, di una miriade di piccole luci sparse nel buio consentirà di tornare a illuminare tutta la Rete. E consentirà al flusso dell'Amore di cominciare a irrorare

in modo nuovo e creativo le tante zone, interiori ed esteriori, contratte dagli egoismi.

Diffondiamo in modo aperto tutto quello di cui ci siamo resi conto, per poco che sia, per aiutare anche gli altri a capire quanto più è possibile. Parliamo apertamente, dovunque, delle meraviglie del Bene, delle gioie dello Spirito, degli aspetti nascosti della bellissima operazione dei risvegli: facciamola conoscere a tutti.
E riveliamo, diffondiamo in modo lucido, ma sereno, tutto quello che sappiamo delle forze oscure e delle loro strategie. Prendiamo posizione in modo deciso e aperto sulle grandi questioni che coinvolgono la libertà umana da tutti i condizionamenti, fisici e psichici, le modifiche all'ambiente della Terra, le strategie, vecchie e nuove delle forze del Male. Quelle di retroguardia, fondate sulla materia, e quelle avanzate, basate sulla deviazione degli impulsi spirituali.

Aiutiamo quanti più fratelli possiamo a svegliarsi... nell'epoca dei risvegli.

Riuniamoci in gruppi aperti e liberi, che si riconoscano in una comune tensione al Bene, privi di irrigidimenti dottrinari, disposti ad accogliere e valorizzare tutti gli infiniti, possibili contributi positivi degli esseri umani e del mondo spirituale.
Gruppi che in modo intelligente e con il cuore trovino modi sempre nuovi e più efficaci di utilizzare le strategie oscure come opportunità per il risveglio. Per rispondere all'impulso tipicamente micheliano della nostra epoca: trasformare il Male in Bene, l'ombra in luce.

Rendiamo attivi i nostri diversi talenti in organizzazioni nuove e libere, che si occupino di società, di politica, di economia e lavoro, di arte e cultura, di medicina e di scienza, di agricoltura e di alimentazione... E che lo facciano finalmente dalla prospettiva dello Spirito, dal punto di vista della Armate Bianche. Nelle quali entrare finalmente in modo consapevole ed operativo.

Coraggio!

Mettiamo le nostre coscienze in rete per renderle più efficaci!
Con serenità, perché le armate nere non possono nulla contro il nostro Spirito, se noi non vogliamo.
E perché le nostre potenti armi bianche passano per le azioni intelligenti e piene d'amore che siamo perfettamente in grado di compiere ogni giorno nel nostro ambiente, proprio dove ci troviamo ora.
In questo modo potremo sconfiggere qualsiasi strategia del Male, anche quelle planetarie.

Sì, ci vuole proprio coraggio perché, se sviluppiamo un po' di luce interiore, questo è per portarla apertamente nella vita, verso gli altri. Una luce chiusa in una scatola di paure, di timidezze, di ansie o di pigrizie rischia di spegnersi, o di bruciare la scatola.

E la "scatola" è la nostra anima.

Ci vuole il coraggio di credere in sé stessi.
Il coraggio di "buttarsi", con il cuore e con generosità nella mischia della meravigliosa epoca dei risvegli.

Ci vuole il Coraggio dell'Amore.

Dello stesso autore:

COLLANA “IL SOLE E LA COLOMBA”

La Vita ha un Senso Profondo e Positivo

Come rendersene conto sulla base delle proprie esperienze e come cominciare a trasformarla con i propri mezzi.

La cosa peggiore è pensare che la nostra vita sia priva di senso, in balia del caso. Una realtà che ci tratta come schiavi e ci rende sempre più infelici e depressi. Questo libro segue un cammino che parte semplicemente dall’osservazione di quello che ci circonda e di quello che sentiamo dentro. Passo dopo passo ci rendiamo conto che per capire la nostra realtà dobbiamo trasformare il nostro modo di vedere, dobbiamo imparare una nuova lingua. Solo così potremo poi fare quelle cose nuove, proprio quelle che cambieranno in meglio la nostra vita. (Marzo 2005)

Cos’è il karma?

Impariamo a conoscerlo per cogliere tante opportunità nella vita di tutti i giorni; cos’è la reincarnazione?

Il karma è la trama sulla quale si svolge la nostra vita. Per questo ci riguarda da vicino ed è importante conoscerlo. È una trama di amore e di luce che si trasforma continuamente, per offrirci sempre nuove possibilità positive. Che sia una prigione o uno spazio di libertà gioiosa e creativa, dipende solo da noi… Come funziona nella nostra vita di tutti i giorni? A cosa ci serve? Questo libro fornisce spiegazioni semplici e pratiche, arricchite da disegni e schemi, sul funzionamento e sul senso del karma e della reincarnazione per ognuno di noi. (Marzo 2005)

Corpo, Anima, Spirito

Come siamo fatti e perché

Il corpo, pensiamo tutti di sapere bene cosa è, ma l’anima e lo spirito…. cosa sono? Esistono? E se esistono, come funzionano? Certo siamo un qualcosa di molto complicato… Ma perché, a cosa ci serve questa complessità, quali sono i rapporti tra le varie parti di cui siamo fatti? Un percorso alla scoperta del senso meraviglioso della nostra natura, fatta per vivere nel mondo della materia, ma anche dei pensieri e dei sentimenti, o per volare alto come un angelo. (Marzo 2005)

La Preghiera

Mi serve pregare? La discesa nella stanza segreta. Il significato nascosto delle grandi preghiere cristiane.

Parole e gesti senza senso? Roba da bambini? Oppure il contrario: la nostra coscienza al suo livello più alto, all'opera per ricongiungere due mondi e migliorare quello dove viviamo? Cosa succede quando preghiamo. Un grande strumento a nostra disposizione, contemporaneamente potente e delicato. Proprio per questo bisogna sapere come usarlo, in quali condizioni, perché. (2005)

La Spiritualità nella Vita

Riflessioni

Non è possibile comprendere la spiritualità senza rendersi conto di come essa operi fattivamente momento per momento in ogni aspetto del mondo materiale e psichico nel quale viviamo. Al centro delle riflessioni di questo libro il ruolo dell'Amore, della sua forza trasformativa incredibilmente positiva degli individui e della società. Un ruolo dell'Amore sul quale puntare decisamente nella nostra epoca, l'Epoca dello Sviluppo della Coscienza. Quando le Forze d'Amore umane sono finalmente capaci di vibrare, pensare, sentire ed agire con molta maggiore efficacia nella nostra Anima e nel Mondo. (2019)

Temperamenti

Una conoscenza fondamentale per ognuno di noi.

Stupisce come la conoscenza dei temperamenti, indispensabile per capire le dinamiche della psiche e dello stesso corpo fisico, sia stata completamente abbandonata nella cultura scientifica materialista. Queste utilissime conoscenze si possono ora riprendere ed aggiornare alle esigenze dei nostri tempi, nei quali la piche umana è sottoposta a fortissime pressioni. L'intento di questo libro è quello di approfondire e descrivere gli aspetti psicologici dei temperamenti per un motivo pratico e utile: aiutare le persone e i terapeuti a comprendere come riconoscere il proprio temperamento e quello delle persone intorno, perché lo abbiamo, a cosa serve e soprattutto come usarlo il proprio rafforzamento e la propria crescita interiore. (2020)

VIDEO SEMINARI DI FAUSTO CAROTENUTO

Reperibili al sito: https://accademia.coscienzeinrete.net/

❖ ANGELI - la loro presenza nella nostra vita
Chi sono e cosa fanno, come riconoscerli e comunicare con loro.

Un viaggio per rendersi conto della presenza reale di esseri spirituali ovunque, intorno e a noi e dentro di noi. Per imparare a riconoscerli col pensiero ed a sentirli col cuore, dalle più alte coscienze angeliche fino alla nostra guida personale. E quindi come riconoscere il dialogo continuo che loro portano avanti con noi, di epoca in epoca. Un dialogo che fino ad ora è stato soprattutto passivo, unidirezionale da loro a noi. Ma che nell'epoca odierna è diverso dal passato: ora gli Angeli ci parlano in un modo diverso da prima, perché cominciamo ad avere le forze d'amore e di consapevolezza idonee ad attivare anche da parte nostra un vero e proprio dialogare cosciente. Per renderlo utile a noi, alle persone intorno a noi, all'umanità, all'interno cosmo. Cosa possiamo fare per attivare questa utile collaborazione col Cielo nella nostra vita di tutti i giorni?

❖ IL MISTERO DEL GRAAL
Dalla meravigliosa saga di Parsifal fino ad oggi.
Il senso profondo della ricerca e della essenza del Graal.
Rivelazioni e approfondimenti.

Un percorso che parte dall'osservazione della propria esistenza e parallelamente fa riferimento alle grandi, archetipiche saghe della Ricerca del Graal, per trovare in sé finalmente e mantenere viva e forte nella vita reale la fiamma benefica del proprio Cuore.
Cosa è veramente il Graal. - rivelazioni inedite sulla meravigliosa e sconosciuta storia del Graal, dalla preistoria fino ad oggi - perché è stato così importante nel passato, e perché lo è ancora di più nel nostro presente e nel futuro - le incredibili avventure della Sacra Coppa e dei suoi Guardiani: da Giuseppe d'Arimatea a Gesù, dai Cavalieri della Tavola Rotonda a Titurel, da Christian Rosenkreutz ai Templari, dai Catari a Federico II, dai Rosacroce a Steiner - i Castelli del Graal in Spagna e Linguadoca e i Castelli dell'Antigraal in Italia - iniziati bianchi e maghi neri: una lotta senza esclusione di colpi, dal Medio Evo ad oggi - la lettura profonda dei misteriosi Poemi del Graal: l'archetipica epopea di Parsifal come modello delle svolte dell'evoluzione di ognuno di noi, oggi - svelata la lettura della lingua segreta degli iniziati: il significato profondo

dei numerosi simboli e degli archetipi adoperati nei poemi del Graal, gli stessi adoperati anche da Omero, nel Vangelo, da Dante e da tutti gli artisti iniziati della Storia - come portare le grandi forze del Graal nella pratica della nostra vita attuale, per la nostra crescita individuale e collettiva, e per la nostra salute fisica.

❖ TEMPLARI - i segreti di una meravigliosa avventura

Un importante evento per chi è attratto dalla drammatica e fantastica epopea templare. Rivelazioni su una Storia mai scritta, nascosta per secoli, e tuttora in corso. Il senso di una avventura spirituale e terrena ben più bella, vasta ed importante di quanto ci abbiano mai raccontato. Un seminario ricco di immagini, video e racconti mai ascoltati e mai scritti. Questi alcuni dei temi trattati: la ricostruzione della Storia Spirituale, quella autentica e nascosta, del progetto templare. La Storia, mai raccontata ai non iniziati, delle vere dinamiche dei poteri spirituali e terreni per l'evoluzione umana. Il gioco dei grandi poteri, umani ed anti-umani dalle sue origini ad oggi: dagli Egizi e da Dardano a Troia, dagli Etruschi ai Romani, da Re Artù a Parsifal ed ai Templari, dal Medioevo al Rinascimento, con una incredibile continuità fino ai fatti ed agli sviluppi dei nostri giorni. Le origini dei Templari e la loro missione sulla Terra. La loro simbologia profonda. I riti segreti. I misteri delle grandi cattedrali e il culto della Sofia. Cavalieri della Spada e Cavalieri del Cigno. Cavalieri del Graal e Guardiani della struttura sottile di Madre Terra. I misteri della Geografia Sacra d'Italia. I castelli del Graal e dell'Antigraal. Il mistero dei veri rapporti con i Catari e con Federico II. I Templari, Celestino V e la "Grande Impresa". Dante Alighieri e il suo messaggio templare nella Divina Commedia. Chi e perché ha voluto distruggere fisicamente i templari, ma non ha potuto distruggere la potenza dinamica della loro opera. La rivoluzione sociale, culturale ed economica compiuta dai Templari. Un progetto spirituale templare vasto nel tempo e nello spazio, preciso e lungimirante, che riemerge con forza proprio nella nostra epoca a sostenere e indicare la nostra missione sulla Terra. Dove sono i veri Templari oggi e cosa stanno facendo.

❖ I RAPPORTI CON GLI ALTRI
grandi sfide e grandi opportunità

Un importante e approfondito esame delle sfide evolutive poste dal più difficile ambito della nostra vita: la rete delle nostre relazioni umane.
Nelle quali spesso emergono difficoltà, tra le maggiori difficoltà della nostra esistenza. Problemi che hanno un impatto anche molto forte e profondo su di noi. E di fronte ai quali ci troviamo disorientati, finendo spesso per compiere

degli atti ed assumere atteggiamenti che, invece di risolvere positivamente i problemi, tendono a perpetuarli o ad aggravarli.
In questo percorso cecheremo di capire il senso di quello che ci succede, quali le nostre contrazioni interiori e come scioglierle, e quali azioni compiere per il bene nostro e delle persone della nostra vita. Sì, proprio quelle che sono intorno a noi o che incontriamo nella nostra quotidianità.

❖ L'AGGRESSIONE ELETTRONICA DIGITALE dal COVID e dal Riscaldamento Climatico all'Aggressione Elettronica Digitale. Dalla strategia della Tensione alla Risposta delle Libere Coscienze.

È in atto, ed è solo all'inizio, un forte attacco alla natura umana, avviato nel 2020 con la strategia della tensione del Virus, ed organizzato per giungere rapidamente alla realizzazione di una realtà fisica e psichica fatta apposta per bloccare la crescita delle nostre coscienze. Una realtà elettromeccanica, elettromagnetica e digitalizzata, fatta di corpi ed anime indeboliti e più facilmente schiavizzabili. Tutto questo viene presentato con la menzogna della "Transizione" e del "Great Reset". Questo seminario è frutto di uno studio originale che presenta i risultati di una approfondita ricerca scientifico-spirituale, unica nel suo genere. Che rivela come rendersi conto di quello che sta realmente avvenendo non solo nelle dimensioni fisiche, ma anche in quelle cosiddette sottili: nell'aura psichica ed eterica degli esseri umani e della stessa Terra. E fornisce precise indicazioni non solo su come difendersi, ma su come uscirne più forti, ancora migliori e più evoluti.

❖ MASTER DELL'ACCADEMIA DI STUDI POLITICO-SPIRITUALI

Un forte approfondimento in 43 lezioni dei contenuti del presente libro. Questo Master è uno strumento fondamentale per l'acquisizione di una visione politico spirituale completa, coerente, non improvvisata, basata su conoscenze vaste e profonde. Una occasione unica per comprendere finalmente molto meglio, in modo chiaro e sensato, le dinamiche politiche, sociali ed economiche in atto, quelle che comunque ci coinvolgono nella vita di tutti i giorni. E per vivere più coscientemente, serenamente ed utilmente il proprio ruolo nelle tormentate vicende della nostra società. Finalmente fuori dalle nebbie esteriori ed interiori.

l'autore

Fausto Carotenuto, esperto di politica e strategie mondiali, con una vasta e diretta esperienza governativa e per conto di organizzazioni internazionali. Ha vissuto una serie di significative vicende in vari scenari. Studioso, scrittore e comunicatore di tematiche spirituali che pongono al centro liberi percorsi di coscienza. Fondatore dell'organo di informazione online di politica e spiritualità Coscienze in Rete Magazine (www.coscienzeinrete.net) e dell'Accademia di Studi Spirituali di Coscienze in Rete. (https://accademia.coscienzeinrete.net/)

Alla base della sua attività di formazione e divulgazione la convinzione che solo un approfondito approccio alle conoscenze e alle realtà spirituali, accompagnato da un serio studio e dall'esperienza delle tematiche politiche, economiche e sociali, possano fornire un quadro realistico e non manipolabile della situazione mondiale. Solamente in questo modo si può scoprire che dietro il velo di una visione mediatica pessima e ansiogena, esiste la realtà di una dinamica positiva. Nella quale noi possiamo avere un ruolo determinante.

Per informazioni e commenti
info@coscienzeinrete.net

www.ingramcontent.com/pod-product-compliance
Lightning Source LLC
Chambersburg PA
CBHW021105270326
41929CB00009B/737

9788886860574